개정

영유아발달

황정숙 · 김옥분 지음

창지사

머리말

2020년 『영유아발달』 개정판은 세 가지 점에 중점을 두었습니다.

첫째, 2020년 3월부터 시행되는 '유치원 교육과정'(교육부 고시 제2019-189호)과 3~5세 연령별 누리과정'(보건복지부 고시 제2019-156호)의 지침을 반영하였고,

둘째, 대학에서 교재로 이 책을 사용하며 느꼈던 부족한 부분을 보완하고, 오탈자를 바로 잡았으며,

셋째, 장별 회상(내용정리)의 정답이 바로 나와 있어 생각할 시간이 부족하다는 독자 여러분의 의견을 반영하여, 정답을 맨 뒤에 별도로 제시하여 좀 더 효율적인 학습을 도모하고자 하였습니다.

그동안 이 책을 탐독해 주신 모든 분들께 진심으로 감사드리며, 2016년 초판에서의 머리말을 이어가고자 합니다.

"길 가다 마주친 유아들의 모습을 볼 때 여러분은 어떤 생각을 하시나요?"

"저 아이는 몇 살이나 되었을까? 말은 할까? 어, 나를 바라보는데, 내가 웃으면 저 아이는 어떤 반응을 할까? 계속 쳐다본다는 것은 어떤 의미일까? 갑자기 찡그리는 이유는 뭘까? 지금 저 아이의 기분은 어떤 상태일까? 내가 어떻게 하면 저 아이와 소통할 수 있을까? 어떤 수준으로 알아들을까? …." 등으로 유아에 대해 궁금증을 가져 본 적이 있으신지요?

그렇습니다. 우리가 유아를 바라보고 그들을 이해하려 할 때, 샘솟는 궁금증을 해결하는 데 도움을 주는 것이 바로 '영유아발달'에 대한 지식과 이해입니다. 특히 지금 어린 자녀를 양육하거나 유아교육을 전공하여 교사가 될 사람은 가장 먼저 유아의 몸과 표정과 언어와 기분과 마음에 대해 이해하는 공부를 해야만 합니다.

이에 두 아이를 청년으로 키우고, 유아교육현장과 대학에서 30년 가까이 종사해온 두

사람이 뭉쳤습니다. 아직도 외국의 발달이론이 대한민국 문화권의 우리 아이들에게 적합한 것인지에 대해 영역별로 세세하게 검증되지 않은 부분이 있음을 안타깝게 여깁니다. 그래서 유아교육에 입문하는 후배들에게 쉬우면서도 유아들과 함께할 때 꼭 필요한 '영유아발달' 이야기를 유아교육 전공자의 입으로 들려주고 싶었습니다.

이 책에서는 우선 발달심리학에서 나온 발달의 개념과 의의, 연구법, 발달의 영역과 원리에 대해 알아보았습니다. 그리고 서양의 여러 가지 발달이론을 생물학적 관점, 심리역동적 관점, 학습 이론적 관점, 인지발달적 관점, 맥락적 관점으로 정리하였습니다. 이를 바탕으로 3~5세 누리과정과 표준보육과정에서 제시한 영유아기 교육내용 체계를 바탕으로 신체운동, 언어, 정서 · 사회성, 인지발달의 5개 영역별로 영유아기의 발달 특성을 기술하고, 이상 발달을 별도로 언급하였습니다.

이 책의 특징은 첫째, '영유아발달'을 무엇보다 쉽고 재미있게 이해하도록 하였습니다. 즉, 왜 이 부분을 알아야 하는지를 장별 학습목표와 회상으로 요약하여 제시하고, 본문도 이미지나 표를 이용하여 쉽게 인식되게 하였으며, 내용별로 참고 동영상도 제시하였습니다.

둘째, '영유아발달'을 이론으로서가 아니라 일상생활에서 유아의 특성을 이해하고 바람직한 방향으로 도움을 주기 위한 실제 행위에 초점을 맞추었습니다. 즉, 현재의 유아 특성을 전문가의 눈으로 파악하고, 한 걸음 더 나아가 지금의 발달 수준을 다음의 발달로 연결하여 끌어주는 촉진활동의 예를 해당 내용별로 제시하였습니다.

셋째, '영유아발달'을 유아는 이러이러하다는 식으로 명제를 암기하는 것보다, 그들의 발달을 위해 우리가 어떤 역할을 할 것인지를 사고하고 반성하는 데에 중점을 두었습니다. 이를 위해 장별 말미에 우리가 만나는 유아의 삶을 보다 행복하게 하기 위해 현재의 사회 · 문화적 환경을 유아를 중심으로 해석하고 논의하는 토의과제를 제시하였습니다.

이 책과 함께 할 유아교육 현장의 동반자들이 모두 웃으면서 책장을 펼칠 수 있기를 바라며, 도움을 주신 창지사 김기섭사장님, 이상대부장님, 이윤미편집장님께 감사드립니다.

2020년 1월 30일
저자 올림

Contents

C/H/A/P/T/E/R **2. 유아의 발달이론**

C/H/A/P/T/E/R 3. 신체운동 발달

C/H/A/P/T/E/R 4. 언어 발달

C/H/A/P/T/E/R 5. 정서 · 사회성 발달

C/H/A/P/T/E/R 6. 인지 발달

C/H/A/P/T/E/R 7. 발달 장애

Chapter

1. 발달의 의의

1. 발달의 개념과 의의
2. 발달 연구법
3. 발달의 단계와 원리
4. 발달 관련 논쟁점

- 회상: 용어정리, 내용정리

'겨우 아장아장 걸어갈 수 있는 어린아이에게 무턱대고 앞으로 나아가라고는 할 수 없다.'
Blindly to a child who can barely walk can not go forward is called.

–프란츠 카프카

지금까지의 발달심리학 연구는 인간의 발달이 전 생애에 걸쳐 일어나고 있음을 말해준다. 이렇게 연속적으로 이루어지는 발달의 과정에서 '영유아기' 발달은 어떤 의미를 가지는 것일까? 이에 발달심리학자들이 말하는 발달의 개념과 의의, 발달을 연구해 온 방법에 대해 살펴보고, 인간 발달의 단계와 원리, 논쟁점을 알아본다.

학습목표

1. 발달의 개념에 대해 성장, 성숙, 학습과 비교하며 설명할 수 있다.
2. 유아를 이해하는 데 인간의 발달 단계와 발달 원리를 적용할 수 있다.
3. 발달 연구법을 기초로 영유아발달에 대해 탐구하는 자세를 가진다.

• 참고 동영상 •

- Life is short(출생에서 사망까지 30초 영상)
- 아버지와 손 잡을 때(TV 동화 행복한 세상–이어령의 80초 생각 나누기)
- 벤자민 버튼의 시간은 거꾸로 간다(영화)

1. 발달의 개념과 의의

1) 영유아발달의 개념

일상에서 마주치는 유아들을 보며 '저 아이는 몇 살이나 되었을까? 왜 저런 행동을 할까? 어떤 식으로 의사소통을 할까?…' 등으로 유아에 대해 궁금증을 가져 본 적이 있는가? 이렇게 유아에 대한 여러 가지 궁금증을 해결하는 데 꼭 필요한 것이 바로 '유아발달'에 대한 지식과 이해이다. 유아발달은 발달심리학의 한 연구 분야이다.

발달심리학(Developmental Psychology)은 인간의 전 삶의 과정을 통하여 일어나는 행동, 인지 및 성격의 변화와 원인을 체계적으로 연구하는 학문이다(최경숙, 2007). 그 중 태내 발달에서 영아기, 유아기를 거쳐 아동기까지의 성장과 발달을 다루는 아동발달을 세분화하여 영아발달과 유아발달로 나눈다. 영아발달은 태내에서 출생 후 만 2세까지의 성장과 발달을 다루며, 유아발달은 출생 후 만 2세를 전후로 해서 취학 전까지, 즉 만 5세까지의 발달을 다룬다. 영유아발달은 수태에서부터 만 5세 이하까지 유아들의 발달적 변화를 알아보고, 이에 영향을 주는 변인들을 밝히는 학문이다.

발달(Development)이란 인간의 전 생애 동안 시간이 경과함에 따라 일어나는 모든 변화 과정을 말한다. 즉 수정에서부터 사망에 이르기까지 이루어지는 모든 양적(Quantitative), 질적(Qualitative) 변화가 발달이다(송명자, 1995). 발달은 성장(Growth)과 성숙(Maturation), 학습(Learning)이라는 세 가지 기제에 의해 이루어진다(이한규, 1988). 성장은 신체의 양적 변화 즉 신장, 체중, 골격 등의 크기나 능력이 증가하는 것을 의미한다. 성숙은 유전 요인에 의해 신체적, 지적, 정신적 분화와 통합이 이루어지는 생물학적 과정을 의미한다. 즉 태내 발달, 출생 이후 신생아의 급성장, 2차 성장을 비롯한 사춘기 변화들은 성숙 때문에 이루어진다. 학습은 직·간접적 경험이나 연습, 훈련 등의 결과로 획득되는 행동의 변화이다. 이는 사회적 상호작용을 통해 사회적 지식 및 기술이나 태도, 정서, 신념, 가치, 사고방식을 배우는 것이다. 이를 정리하면 [그림 1-1]과 같다.

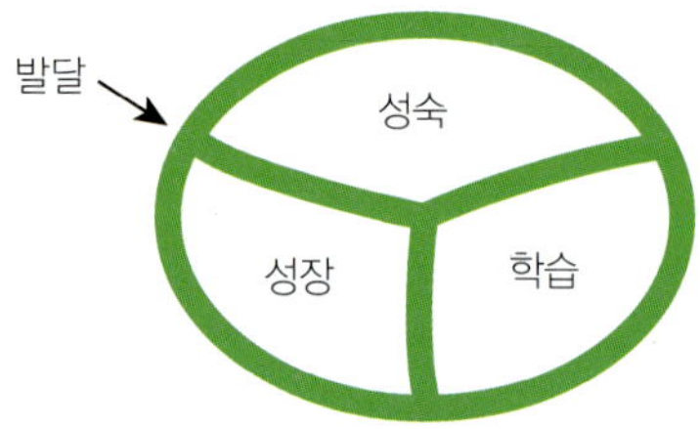

그림 1-1 **발달과 성장, 성숙, 학습의 개념**

발달(Development) 수정에서부터 사망에 이르기까지 인간이 겪는 모든 물리적, 정신적 변화 과정	• 성장(Growth) –신체의 양적 변화 즉 신장, 체중, 골격 등의 크기나 능력의 증가
	• 성숙(Maturation) –유전 요인에 의해 신체적, 지적, 정신적 분화와 통합이 이루어지는 생물학적 과정
	• 학습(Learning) –직·간접적 경험이나 연습, 훈련 등의 결과로 획득되는 행동의 변화

발달의 과정 중 영유아발달에 관심과 호기심을 가지는 대상은 누구이며, 이를 이해한다는 것은 어떤 의미가 있을까? 우선적으로 유아의 변화 과정에 대해 알고 싶어 하는 이는 부모일 것이다. 부모는 자녀를 바르게 알고 키우기 위해 유아발달 관련 지식을 필요로 하며, 이를 통해 자녀 양육에 관한 이해와 아이디어를 얻는다(조복희 외, 2006).

교사 또한 유아를 바르게 가르치기 위해 유아발달을 이해하고 이를 교육에 적용할 필요를 가진다. 이 외에도 소아과 의사는 유아들의 건강을 증진시키기 위하여 유아의 신체운동발달과 영양에 대한 지식을 필요로 한다. 또한 유아 문제에 관한 심리치료나 상담에도 유아발달 관련 지식은 필요하며, 유아와 가족에게 영향을 줄 수 있는 법적 결정을 내리거나 교육 및 복지정책을 수립하는 데에도 유아발달을 이해하는 것은 중요한 근거자료가 된다(이봉주 외, 2010).

그리고 과학의 응용과 적용분야에서도 유아에 대한 의문은 중요한 질문거리였고, 이를 해결하는 과정에서 오늘날의 '영유아발달'에 대한 이해가 이루어져왔다. 이러한 발달에 대한 연구의 진전은 다시 유아들의 삶을 증진시키기 위한 사회적 압력으로 작용하기도 한다. 즉, 사회와 국가적 차원에서의 요구가 유아발달에 대한 연구를 발전시키고, 그러한 연구 결과를 바탕으로 21세기 유아들의 발달특성에 적합한 방향으로 사회와 문화 트랜드가 변하는 상호 연결고리를 가지고 있다.

2) 영유아발달의 의의

발달심리학의 일부분인 영유아발달이라는 학문은 주로 어떤 것들을 밝혀 우리에게 도움을 주는 것일까? 그리고 왜 우리는 유아발달을 공부해야 하는 것일까? 영유아발달은 다음의 네 가지 측면에서 유아 이해에 대한 기초를 제시해주므로 그 의의가 있다.

첫째, 영유아의 전반적인 신체적 · 심리적 변화를 기술해준다. 발달이란 비교적 질서 있게 그리고 지속적으로 일어나는 인간의 변화 과정이다. 발달심리학은 어느 문화권에서 살든, 어떤 경험을 하든, 모든 유아에게 보편적으로 일어나는 변화의 과정이 무엇인가를 밝히고자 한다. 즉 만 2세경이면 대소변을 가리고, 만 3세경이면 1만 개 이상의 단어를 말하고, 만 4세경이면 스스로 하고자 하는 것을 해결해나가며 성취감을 느끼는 것이 정상적으로 발달하고 있는 유아들이 겪는 일반적인 변화임을 제시해준다. 이로부터 나온 지식을 토대로 우리는 유아의 보편적 발달 특성에 대해 이해하고, 어떤 변화가 정상적인지를 알 수 있게 되는 것이다.

둘째, 영유아 행동의 개인차를 설명해준다. 발달에는 보편적 변화 과정이 있으나 실제로 이 변화는 각 유아에 따라 다른 게 사실이다. 어떤 유아는 만 2세경부터 밖으로 나가려 하고 친구를 찾는데, 어떤 유아는 만 3, 4세가 되어도 엄마로부터 떨어지지 않으려고 할까? 영유아발달은 이러한 개인차와 관련된 요인을 밝혀, 우리가 유아를 보호하고 교육할 때 어떤 점을 고려해야 하는가에 대한 정보를 제공해준다.

셋째, 영유아의 발달에 영향을 미치는 변인들을 맥락적으로 밝혀준다. 유아의 행동은 개인의 특성 뿐 아니라 주변 상황과 맥락에 따라 다르다. 예를 들어, 엄마가 있을 때 동생에게 무관심하던 유아가 엄마 없이 둘만 있게 될 경우 동생을 챙기고 돌보기도 한다. 집에서 부모에게 관심을 받지 못하는 유아는 유치원에 와서 교사만 따라다니거나, 교사의 관심을 끌기 위해 과잉행동을 하는 경우도 있다. 이렇게 유아의 전형적 또는 비전형적인 행동의 원인을 밝히려고 노력하지만 이에 대한 명확한 원인을 찾을 수 없을 때가 많다.

현재까지의 발달 관련 연구는 유아의 발달 경로를 유지하거나 방향을 바꾸는 데에는 많은 요소들 간의 상호작용이 필요하다고 한다(Gottlieb & Halpern, 2002). 즉 유아발달심리학은 발달에 영향을 미치는 제요인들을 맥락적으로 밝혀서 우리가 유아를 바람직하게 키우기 위하여 어떠한 노력을 해야 하는지에 대한 답을 제공해준다.

넷째, 영유아발달에 영향을 주는 변인을 통제하고자 한다. 이것이 바로 발달심리학을 연구하는 궁극적인 목적이자 우리가 유아발달을 배우는 의의라 할 수 있다. 즉, 유아발달의 제 측면을 설명할 뿐 아니라, 발달에 영향을 미치는 여러 요인들을 미리 예측하고 통제할 수 있게 되어, 유아가 긍정적인 방향으로 발달하도록 지원하려는 것이다.

2. 발달 연구법

발달을 연구하는 목적은 유아들의 변화 과정에 대해 밝히고 이에 근거하여 유아를 도우려는 것이다. 이를 위한 연구 설계 및 자료 수집 방법과 일반적 연구 유형, 그리고 유아발달 연구에서 지켜야 할 윤리적 지침에 대해 알아볼 필요가 있다. 먼저, 발달을 연구할 때 사용하는 설계 방법에는 크게 4가지가 있다. 즉, 횡단적 설계, 종단적 설계, 계열적 설계, 미시 발생적 설계 방법에 대해 간단히 살펴보면 〈표 1-1〉과 같다.

〈표 1-1〉 발달 연구 설계 방법

구분	내용	예
횡단적 설계 (Cross-Sectional Design)	서로 다른 연령집단을 동일한 시점에서 연구하는 것	3~5세의 어휘 발달 연구 (2015년을 기준으로)
종단적 설계 (Longitudinal Design)	한 집단의 피험자를 수개월 또는 수년간에 걸쳐 반복해서 연구하는 것	A유치원 졸업생의 초, 중, 고등학교 적응력에 대한 연구
계열적 설계 (Sequential Design)	서로 다른 연령집단을 수개월 또는 수년간에 걸쳐 반복해서 연구하는 것	2015년 3세 유아 연구 시작, 2016년에 그 아이가 4세가 되고, 더불어 다른 3세 유아 연구 또 시작
미시 발생적 설계 (Micro-Senetic Design)	발달적 변화가 일어나는 짧은 시기 동안 참가자를 집중적으로 연구하는 것	11~12개월 영아 대상 발달 연구

발달을 연구할 때 자료를 수집하는 방법에는 관찰법과 자기 보고법 두 가지가 있다. 이는 아래 〈표 1-2〉와 같다.

〈표 1-2〉 자료 수집 방법

<table>
<tr><th colspan="4">구분</th><th>예</th></tr>
<tr><td rowspan="7">조사연구: 관심을 갖고 있는 어떤 사건이나 현상에 대해 조사, 정확하게 기술하는 것</td><td rowspan="3">관찰법</td><td colspan="2">자연적 관찰법</td><td>4세 유아의 바깥놀이 참여 실태</td></tr>
<tr><td colspan="2">구조적 관찰법</td><td>5세 유아의 제기차기놀이에서 대근육 사용</td></tr>
<tr><td colspan="2">참여 관찰법</td><td>유아의 우정관계 연구(5개월간 교실 참여)</td></tr>
<tr><td rowspan="4">자기 보고법</td><td rowspan="2">면접법</td><td>임상적 면접</td><td>5세 유아의 꿈에 대한 이해(대화 형태)</td></tr>
<tr><td>구조적 면접</td><td>3세 유아의 공간개념 인식(사전 질문 구성)</td></tr>
<tr><td colspan="2">질문지법</td><td>질문을 용지에 인쇄하여 응답자가 기술</td></tr>
<tr><td colspan="2">표준화 검사법</td><td>표준화된 검사지 사용(창의성 검사지)</td></tr>
</table>

유아발달을 연구하는 유형에는 상관연구, 실험연구, 사례연구가 있다. 이는 아래 〈표 1-3〉과 같다.

〈표 1-3〉 유아발달 연구의 유형

구분	내용	예
상관연구	한 변인과 다른 변인이 어느 정도 관련되는가를 통계적으로 나타내는 것	유아의 TV 시청 시간과 공격적 행동에 대한 연구
실험연구	집단을 나누어 통제된 상황에서 관심 변인만을 조작하여 그 결과를 알아보는 연구	폭력적 오락게임 경험이 유아의 공격적 행동에 미치는 영향(연령, 남녀의 비율, 전자오락게임을 하는 정도가 비슷한 유아들을 표집하여 실험(처치)집단과 비교(통제)집단으로 나누어 8주 동안 실험
사례연구	한 유아에 대하여 다양한 정보를 얻기 위해 면접, 관찰, 검사하는 방법	A유아의 도덕성 발달 과정 연구

영유아발달을 연구할 때 그 연구가 인류에게 공헌하는 점이 분명히 있을지라도, 다른 연령층보다 특히 신체적으로나 심리적으로 더 영향을 받기 쉬운 유아를 대상으로 하는 경우 윤리적 측면을 유의해야 한다. 미국심리학회(APA: American Psychological Association)와 아동발달연구회(Society for Research in Child Development)는 〈표 1-4〉와 같은 윤리적 지침을 제시하고 있다(박영아, 2010).

〈표 1-4〉 유아발달 연구의 윤리적 지침

구분	내용
1. 심리적, 신체적인 상해 금지	연구에서 참여 유아의 복지, 흥미, 권리가 연구자의 흥미, 복지, 권리보다 우선해야 함
2. 연구 참여에 대한 사전 합의 획득	미국에서는 7세 미만은 부모의 동의를, 7세 이상은 반드시 자발적인 참여 동의를 얻어야 함
3. 비밀 보장	참여자의 개인적 정보는 연구 목적 이외의 목적으로 사용되어서는 안 되고, 비디오 촬영 시 미리 허락을 받아야 하며 테이프가 유출되지 않도록 주의해야 함
4. 연구 목적에 대한 바른 설명 시행	연구 목적에 대한 설명이 연구 결과에 영향을 줄 수도 있을 경우에는 유아에게 피해가 가지 않는 경우에 한하여 알리지 않아도 되나, 검사 후에는 유아에게 충분히 설명하여야 함

3. 발달의 단계와 원리

1) 인간의 발달 단계

인간의 발달 과정을 보면 이전에 나타나지 않았던 특징적인 행동이나 특성이 어느 시점에서 처음으로 나타나게 된다. 이렇게 현저하게 구분되는 어떤 기준에 따른 단계를 발달 단계라고 하는데, 연령을 중심으로 [그림 1-2]와 같이 구분할 수 있다.

[그림 1-2] 인간의 발달 단계

A는 영아기(출생~2세), B는 유아기(3~5세), C는 아동기(6~11세), D는 청소년기(12~18세), E는 청년기(19~30세), F는 중년기(31~50세), G는 장년기(51~65세), H는 노년기(65세 이상)를 나타낸다.

이렇게 인간의 발달은 일생 동안 일어나는 과정이나, 여기서는 태내기에서부터 청소년기까지만 간략히 살펴보고자 한다.

(1) 태내기(Prenatal Period) : 수정에서부터 출생할 때까지 약 9개월(280일)을 말한다. 이 시기는 하나의 세포에서 한 인간이 형성되는 놀라운 시기이다.

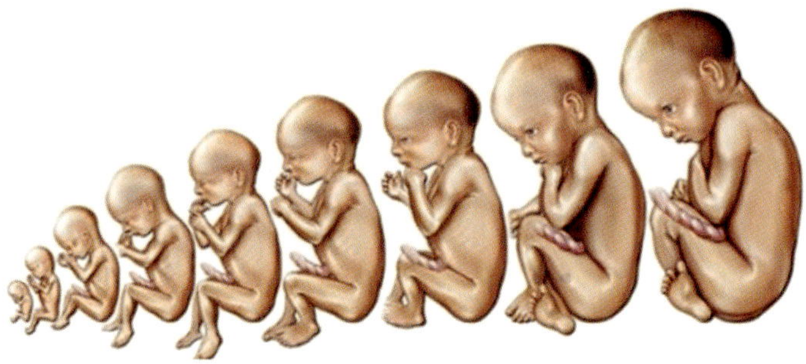

그림 1-3 태내기 발달

(2) 영아기(Infancy): 출생에서부터 24개월경까지를 말한다. 영아기 초기는 부모에게 매우 의존적이나 점차 언어, 상징적 사고, 감각 운동의 조합, 사회적 학습 등이 급속히 이루어져 독립적 활동의 기초가 형성되는 시기이다.

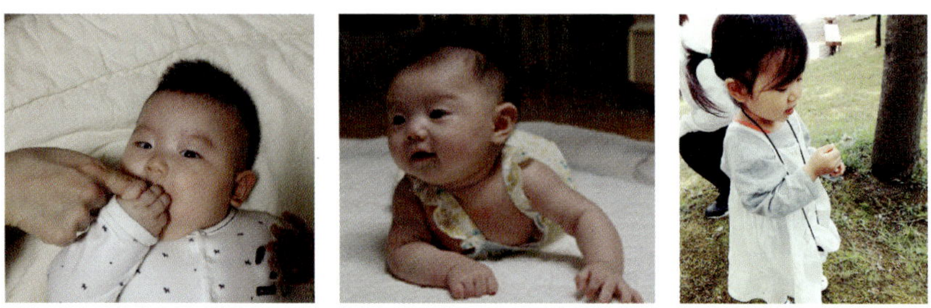

(3) 유아기(Early Childhood): 만 3~5세까지로 초등학교 취학 전 연령을 말한다. 자신을 돌보는 자조기술 발달, 어휘의 폭발적인 증가, 문자언어에 대한 흥미 출현, 또래와 놀이를 많이 하며 사회성을 키우는 등 영아기보다는 느리지만 현저한 발달이 이루어지는 시기이다.

(4) 아동기(Middle and Late Childhood) 또는 학령기(School Age): 초등학교에 다니는 만 6~11세까지를 말한다. 읽기, 쓰기, 수학 등 기초적 지식과 기술을 배우며, 부모로부터 독립적이 되고 또래와의 우정을 증진시키는 시기이다.

(5) 청소년기(Adolescence): 만 12~18세경까지로 아동에서 성인기로 전환하는 시기를 말한다. 급속한 신체발달과 성적 변화(체형의 변화, 가슴의 발달, 체모, 변성 등)가 이루어지며, 독립성과 동일시의 발달, 사고가 점차 논리적 · 추상적 · 이상적

으로 되고 점점 더 많은 시간을 가정 밖에서 보내는 시기이다.

2) 발달의 원리

인간의 발달과정을 언급할 때 공통적으로 발견되는 발달의 원리가 있다. 이를 여섯 가지로 알아보면 다음과 같다(Gesell, 1954).

첫째, 발달에는 일정한 순서와 방향이 있다. 유아의 운동발달과정을 보면 상부에서 하부로(Top to Bottom), 중심에서 말초로(Inner to Outer), 그리고 단순한 것에서부터 복잡한 것으로(Simple to Complex) 발달한다. 즉 [그림 1-4]와 같이 유아는 머리가 사지보다 먼저, 몸의 중심인 심장, 위장, 폐가 팔, 팔목, 손, 손가락보다 먼저 발달한다. 그리고 동작도 간단한 것에서부터 복잡한 것으로 세분화된다.

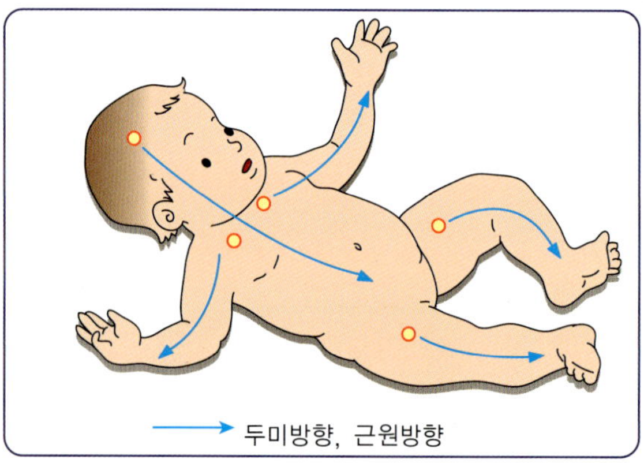

그림 1-4 운동발달의 순서

둘째, 발달은 연속적으로 이루어진다. 유아가 이전에 이미 획득한 것에 기초하여 새로운 것이 더해지며 발달한다. 그러므로 이전 단계를 건너뛰거나 서두를 때 발달은 원만하게 이루어지기가 어렵다.

셋째, 발달의 각 영역은 서로 밀접하게 관련되어 있다. 특히 연령이 어린 유아의 신체, 인지, 정서, 언어, 사회성 발달은 서로 연계되어 상호 영향을 미친다. 그러므로 어느 한 영역만의 발달을 분리하여 강조하는 것보다 여러 영역의 조화로운 발달을 돕는 통합적 접근이 바람직하다.

넷째, 발달에는 개인차가 있다. 발달의 과정은 보편적이지만 개인에 따라 발달 속도와 패턴은 다르다. 어떤 유아는 만 4세가 되어도 문장으로 말하기를 어려워하고, 어떤 유아는 신체운동발달이 우세한가 하면 어떤 유아는 사회성 발달이 우세하다. 이러한 개인차를 고려하는 것은 교육뿐 아니라 인간을 대상으로 하는 모든 분야에서 기본 전제가 되고 있다.

다섯째, 발달에는 최적기가 있다. 특정 발달과업이 가장 잘 이루어지는 시기가 있으므로, 이 시기에 필요한 경험과 환경을 조성하여 이후의 발달에 부정적인 영향을 미치지 않도록 하여야 한다.

여섯째, 발달은 분화와 통합의 과정을 거친다. 발달은 미성숙한 구조로부터 특정한 구조와 기능을 가진 새로운 기관으로 분화하고, 이들이 전체 발달에 통합되는 구조화의 과정이다.

4. 발달 관련 논쟁점

유아발달에 대해 관심을 갖는 사람이라면 누구나 직면하는 의문점들이 있다. 인간의 발달은 선천적으로 타고나는 것인가, 후천적으로 만들어지는 것인가? 인간은 경험을 수동적으로 받아들이는 존재인가, 능동적으로 경험을 추구하고 창조하는 존재인가? 인간의 초기경험이 더 중요한가, 후기경험이 더 중요한가? 발달은 연속적인가, 아닌가? 이에 대해 인류 역사와 더불어 오랫동안 철학자나 이론가들, 교육자들이 논쟁을 벌여 왔다. 여기서는 어느 한 쪽이 정답이라고 단정할 수 없다는 전제하에 네 가지 쟁점에 대해 간단히 살펴보고자 한다.

1) 유전과 환경

인간의 발달은 선천적으로 타고 나는 것인가, 후천적으로 만들어지는 것인가? 이에 대한 상반된 주장을 살펴보면 〈표 1-5〉와 같다.

〈표 1-5〉 논쟁 1 – 유전과 환경

구분	유아발달 관련 주장
유전론자	• 대부분의 인간 행동은 유전적 요소, 생물학적 성숙 및 신경학적 기능에 의해 결정됨 • 걷기, 말하기 등의 발달적 보편성은 선천적, 생물학적 요인의 결과로 나타남 • 지능검사에서 하류층 유아의 지능이 중류층 유아의 지능에 비해 낮게 나오는 것은 유전적 요인과 하류층 부모의 영양섭취와 건강관리가 제대로 되고 있지 않기 때문임 • 하류층 가정의 임산부에게 좋은 영양섭취를 제공하고자 하는 정부 프로그램은 지지하지만, 취학 전 유아에게 좋은 교육 프로그램을 개발하여 제공하여야 한다는 주장은 지지하지 않음
환경론자	• 발달에 미치는 물리적, 사회적 환경의 영향을 강조함 • 대부분의 발달적 변화는 경험에 의하여 이루어짐 • 지능검사에서의 개인차는 유아가 받은 인지자극과 학습경험의 차이 때문임 • 풍부한 학습경험을 제공하는 좋은 취학 전 교육 프로그램에 많은 관심을 가짐

2) 능동성과 수동성

인간은 경험을 수동적으로 받아들이는 존재인가, 능동적으로 경험을 추구하고 창조하는 존재인가? 이에 대한 양쪽 주장을 살펴보면 〈표 1-6〉과 같다.

〈표 1-6〉 논쟁 2 – 능동성과 수동성

구분	유아발달 관련 주장
유아는 능동적인 존재	• 유아의 본성은 능동적이며, 호기심, 환경을 탐색하려는 시도, 자신의 정신적 구조 안에서 경험을 조직하는 것 등은 선천적으로 주어진 것임 • 유아는 스스로 탐색하면서 학습 자료나 과제를 선택할 수 있을 때 가장 잘 배울 수 있음 • 유아가 무엇을 하는가, 무엇을 배우는가는 주로 내적으로 유발된 흥미와 이해의 수준에 따라 다름 • 구조화된 교육환경보다는 다양한 자극과 탐색의 기회를 줄 수 있는 비교적 덜 구조화된 환경을 유아에게 제공하는 것이 더 바람직함
유아는 수동적인 존재	• 인간은 환경이 제공하는 지식이 무엇이건 간에 그것을 그대로 받아들이는 존재임 • 유아는 환경이 제공하는 외적 강화와 벌에 의해 영향을 받고, 스스로 통제하기 어려운 외적 요구에 의해 움직이며, 발달적 변화는 대부분 경험에 의하여 이루어짐 • 유아에게 한 과제를 가르치는 경우, 차례차례 단계에 맞춰 가르치며 반드시 앞의 단계를 숙달해야만 다음 단계로 넘어감 • 유아교육에서 지시적이며 구조화된 교수법 사용을 선호함

3) 초기경험과 후기경험

인간의 초기경험이 더 중요한가, 후기경험이 더 중요한가? 이에 대한 서로 다른 주장을 살펴보면 〈표 1-7〉과 같다.

〈표 1-7〉 논쟁 3 – 초기경험과 후기경험

구분	유아발달 관련 주장
초기 경험의 중요성	• 아기가 생후 1년 동안 따뜻하고 애정적인 보호를 받지 못하였을 경우 최적의 발달이 이루어질 수 없음(Bowlby, 1989) • 요람을 자주 흔들어 주었던 아기가 훌륭한 운동선수가 됨(Platon, 김정희 외, 2014 재인용) • 한 개인의 심리적 특성은 그 근원을 더듬어 올라가면 알 수 있다고 믿음 • 인간의 성격은 생후 5세까지의 부모와의 관계에 바탕을 두고 있음
후기 경험의 중요성	• 발달이란 썰물과 밀물처럼 끊임없이 변하는 것임 • 유아는 발달하는 동안 순응적이며, 후에 좋은 양육을 받는 것은 초기에 좋은 양육을 받은 것만큼 중요함 • 전 생애 발달에 초점을 두는 생애 발달론자들은 발달에서 후기경험이 너무 간과되었다고 주장함(Baltes, 1987) • 유전과 밀접하게 연결되는 내성적 기질도 변화될 수 있음. 2세 때 내성적 기질을 가지고 있던 아동의 약 1/3은 4세경에 수줍어하거나 두려워하지 않았음(Kagan, 2000)

4) 연속성과 비연속성

인간의 발달은 연속적이며 점진적으로 일어나는가, 전혀 알아볼 수 없는 새로운 단계로 바뀌는 것인가? 이에 대한 양쪽 주장을 살펴보면 〈표 1-8〉과 같다.

〈표 1-8〉 논쟁 4-연속성과 비연속성

구분	유아발달 관련 주장
발달은 연속적이다	• 발달적 변화는 점진적으로 일어남 • 씨앗에서 싹이 나고 점점 자라 나무로 변화하는 것임 • 변화는 연속적이며, 점진적 증진을 보임(생후 6개월경 영아가 길 때에 처음에는 몸통을 단순히 밀다가, 다음에는 바닥에 손을 짚고 무릎을 움직여 기기 시작)
발달은 비연속적이다	• 발달의 과정은 질적으로 새로운 형태의 행동을 보이는 단계로 나타남 • 전혀 알아볼 수 없는 번데기에서 나비가 되는 것임 • 유아의 인지발달과 사회성 발달은 비연속적이며 서로 질적으로 다른 단계를 따라 이루어짐 • 새로운 단계에 도달하면 유아는 완전히 새롭게 생각하는 새로운 방법을 획득하게 되며, 점차 이전의 방법이 이 새로운 방법으로 대치됨

위와 같은 논쟁에서 어느 한 쪽의 주장만을 지지하는 것은 현명하지 못하다. 발달은 완전히 유전에 의해서만 결정되는 것도 아니며 그렇다고 완전히 환경에 의해서만 결정되는 것도 아닌, 유전과 환경의 상호작용의 산물이다. 발달 연구가들은 뇌발달이 행동발달을 결정하는 것이 아니라 행동발달이 뇌에 변화를 일으키는 것이라고도 한다. 천성과 양육은 서로 밀접한 관련을 가지고 얽혀있으며, 뇌의 변화는 행동이 원인이 될 뿐 아니라 행동을 반영한다고 한다(Flavell et al., 2002). 그리고 유아가 타고난 흥미를 가지고 스스로 탐구하는 과정에서 문제를 해결할 수도 있지만, 미리 단계별로 잘 구성된 지도를 가지고 보다 다양하고 복잡한 문제를 쉽고 빠르게 해결할 수도 있다. 인간 초기의 경험도 후기의 경험도 모두 중요하며, 발달의 과정에서 연속되는 것도 있고, 이전과는 질적으로 다른 단계를 보이는 것도 있다.

그렇다고 하여 이러한 논쟁이 필요 없음을 의미하는 것은 아니다. 많은 여아들이 소꿉놀이를, 남아는 신체놀이를 선호하는 데 이는 유전적 요인 때문인가 아니면 경험과 환경적 요인 때문인가? 유아가 가기 싫어한다면 유치원에 굳이 보낼 필요는 없는 것인가? 아동기 때 풍요로운 경험을 하면 유아기 때의 빈곤이나 결핍된 경험을 보상할 수 있는가? 유아기의 신체-정신적 건강으로 청년기의 건강을 예견할 수 있는 것인가? 이러한 질문들에 대한 대답은 그들이 발달과 관련된 위의 논쟁점에 대해 어떤 입장을 가지고 있느냐에 따라 달라질 것이다.

회상: 용어정리

- **발달심리학**(Developmental Psychology): 인간의 전 삶의 과정을 통하여 일어나는 행동, 인지 및 성격의 변화와 원인을 체계적으로 연구하는 학문
- **발달**(Development): 인간의 전 생애 동안 연령의 증가와 더불어 일어나는 모든 변화 과정
- **성장**(Growth): 신체의 양적 변화 즉 신장, 체중, 골격 등의 크기나 능력의 증가
- **성숙**(Maturation): 유전 요인에 의해 신체적, 지적, 정신적 분화와 통합이 이루어지는 생물학적 과정
- **학습**(Learning): 직 · 간접적 경험이나 연습, 훈련 등의 결과로 획득되는 행동의 변화
- **횡단적 설계**(Cross-Sectional Design): 서로 다른 연령집단을 동일한 시점에서 연구하는 것
- **종단적 설계**(Longitudinal Design): 한 집단의 피험자를 수개월 또는 수년간에 걸쳐 반복해서 연구하는 것
- **조사연구**(Survey Study): 관심을 갖고 있는 어떤 사건이나 현상에 대해 조사, 정확하게 기술하는 것
- **상관연구**(Correlational Study): 한 변인과 다른 변인이 어느 정도 관련되는가를 통계적으로 나타내는 것
- **실험연구**(Experimental Research): 집단을 나누어 통제된 상황에서 관심 변인만을 조작하여 그 결과를 알아보는 연구
- **사례연구**(Case Study): 한 유아에 대하여 다양한 정보를 얻기 위해 면접, 관찰, 검사하는 방법

회상: 내용정리

1. 다음 빈칸에 알맞은 단어를 넣어보세요.

1) 유아발달의 의의는 네 가지이다. 첫째, 영유아의 전반적인 ① ( ) 해주고, 둘째, 영유아 행동의 ② ( )를 설명해 주며, 셋째, 영유아의 발달에 ③ ( )들을 밝혀주고, 넷째, 영유아발달에 영향을 주는 ④ ( )하고자 한다.

2) 인간의 발달 단계는 연령에 따라 ① ( ), ② ( ), ③ ( ), ④ ( ), ⑤ ( ), ⑥ ( ), ⑦ ( ), ⑧ ( ), ⑨ ( )로 구분할 수 있다.

3) 인간의 발달과정에는 여섯 가지의 원리가 있다.

발달의 원리	①
	②
	③
	④
	⑤
	⑥

4) 발달 관련 네 가지 논쟁점은 아래와 같다.

발달 관련 논쟁점	①
	②
	③
	④

2. 다음 문장을 읽고 O, X로 답해보세요.

1) 발달 연구설계 방법 중 계열적 설계는 발달적 변화가 일어나는 짧은 시기 동안 참가자를 집중적으로 연구하는 것이다. ( )

2) 발달 연구설계 방법 중 미시발생적 설계는 서로 다른 연령집단을 수개월 또는 수년간에 걸쳐 반복해서 연구하는 것이다. ( )

3) 조사연구에는 관찰법과 자기보고법이 포함된다. ( )

4) 면접법에는 대화형태의 임상적 면접법과 사전에 구성한 질문지로 하는 구조적 면접법이 있다. (　　)
5) 관찰법에는 자연적 관찰법, 구조적 관찰법, 참여 관찰법이 있다. (　　)
6) 실험연구는 집단을 나누어 통제된 상황에서 관심 변인만을 조작하여 그 결과를 알아보는 연구이다. (　　)
7) 상관연구는 한 유아에 대하여 다양한 정보를 얻기 위해 면접, 관찰, 검사하는 방법이다. (　　)

토의

1. 영화 '벤자민 버튼의 시간은 거꾸로 간다'(2009)를 봅시다.

   1) 인간의 발달 단계 중 가장 중요한 시기는 무엇이라고 생각하는지, 그 이유에 대해 설명하세요.
   2) 발달에 대한 이해가 필요한 대상은 누구일까요?

2. 발달 연구가 사회, 국가, 문화 트랜드에 미치는 영향과 그 트랜드가 발달 연구에 미치는 영향에 대한 실제 예를 말해 봅시다.

3. 유아발달을 우리가 배워야 하는 이유에 대해 열거하세요.

4. 유아발달 연구법에 대한 궁금증에 대해 생각을 나눕시다.

5. 발달에 대한 논쟁점 네 가지에 근거하여 다음의 질문에 대해 답하세요. 자신은 어떤 입장을 가지고 있는지 짝과 비교해보세요.

   1) 많은 여아들이 소꿉놀이를, 남아들은 신체놀이를 선호하는데 이는 유전적 요인 때문인가 아니면 경험과 환경적 요인 때문인가?

   2) 유아가 가기 싫어한다면 유치원에 굳이 보낼 필요는 없는 것인가?

   3) 아동기 때 풍요로운 경험을 하면 유아기 때 빈곤이나 결핍된 경험을 보상할 수 있는가?

   4) 유아기의 신체, 정신적 건강으로 청년기의 건강을 예견할 수 있는 것인가?

   5) 사람은 환경을 지배하지만, 환경으로부터는 지배당하지 않으려고 한다. 인간 최대의 가치는 여기에 있다는 괴테의 언급에 대한 자신의 생각은?

Chapter

2. 유아발달 이론

1. 성숙 이론
2. 학습 이론
3. 정신분석이론
4. 인지발달 이론
5. 맥락적 이론
6. 뇌발달 연구

● 회상: 용어정리, 내용정리

'가장 위대하고 심오한 진리는 가장 단순하고 소박하다.'

The greatest and most profound truths are simple and rustic.

-레프 톨스토이

영유아는 어떤 존재이며 어떠한 발달과정을 거치는가에 대한 의문을 해결하기 위해 19세기 이후부터 과학적인 연구가 시행되면서 현대 발달이론이 정립되기 시작했다. 이들 발달이론은 한 측면에서 어느 부분의 발달을 이해하는 데에는 도움을 주지만, 유아의 총체적 발달을 모두 설명해주지는 않는다. 그리고 대부분이 서양에서 나온 이론이라 21세기 대한민국의 문화권에서도 적합한 것인지에 대해 영역별로 세세하게 검증되지 않은 부분들이 있다. 그럼에도 불구하고 지금 우리 앞의 유아를 이해할 때 고려해야 할 발달 이론을 성숙 이론, 학습 이론, 정신분석이론, 인지발달 이론, 맥락적 접근, 뇌발달 연구로 나누어 살펴보고자 한다.

학습목표

1. 성숙 이론, 학습 이론, 정신분석이론, 인지발달 이론, 맥락적 접근, 뇌발달연구에 대해 설명할 수 있다.
2. 여러 발달 이론에 근거하여 영유아의 행동을 이해하고 도울 수 있다.
3. 유아발달과 유아교육 현상과 관련지어 여러 발달 이론을 탐구하고 분석하는 태도를 가진다.

● 참고 동영상 ●

- 파블로프의 고전적 조건형성
- 왓슨의 알버트와 흰 쥐 실험
- 반두라의 공격적 행동 실험
- 피아제 인지발달 이론
- 로렌츠의 오리 실험
- 보울비의 원숭이 실험
- 뇌발달

1. 성숙 이론

루소(Jean-Jacues Rousseau)

인간은 고유의 유전적 특질을 가지고 태어나며, 시간이 지나면서 이 특질이 자연적으로 펼쳐지도록 발달적 프로그램이 예정되어 있다고 보는 이론이다.

이는 18세기 스위스 태생 루소(Jean-Jacues Rousseau)의 자연주의 철학에서부터 뿌리를 찾을 수 있다. 그는 성선설을 주장하며, 『에밀』(*Emile*)에서 유아가 근본적으로 선하기 때문에 이들이 최대한 허용적이고 자연스러운 상태에서 성장하여야 하며 부모의 충고나 강요가 적어야 한다고 하였다.

이어서 인간의 진화를 여러 가지로 설명한 다윈(Erasmus Darwin)의 진화론을 기초로 19세기에 홀(Granville Stanley Hall)은 생물학적인 유아의 발달 특성에 대해 과학적이며 객관적으로 연구하기 시작하였다. 그리고 홀의 제자인 게젤(Arnold Gesell)이 성숙 이론으로 정립하였다. 이에 성숙 이론을 구성하고 있는 주요 개념인 성숙, 균형과 불균형의 단계, 준비도, 발달규준에 대해 살펴보기로 한다.

1) 성숙, 균형과 불균형의 단계

게젤은 유전적 특질이 예정된 프로그램에 의해 진행된다는 사전결정론의 입장을 취한다. 모든 영아들은 출생 후 얼마가 지나면 목을 가누고, 뒤집고, 앉고, 서고, 걸을 수 있는데 이것은 굳이 학습하지 않아도 이미 예정되어 있던 잠재능력이 자연스럽게 나타나는 것으로 보았다. 게젤은 이러한 발달과정의 방향을 결정짓는 생물학적인 기제를 '성숙(Maturation)'이라고 하였다. 이렇게 유아의 신체구조와 행동발달은 이미 정해진 것이 점차 발현되는 과정이지만, 그가 환경을 완전히 무시한 것은 아니다. 즉 태내에서의 자궁과 같은 환경은 태아의 정상적인 발달을 유지, 변화, 수

정할 수는 있지만 환경조건이 발달의 기본 골격에는 영향을 미치지 않는다고 보았다.

게젤은 미성숙하고 바람직하지 않은 행동을 보다 성숙하고 바람직한 행동으로 바꾸어 나가며 발달이 이루어진다고 보았다. 즉 바람직한 행동을 보이는 균형의 단계와 바람직하지 않은 불균형의 단계를 거치면서 발달이 진행되는데, 이렇게 안정과 불안정 단계를 오가는 세 가지 행동 주기를 제시하였다. 첫 번째 주기는 2~5세, 두 번째 주기는 5~10세, 세 번째 주기는 10~16세로, 어떤 주기에서든 바람직하지 않은 단계 즉, 불균형 단계에 있을 때 자연스럽게 그 단계를 지나도록 안내하고 기다려줘야 한다고 하였다(심성경 외, 2014).

2) 준비도

게젤이 주장하는 성숙 이론의 개념 중 하나가 '준비도(Readiness)'이다. 준비도란 신경조직이 성숙하여 학습 제시가 가능한 현재의 지적, 신체적, 사회적 측면 등의 능력 또는 특성의 준비 상태를 말한다. 게젤과 동료들은 1929년 일란성 쌍생아를 대상으로 한 명에게만 계단 오르기, 블록 쌓기, 어휘, 손 협응 활동 등을 연습시킨 후 다른 한 명과 비교하였다. 연구 결과 성숙 이전에 이루어지는 조기 훈련은 거의 효과가 없었다. 이에 걷기와 같은 활동도 유아에게 서둘러 훈련시킬 필요 없이 준비될 때까지 기다릴 필요가 있음을 강조하였다.

게젤(Arnold Gesell)

3) 발달규준

게젤은 예일대학교 아동발달 클리닉에서 영유아를 360도에서 관찰할 수 있는 돔을 만들어 연구를 하였다. 여기에서 그는 영유아의 행동을 관찰·실험하고 부모·교사와 상담을 하여 영유아의 행동에 관한 규준(Behavior Norm)을 만들어 제시하였다(백운학 역, 1993). 여기에는 유아의 연령별로 10개의 성장요소(신체운동발달, 건강, 정서, 공포, 꿈, 자아의 성, 개인 간의 관계, 놀이와 오락, 윤리관, 철학관)에 대한 평균적이고 정상적인 발달 특성이 제시되고 있다(Thomas, 2000). 그러나 이 규준은 게젤의 연구 대상이 예일대학교 주변에 거주하고 있는 중류층 가정의 영유아들이기 때문에 다른 문화권이나 계층에 일반화시키기에는 한계가 있다. 반면 게젤이 유아를 연구하기 위해 종단적 연구를 실시하고 관찰방법 등을 체계화시킨 것은 오늘날의 유아연구에 큰 공헌을 했다고 볼 수 있다(조성연 외, 2010).

게젤의 성숙 이론의 주요 개념을 정리하면 〈표 2-1〉과 같다.

〈표 2-1〉 성숙 이론의 주요 개념

구분	개념
성숙	발달과정의 방향을 결정짓는 생물학적인 기제
균형과 불균형의 단계	발달은 미성숙하고 바람직하지 않은 행동을 보다 성숙하고 바람직한 행동으로 바꾸어 나가는 과정
준비도	신경조직이 성숙하여 학습 제시가 가능한 현재의 지적, 신체적, 사회적 측면 등의 능력 또는 특성의 준비상태
발달규준	유아의 연령별로 10개의 성장요소(신체운동발달, 건강, 정서, 공포, 꿈, 자아의 성, 개인 간의 관계, 놀이와 오락, 윤리관, 철학관)에 대해 평균적이고 정상적인 발달 특성 제시

오늘날 대부분의 심리학자들은 게젤의 성숙 이론이 지나치게 극단적이라고 비판한다. 즉 성숙의 역할은 인정하지만, 훈육이나 학습이 게젤이 주장한 것보다는 훨씬 더 중요하다고 믿기 때문이다. 그들은 환경이 단순히 내적 패턴화를 유지하는 것보다 더 큰 역할을 하며, 환경도 역시 행동을 구조화한다고 믿는다. 예를 들면 유아는 운동신경의 성숙이 어느 수준에 이르기 전에는 공을 던지거나 피아노 치는 것 등

을 배울 수 없지만, 훈육과 강화를 통해 그런 행동패턴을 획득할 수 있다는 것이다. 그러나 한편으로 가장 열렬한 학습이론가들까지도 게젤의 내적 성숙과정에 대해서는 어느 정도 주목하고 있는 것 또한 사실이다(Crain, 2005; 송길연 · 유봉현 옮김, 2011).

2. 학습 이론

학습 이론은 인간의 모든 행동은 생물학적 요인에 의해 저절로 나타나는 것이 아니라, 경험과 훈련에 의해 형성된다고 본다. 즉 개인의 모든 행동은 자극(Stimulus)과 반응(Response)의 연합이며, 이러한 연합은 외적 조건과 경험에 의해 점진적으로 이루어지므로 'S-R이론' 또는 '연합이론', '행동주의 이론'이라고도 한다. 이는 유아의 본성에 대한 철학적 관점(원죄론, 성선설, 백지론) 중 하나인 백지론(Tabula Rasa View)에 뿌리를 두고 있다(박영아, 2010).

백지론은 17세기 말경에 영국의 철학자 로크(John Locke)가 주장하였다. 그는 유아는 선천적으로 나쁜 것이 아니라 '백지(Blank Tablet)'와 같은 상태라고 보았다. 로크는 유아기 경험이 성인의 특성을 결정하는 데 중요하므로, 부모에게 유아와 함께 많은 시간을 보내고 사회에 기여할 수 있는 사람이 되도록 도우라고 권고하였다. 이는 관찰 가능한 행동과 사례를 연구하고 행동을 유발하는 환경을 예측하고자 하는 행동주의의 기초가 된다.

그리고 20세기 초 파블로프의 고전적 조건형성과 이를 인간의 행동에 적용하여 행동주의 이론을 정립한 왓슨, 그리고 이를 조작적 조건형성에 의한 행동수정으로 발전시킨 스키너로 이어진다. 20세기 중반에는 인간의 행동이 사회적 모델을 관찰하고 모방함으로써 학습된다는 반두라의 사회학습 이론으로 확장되었다.

1) 파블로프의 고전적 조건형성

파블로프(Ivan Petrovich Pavlov)와 개 실험

러시아의 생리학자 파블로프는 개를 대상으로 실험하여 조건형성의 원리를 발견하였다. 소화생리 연구를 위해 개의 타액분비 실험을 하던 중 먹이를 받아먹었던 개가 먹이를 주는 훈련가를 보자 침을 분비하기 시작한다는 것을 보았다. 여기에서 그는 개가 음식(무조건 자극, US: Unconditional Stimulus)이 혀에 닿으면 자동적으로 침을 분비(무조건 반응, UR: Unconditional Response) 하는데, 이 과정에서 중립자극(NS: Neutral Stimulus)인 종소리를 무조건 자극(음식)과 연합하여 반복적으로 제공하면, 음식을 제공받지 않더라도 종소리만으로(조건 자극, CS: Conditional Stimulus) 침을 흘리는 반응(조건 반응, CR: Conditional Response)을 보임을 알 수 있었다. 즉 종소리라는 자극과 침 흘리기 반응 사이에 새로운 조건형성이 이루어졌는데 이를 고전적 조건형성(Classical Conditioning)이라고 한다. 이는 [그림 2-1]과 같다.

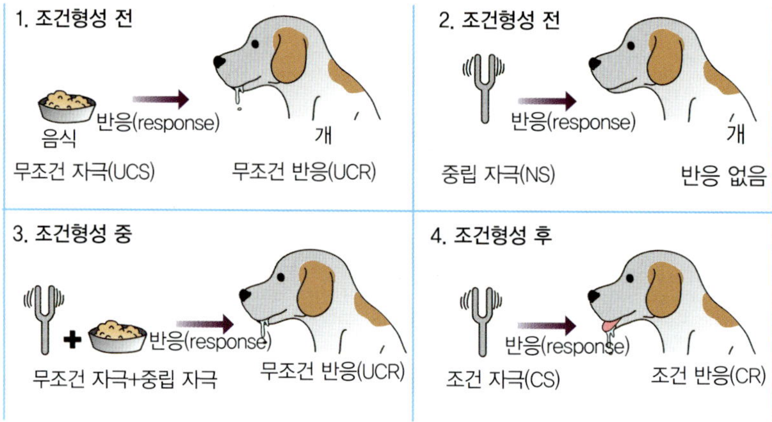

그림 2-1 **파블로프의 고전적 조건형성**

그러나 이러한 조건형성이 이루어진 후에 일정 기간 동안 종소리를 들려주고도 음식을 주지 않을 경우, 종소리를 들으면 침을 흘리는 조건반응이 서서히 약화되고 결국 사라지게 되는데 이를 소거(Extinction)라고 하였다.

2) 왓슨의 행동주의

행동주의는 심리학을 객관적인 과학으로 만들고자 한 왓슨(John Broadus Watson)에 의해 20세기에 북미에서 시작되었다. 왓슨은 고전적 조건형성이 유아의 행동에도 적용되는지를 알고자 하였다. 그는 알버트라는 11개월이 된 영아에게 중립자극인 흰쥐를 두려워하게 하기 위하여, 아기에게 자연적으로 두려움을 느끼게 하는 날카롭고 큰 소리를 여러 번 들려주었다. 처음에는 흰쥐를 만지려 하던 알버트는 곧 울기 시작하였고 흰쥐가 나타나면 머리를 돌렸다. 알버트의 두려움이 매우 커 연구자들은 이 실험에 대해 윤리적 문제를 생각하기도 했으나, 이러한 실험에서 왓슨은 환경이 유아발달에 매우 중요하며 성인은 자극과 반응의 연합을 주의 깊게 통제함으로써 유아의 행동을 만들어 낼 수 있다고 결론을 내렸다. 즉 공포뿐만 아니라 분노와 애정도 같은 원리로 습득될 수 있다고 했으며, 이후의 행동주의자들은 '가치관과 태도'도 이와 유사한 과정으로 학습되는 것으로 보았다.

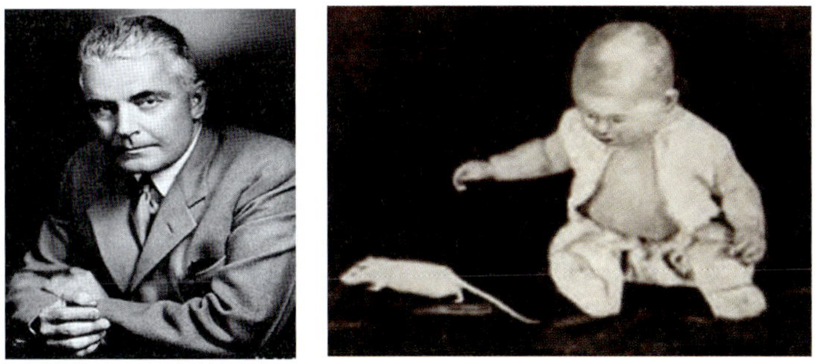

왓슨(John Broadus Watson)과 알버트와 흰쥐 실험

1913년 왓슨은 행동주의 선언문을 발표하며 유아발달과 학습에 환경을 조작, 통제함으로써 어떤 유아든 원하는 방향으로 키울 수 있다고 주장하였다. 그는 다음과 같은 유명한 제안을 했다.

> "나에게 12명의 건강한 아기들과 그들을 키울 잘 형성된 나 자신만의 특수한 세계를 제공해준다면, 나는 그들 중 아무라도 택해 훈련시켜 내가 원하는 유형의 전문가—그들의 재능이나 기호, 성향, 능력, 소질, 그리고 인종에 관계없이 의사나 법률가, 예술가, 상인, 장관 뿐만 아니라 거지, 도둑에 이르기까지—로 만들 수 있다고 장담할 수 있다"(William Crain, 2005).

그 다음 문장에서 왓슨은 "내가 지나친 주장을 한다는 것을 인정한다. 그러나 이와 반대편의 옹호자도 마찬가지로 몇 천 년 동안 자신의 주장을 그렇게 해오고 있다."라고 덧붙였다.

3) 스키너의 조작적 조건형성

행동주의에서 간단한 반사행동을 넘어서 유기체 스스로 조작하는 행동의 학습과정에 대해 설명해주는 이론이 스키너(Burrhus Frederic Skinner)의 조작적 조건형성(Operant Conditioning)이다. 이는 도구적 조건형성(Instrumental Conditioning)이라고도 하는데, 유기체의 행동 뒤에 이어지는 결과에 의해 그 행동이 학습될 수 있다고 본다. 이를 밝히기 위해 스키너는 스키너 상자(Skinner Box)를 만들어 행동이 조작되어 가는 과정을 실험하였다.

즉 상자 안의 한쪽에는 지렛대가 있고 쥐가 이것을 누르면 자동적으로 먹이통에서 먹이나 물이 나온다. 배고픈 쥐는 처음에는 우연히 지렛대를 누르게 되어 먹이를 먹지만, 지렛대를 누르고 먹이가 나오는 긍정적인 결과가 계속 반복되면 쥐는 지렛대 누르기와 먹이와의 관계를 학습하게 되는데 이러한 과정을 조작적 조건형성이라고 한다. 이로써 쥐는 상자를 돌아다니는 행동이 사라지고 지렛대를 누르는 속도는 점점 더 빨라진다. 즉 쥐는 먹이라는 강화물로 인하여 우연히 지렛대를 누르는 것이 아니라 의도적으로 지렛대를 누르게 되고 그 행동의 결과에 따라 행동의 빈도와 강도가 변한다.

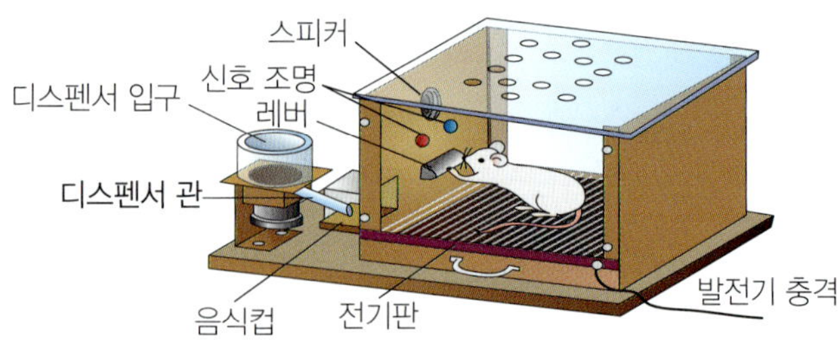

스키너(Burrhus Frederic Skinner)와 상자 내 쥐 실험

(1) 강화와 벌

특정 행동 뒤에 먹이와 같은 보상(Reward)이 주어지는 데 이 보상의 유형에는 일차적 보상(음식, 공기, 물, 수면, 성), 물질적 보상(용돈, 성적, 책, 장난감, 보석, 액세서리), 활동적 보상(책 읽어주기, 자유시간, TV 시청, 외출), 사회적 보상(관심 보이기, 칭찬, 어루만지기, 미소 짓기, 껴안아주기)이 있다(김정희 외, 2014). 이렇게 보상이 주어짐으로써 반응률을 높이는 절차와 과정을 강화(Reinforcement)라고 하며, 이 때 주어진 먹이를 강화인(Reinforcer)이라고 한다. 이는 [그림 2-2]와 같다.

그림 2-2 스키너의 조작적 조건형성

강화인의 성격에 따라 특정한 행동이 일어날 확률을 높여주는 정적 강화인(음식, 용돈 등)과 불쾌한 자극을 제거해줌으로써 어떤 행동의 빈도를 증가시켜주는 부적 강화인(청소 면제 등)으로 나눌 수 있다. 벌(Purnishment)은 원하지 않는 행동의 빈도를 감소시키기 위한 절차와 과정으로 혐오자극을 주거나(체벌, 꾸중, 고통 등), 긍정적 자극을 빼앗아 버리는 것(음식 제거, 타임 아웃—정적 강화를 받을 수 있는 기회를 차단하기 위해 1~3분 동안 참여금지—등)이다. 이를 정리하면 〈표 2-2〉와 같다.

〈표 2-2〉 강화와 벌

개념		유형
강화	행동의 빈도나 강도를 증가시키는 절차나 과정	• 정적 강화: 개체가 좋아하는 강화인을 제공하여 특정한 행동이 일어날 확률을 높임
		• 부적 강화: 혐오자극을 제거해주어 행동의 빈도나 강도를 높임
벌	행동의 빈도나 강도를 감소시키는 절차나 과정	• 혐오자극을 제공함
		• 좋아하는 자극을 빼앗음

(2) 행동수정

스키너의 연구 결과에 의해 조작적 조건화는 인간행동을 수정하는 학습 원리로 적용되기 시작했다. 행동수정(Behavior Modification)이론은 모든 행동은 학습되는 것으로, 우리가 원하는 행동을 새로이 형성할 수도 있고, 원하지 않는 행동을 수정하거나 소거시킬 수도 있다고 본다. 행동주의 심리학에서 언급하는 행동수정의 주요 원리는 강화와 벌 외에 〈표 2-3〉과 같이 행동조성, 피드백, 소거, 체계적 둔감화가 있다(심성경 외, 2014; 김정희 외, 2014).

〈표 2-3〉 행동수정의 주요 원리

주요 원리	특성	
행동 조성 (Shaping)	새로운 행동을 가르칠 때 표적행동을 소단계로 나누어 한 단계씩 배워나가도록 하는 방법. 유아의 기본 생활습관 형성이나 다양한 기능 습득에 효과적	
피드백 (Feedback)	행동을 정확히 수행하는지에 대한 정보를 제공하는 방법	• 긍정적 피드백: 언어, 미소, 고개 끄덕임, 톡톡 두드려주기, 박수 등
		• 부정적 피드백: 지적, 꾸짖음은 긍정적 피드백 다음에 조심스럽게 제공하는 것이 좋음
소거(Extinction)	부적응 행동에 대해 주어지던 강화를 중지시킴으로써 원하지 않는 행동을 점차 감소시키는 방법	
체계적 둔감화 (Systematic Dsensitization)	불안이나 공포를 느끼는 행동을 제거하기 위해 한 단계씩 점차 불안을 감소시켜 나가는 방법. 유치원 등원 시 부모와 떨어지기 힘들어 하는 유아에게 활용할 수 있음	

이는 장애인이나 비장애인을 대상으로 문제행동을 수정하고 바람직한 행동을 학습시키는 과정으로 널리 적용되고 있다. 그러나 환경의 중요성을 지나치게 강조하고 생물학적 영향력은 무시한다는 측면과 또 실험실에서 동물 행동을 연구한 결과를 토대로 인간행동을 설명하려는 측면에서 한계가 있다는 비판을 받고 있다.

4) 반두라의 사회학습 이론

왓슨과 스키너 등의 행동주의자들이 직접 행동함으로써 유아가 학습한다고 주장한 반면 반두라(Albert Bandura)는 일상에서 타인의 행동을 관찰, 모방함으로써 그 행동을 학습한다는 사회학습 이론(Social Learning Theory)을 주장하였다(Bandura, 1977). 관찰학습 또는 모방학습 이론이라고도 하는 이 이론에서 유아는 자신의 행동에 뒤따르는 직접적인 강화뿐만 아니라, 타인이 보상이나 벌을 받는 것을 관찰하는 것만으로 학습한다는 간접적 강화를 강조하고 있다. 이를 타인을 통해 학습이 이루어진다고 해서 대리학습이라고도 한다. 반두라는 보보인형을 때리는 것을 본 유아는 인형을 보자 때리는 행동을 흉내 내고, 인형을 안아주는 것을 본 유아는 인형을 안아주는 행동을 더 많이 보였음을 실험으로 증명하였다.

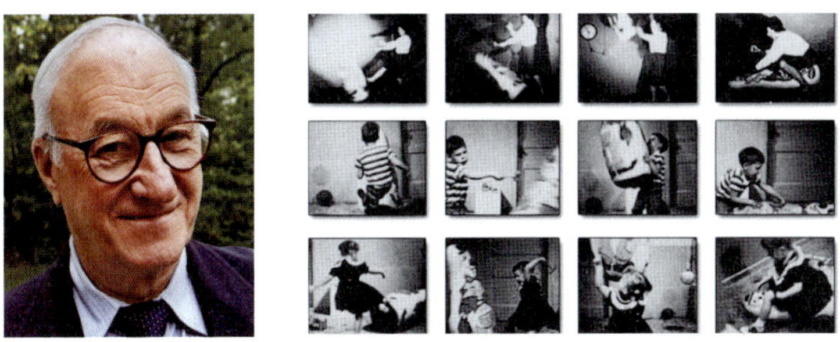

반두라(Albert Bandura)와 보보 인형으로 한 공격적 행동 실험

사회학습 이론에서 유아는 자신의 개인적 선호도와 판단에 따라 특정 모델의 행동을 더 많이 모방한다고 한다. 즉 모델에 대한 애정 정도, 자신과의 유사성(성별, 연

령, 인종 등), 모델의 권력 정도나 전문성과 신체적 능력 등이 모델을 선정하는 데에 영향을 미친다. 반두라는 한 돌이 된 영아도 엄마가 "아! 잘했다!"라고 하며 박수를 쳐 주면 자신도 무엇인가를 하고는 박수를 치고, 또 엄마가 잘못하였다고 유아를 때리면 유아는 화난 엄마가 그런 것처럼 또래를 때린다고 하였다. 이처럼 부모나 양육자가 행하는 양육의 실제가 유아의 행동발달에 중요한 영향을 미친다고 보았다. 관찰학습의 주요 과정은 주의–파지–수행과 운동 재생산–동기화 과정으로 〈표 2-4〉와 같다(Eggen & Kauchak, 2010; 김정섭 외 옮김, 2011).

〈표 2-4〉 사회(관찰, 모방)학습의 과정

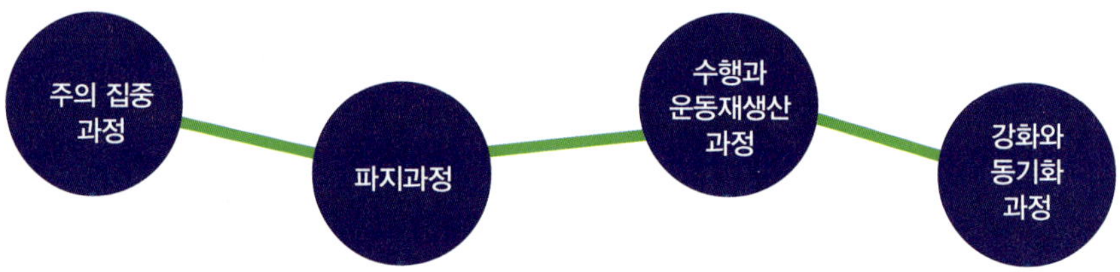

<table>
<tr><th>구분</th><th colspan="2">내용</th></tr>
<tr><td>주의집중(Attention)</td><td colspan="2">• 모델의 행동에 주의를 집중하여 그 특징을 정확히 지각함</td></tr>
<tr><td rowspan="2">파지(Retentional)</td><td rowspan="2">• 주의를 집중하여 기억한 정보를 인지적으로 저장하는 것</td><td>어릴수록 심상적 부호로 파지함</td></tr>
<tr><td>연령이 높을수록 언어적 부호로 파지하는 데, 심상적 부호보다 더 효과적임</td></tr>
<tr><td>수행과 운동 재생산 (Performance and Motor Reproduction)</td><td colspan="2">• 관찰한 행동을 똑같이 재생하기 위해 이전에 관찰했던 것과 비교하며 연습, 교정함</td></tr>
<tr><td>강화와 동기화 (reinforcement and Synchronization)</td><td colspan="2">• 습득된 학습을 실제로 수행하기 위해 필요함. 새로운 행동을 수행할 능력을 갖추었더라도 그 행동을 유발하는 강화요인(직접 강화와 자기 강화)이 없으면 실제행동은 일어나지 않음</td></tr>
</table>

반두라는 최근 연구(Bandura, 2001)에서 개인(Person)과 행동(Behavior), 그리고 환경(Environment)의 세 가지가 상호작용적인 관계가 있다는 상호결정론을 제시하였다. 그는 개인의 신체적 특성, 인지적 능력, 신념과 태도가 행동과 환경에 영향을

미치며, 환경은 개인적 특성과 행동에 영향을 미치고, 또한 행동 역시 환경과 개인적 특성에 영향을 미치는 상호 관계 속에서 상호작용이 계속 이루어진다고 하였다. 이는 [그림 2-3]과 같다.

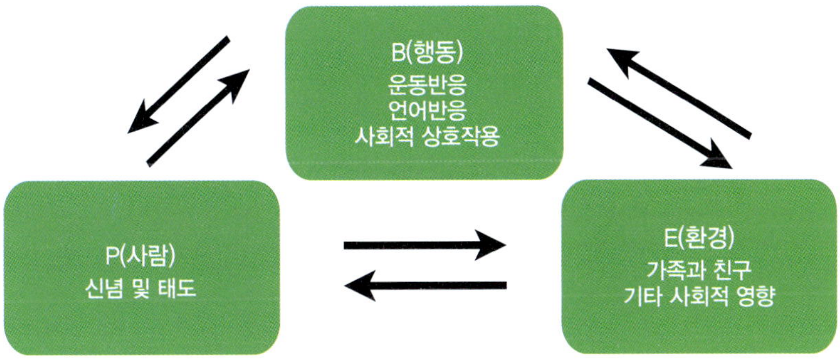

그림 2-3 반두라의 상호결정론 모델

사회학습 이론은 이전의 학습 이론과 달리 유아가 자신의 모방과 학습에 영향을 주는 듣고 기억하는 능력을 비롯한 복잡한 인지적 과정까지 고려하고 있다. 이 점은 전통적인 행동주의의 한계를 벗어났다는 측면에서 의의가 있으나, 관찰학습 시 유아의 현재 발달 단계가 어느 정도로 환경의 영향을 받는지에 대한 규명 없이 환경의 영향을 강조하면서 개인의 내적 동기나 인지적 요소는 소홀히 하였다는 지적을 받는다.

3. 정신분석이론

1930년대와 1940년대에는 부모들이 유아의 정서적 문제로 전문가의 도움을 요청하는 일이 증가하였다. 이에 유아의 정서적 문제를 다루기 위하여 정신의학자들과 사회사업가들은 각 유아의 독특한 역사를 강조하는 성격발달 이론에 관심을 갖게 되었다.

정신분석학적 접근에서는 유아가 일련의 단계를 거치면서 발달해가며, 각 단계마다 생물학적 충동과 사회적 기대 사이의 갈등에 직면하게 된다고 보았다. 이러한 갈등이 어떻게 해결되느냐에 따라 각 개인의 배우고자 하는 능력, 다른 사람과 어울리고자 하는 능력, 불안을 극복하는 능력 등이 결정된다는 것이다. 여기서는 정신분석적 접근의 대표적 학자인 프로이드와 에릭슨의 이론을 살펴보고자 한다.

1) 프로이드의 심리성적 분석이론(Psycho-sexual Analysis Theory)

프로이드(Sigmund Freud)의 정신분석이론은 20세기 인류에게 가장 큰 영향을 준 사상 중의 하나이다. 그의 이론은 오늘날 의학, 심리학은 물론 문학, 사회학, 정치학, 법학, 인류학, 미술, 영화, 종교에까지 다방면으로 영향을 주었다.

프로이드는 정서적으로 문제가 있는 성인을 대상으로 어린 시절의 고통스러웠던 일을 회상하게 하는 자유연상법으로 실험과 치료를 하였다. 이를 통하여 프로이드는 환자들의 무의식적 동기를 살펴보게 되었고 마침내 정신분석이론을 수립하였다. 그는 인간 행동은 의식보다 무의식적 과정에 의해 더욱 지배되며, 무의식의 가장 기본적인 내적 본능과 성적 욕구인 리비도(Libido)가 인간의 모든 행동의 동기로 작용한다고 하였다. 그리고 생후 초기인 유아기의 성적, 공격적 충동과 이에 대한 양육자의 태도가 건강한 성격 형성에 결정적 요인이라고 보았다(Freud, 1960).

(1) 성격의 구조

프로이드는 인간의 성격은 본능(원초아, Id), 자아(Ego), 초자아(Super Ego)의 세 요소로 이루어져 있으며 이는 구강기, 항문기, 남근기, 잠복기 및 생식기의 다섯 단계를 거치면서 통합된다고 하였다. 성격에서 가장 큰 부분을 차지하는 것은 본능(원초아)으로 이는 타고나는 것이며, 자아는 영아기 초기부터 나타나고, 초자아는 유아기에 부모와의 상호작용에 의해 발달하기 시작한다.

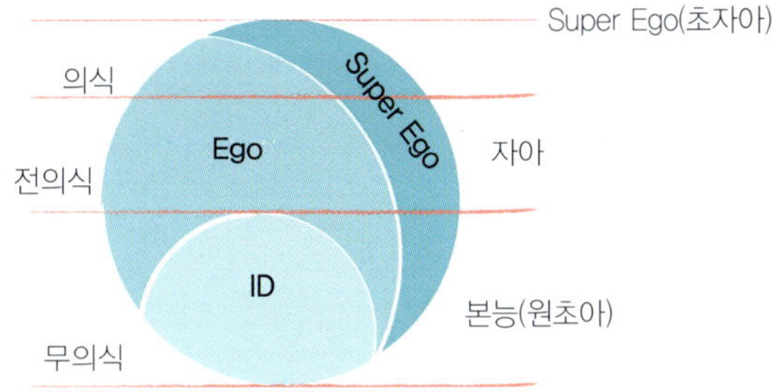

프로이드(Sigmund Freud)와 성격의 구조

성격을 구성하고 있는 본능(원초아), 자아, 초자아에 대해 살펴보면 〈표 2-5〉와 같다.

〈표 2-5〉 성격의 구성요소

성격의 요소	특 성
본능 (Id)	• 비이성적, 무의식적, 이기적 특성 • 기본적인 생물학적 충동(먹고, 마시고, 배설하고, 고통을 피하고, 성적 쾌감을 얻으려는 욕구) • 쾌락의 원리에 따름 • 무의식 세계에 의해 작동
자아 (Ego)	• 현실적으로 가능한 것과 가능하지 않은 것을 깨달으면서 발생(2세경) • 현실 원리에 따르는 2차적 과정(성적 충동이 생겼을 때, 현실을 고려하면서 조건이 적합할 때까지 성적 충동의 만족을 지연시킴) • 의식적이고 합리적인 부분 • 본능의 요구와 세상의 현실 및 초자아의 요구 사이를 중재하는 기능
초자아 (Super Ego)	• 어떤 행동이 옳은지 그른지 판단하는 역할 • 학습에 의해 획득(3, 4세경 발달 시작) • 부모를 비롯한 주변사람들이 주는 보상과 처벌을 통해 사회적 가치나 도덕적 가치, 문화적 규범 등을 얻게 되는 과정에서 내면화됨 • 양심으로 언급되는 성격의 한 부분

(2) 성격의 발달 단계

프로이드는 본능(원초아), 자아, 초자아의 세 가지 요소가 영아기, 유아기, 아동기에 심리성적 발달 단계를 거치면서 성격이 형성된다고 하였다. 이러한 발달 단계는 인간의 성 본능 에너지인 리비도(Libido)가 신체의 구강, 항문 및 성기로 이전하는 데에 따라 구분된다. 구강기, 항문기, 남근기, 잠복기, 생식기의 각 단계에서 성 충동 욕구가 너무 지나치거나 또는 너무 모자람이 없는 선에서 충족되면 유아는 성숙된 성적 행동을 할 수 있고 적응을 잘하는 성인으로 성장할 수 있다.

반면 각 발달 단계에서 개인의 욕구가 충족되지 못하거나 지나치게 충족된다면 그 단계에 머물게 되는 고착된 성격이 될 수 있다. 이를 살펴보면 〈표 2-6〉과 같다.

〈표 2-6〉 프로이드의 성격 발달 단계와 특성

성격 발달 단계	연령	특성
구강기 (Oral Stage)	출생 ~1세	• 입술과 혀, 입 등을 통해 만족을 얻고자 함 • 6개월경 주로 빠는 행동, 그 후부터 물어뜯고 깨물고 씹는 행동에서 쾌감을 느낌 • 구강만족에 불만이 있거나 집착하게 되면 아동기에 손가락 빨기, 손톱 물어뜯기, 연필 깨물기 등의 습관, 이후엔 지나친 수다나 언어적 공격, 과식과 폭음, 지나친 흡연 등의 습관이 나타날 수 있음 • 충족이 적절히 이루어지지 못할 때 지나치게 의존적이며 수동적이거나 공격적, 풍자적 성격이 됨 • 적절히 충족되면 쾌활하고 낙천적 성격이 됨
항문기 (Anal Stage)	1~3세	• 대소변의 보유와 배출 시 항문의 괄약근을 수축하고 이완하는 과정을 통해 만족감을 얻음 • 배변을 지나치게 강요할 경우 결벽증적 성격, 완고하거나 인색, 수집광적 성격이 됨 • 배변을 방임할 경우 지저분하고 낭비적, 무질서, 파괴적 성격이 됨 • 적절히 충족되면 창의적이고 생산적 성격이 됨

성격 발달 단계	연령	특성
남근기 (Phallic Stage)	3~6세	• 성기의 자극을 통해 만족을 얻음 • 남아는 오이디푸스 갈등(Oedipus Complex: 아들이 어머니에게 성적 애정을 가지고 접근하며 사랑을 느껴, 아버지에게 질투와 적대감을 가짐)과 거세불안(아버지가 자기를 해칠지 모른다는 불안감)을 느낌 • 여아는 엘렉트라 갈등(Electra Complex: 딸이 아버지에게 성적 애정을 가지고 접근하며 사랑을 느껴, 어머니를 애정 경쟁자로 느껴 적대감을 가짐)과 남근 갈망을 나타냄 • 동성 부모에 대한 동일시를 통해 자신에게 적합한 성역할을 학습해 감 • 이성 부모에 대한 애정적 만족이 부족하면 겸손하면서도 지나치게 오만한 성격이 됨 • 이성 부모에 대한 만족이 지나치면 공격적, 과시적, 방종한 성격이 됨
잠복기 (Latent Stage)	6~11세	• 성적인 관심이 정지, 성적 에너지가 무의식으로 잠복하는 시기 • 가족과 동성 친구와 강한 유대 형성, 학교생활에 몰두 • 초자아의 발달과 사회적 · 도덕적 가치 습득이 이루어짐 • 침착성과 자기통제력을 기르는 시기임
생식기 (Genial Stage)	12세 이후	• 성적 에너지가 의식의 수면 위로 분출되는 사춘기 • 이성에 대한 관심 증대 • 성적 욕구가 충족되지 않으면 반항적, 반사회적, 이성을 사귀는 데 장애를 가지게 됨 • 충족되면 결혼, 자녀 출산, 양육으로 이어짐

프로이드의 이론은 부모와 자녀의 관계를 최초로 강조하였고 인간의 초기경험을 중요시했다는 점에서 오늘날에도 활용되고 있다. 그러나 그의 견해는 몇 가지 측면에서 비판을 받기도 한다.

첫째, 과학적 검증이 어려운 성적 충동을 너무 강조하였다.

둘째, 그의 이론은 19세기 빅토리안 시대의 성적으로 억압된 성인을 대상으로 한 연구를 기반으로 하는 것이어서 시대적·문화적으로 적용하기 어렵다.

셋째, 유아보다는 성인을 대상으로 한 연구인데다 소수의 사례에 의존한 임상연구라 그 결과를 일반화하기 어렵다.

2) 에릭슨의 심리사회적 분석이론(Psycho-social Analysis Theory)

에릭슨(Erik Erikson)

프로이드 이론을 계승한 신 프로이드 학파 중 에릭슨(Erik Erikson)은 인간의 내적 본능과 성적 욕구 충족과 함께 사회문화적 요인과 심리 역사적 환경을 중시하였다. 그는 자아가 본능(원초아)의 충동과 초자아의 요구 간의 갈등을 중재할 뿐 아니라 한 개인이 사회의 구성원으로 발달하는 데 능동적으로 기여한다고 주장하였다. 에릭슨은 출생에서부터 노년기까지 습득해야 할 과제와 함께 각 단계에서의 심리사회적 위기(갈등, Crisis)를 제시하고, 그것이 긍정적 또는 부정적으로 해결되느냐가 바람직한 또는 부적응적 성격 형성에 영향을 미친다고 보았다(Erikson, 1970). 인간의 자아와 성격 발달에 대한 에릭슨의 심리사회적 발달 8단계는 〈표 2-7〉과 같다.

심리사회적 발달 단계

〈표 2-7〉 에릭슨의 성격 발달 단계와 특징

심리사회적 단계	시기	특징
1단계 **신뢰감 대 불신감** (Trust vs. Mistrust)	영아기 (출생~1세)	• 주 양육자와 최초의 사회적 관계를 형성하며 세상에 대한 신뢰감 또는 불신감 발달 • 초기 안정된 애착은 추후 성공적 사회관계 형성에 영향을 미침
2단계 **자율성 대 수치 및 회의** (Autonomy vs. Shame and Doubt)	유아기 (2~3세)	• 자신을 통제할 수 있는 독립된 개체로서의 인식 발달 • "내 것", "내가 할거야.", "아니야."와 같은 자기주장과 독립적 행동에 대한 긍정적 경험은 자율성 형성 • 과도한 기대와 엄격한 훈육으로 긴장과 실패 경험은 수치심과 회의감 형성
3단계 **주도성 대 죄의식** (Initiative vs. Guilt)	학령전기 (4~6세)	• 어떤 목표를 정하고 새로운 도전을 위해 노력함 • 부모가 자녀의 목적과 방향을 지지해줄 때 호기심, 상상력, 주도성 발달 • 지나치게 통제할 경우 유아 스스로를 과잉통제, 자기억제하고, 실패나 처벌에 대해 두려워하며 죄의식 생김 • 유아의 관심이 주위 사람에게 확대되므로 상상놀이를 통해 주변 인물을 경험해보는 기회 필요
4단계 **근면성 대 열등감** (Industry vs. Inferiority)	학령기 (7~11세)	• 자신이 속한 문화권의 기본적 기술과 규칙을 열심히 배우고 숙달하고자 하는 자아성장의 결정적 시기 • 자기수양을 통해 다양한 능력을 향상시키면 근면성 발달 • 가정, 학교, 동료와의 관계에서 실수나 실패할 때 자신의 무능함을 느끼며 열등감 발달
5단계 **자아정체감 대 역할 혼돈**(Identity vs. Role Confusion)	청소년기 (12~18세)	• 2차 성징 발현으로 자기 존재에 대한 의문과 탐색을 하는 신체·정신적으로 복잡하고 혼란스러운 사춘기 • 자신이 선택한 가치관과 직업적 목표를 결정함으로써 개인적 정체성 형성 • 존재에 대한 방황과 갈등이 길어지면 자신의 역할에 대한 혼돈에 빠짐
6단계 **친밀감 대 고립감** (Inimacy vs. Isolation)	성인 초기 (19~40세)	• 직업을 선택하고 배우자를 찾는 성인기 시작 • 자신의 정체성을 타인과 연합하여 친밀감을 나누는 사회적 관계 형성 • 정체성을 형성하지 못한데서 오는 자신감 부족으로 타인과 원만한 관계를 갖지 못하고 자신에게만 몰두함
7단계 **생산성 대 침체** (Generativity vs. Stagnation)	성인 중기 (41~64세)	• 성인으로서 개인적 문화를 유지하고 이를 개선, 발전시키려는 중년기 • 자녀 양육, 직업적인 성취, 학문적, 예술적 업적을 이루면서 생산성 형성 • 생산성을 발휘하거나 확립에 실패하면 자기 침체에 빠져 자신의 욕구에만 몰두하고 타인에게 관대하지 못하게 됨

심리사회적 단계	시기	특징
8단계 자아통합 대 절망 (Ego Integrity vs. Despair)	노인기 (65세 이상)	• 지금까지의 발달과정에 대해 최종적으로 통합하며 인생의 가치를 평가하는 시기 • 자신의 삶을 만족스럽고 가치 있게 느끼면서 자아통합감 형성 • 삶에 대한 무의미함, 무력감 느끼고 죽음에 대한 두려움으로 절망함

에릭슨은 프로이드의 성격 발달 단계(구강기, 항문기, 남근기, 잠복기, 생식기)와 병행하여 성인기에서 3개의 단계를 더하여 8단계로 사회문화적 맥락에서 인간의 성격 형성에 대해 설명하였다. 그러나 에릭슨의 이론은 다음 몇 가지 제한점으로 비판을 받는다. 첫째, 각 단계의 전환이 어떻게 이루어지는지가 불명확하다. 둘째, 각 단계가 전환되는 정도를 측정할 수 있는 방법이 없다. 셋째, 발달의 원인이 무엇인지 명확하게 설명하지 못한다.

4. 인지발달 이론

유아의 사고에 대한 연구의 개척자는 볼드윈(Alfred L. Baldwin)이다. 그는 유아의 지식이 발달과정에서 어떻게 변화하는지를 연구하면서 발생학적 인식론(Genetic Epistemology)이란 용어를 사용하였다. 여기에서 발생학적(Genetict)이라는 어휘는 발달적(Developmental)이란 어휘와 같으며, 인식론(Epistemology)이란 지식의 본질 또는 지식의 연구라는 것을 의미한다(Ginsburg & Opper, 1988; Crain, 2005).

1880년대 볼드윈의 주장을 20세기에 들어서 스위스의 심리학자 피아제(Jean Piaget)가 더욱 발전시킨 것이 바로 유아에 대한 인지발달 이론이다. 그는 자신의 두 딸과 아들을 꾸준히 관찰하고 면담함으로써 지적 발달에 관한 유아 연구의 또 다른 새로운 장을 열었다. 즉 유아는 직접적 지시를 받거나 환경이 제공하는 어떤 프로그램이 없어도 스스로 자극을 추구하고 자신의 경험을 조직하는 존재라고 주장하였다. 이러한 피아제의 이론은 후에 유아의 인지발달에서 사회적 상호 작용과 상황을 중시하는 비고스키의 사회적 구성주의로 발전해나간다. 그리고 인지 작용의 기능적 측면에 주된 관심을 두고 과제를 해결해나가는 사고과정을 분석한 정보처리 이론에 영향을 준다.

1) 피아제의 구성주의

피아제(Jean Piaget)는 유아가 성인에 비해 단순히 더 '우둔한' 것이 아니라 전혀 다른 방식으로 사고한다고 생각하였다. 이를 밝히기 위해 그는 유아의 자발적 활동을 관찰하는 데에 많은 시간을 보냈고, 표준화된 검사를 버리고 보다 개방적인 임상적 면담을 고안했다. 이를 통해 피아제는 유아들의 인지발달과정에는 불변적 순서(Invariant Sequence)를 가진 각 단계가 있으며, 유아들은 각자 다른 속도로 이 단계들을 통과한다고 보았다(Piaget, 1952).

피아제(Jean Piaget)

(1) 인지발달 단계

피아제는 유아의 내면화된 정신활동이 조작의 수준 차이로 인하여 인지구조가 질적으로 변화한다고 하면서 그 과정을 4단계로 구분하였다.

① 감각운동기(Sensorimotor Stage, 0~2세)

이 단계는 영아가 감각기관을 통해 세상을 인식하고 운동기능을 통해 반응하는 시기이다. 처음에는 생득적 반사를 통해 세상을 이해하기 시작하다가 자신이 직접 보고, 듣고, 맛 보고, 냄새 맡고, 만져보아야만 자극을 이해하며, 상징적, 추상적 사고는 불가능하다. 그러나 후반기로 가면서 대상영속성(Object Permanence) 개념을 획득하는 데, 이는 사물이 눈에 보이지 않더라도 존재하고 있음을 아는 것이다(김상림 외, 2014). 대상영속성의 획득은 물체나 대상에 대한 이미지를 마음속에 그릴 수 있는 표상적 사고가 가능하여 눈 앞에 보이지 않는 어떤 실체에 대해서도 상징을 할 수 있는 계기가 된다는 점에서 의미가 있다.

감각운동기는 반사운동기, 1차 순환반응기, 2차 순환반응기, 2차 순환반응의 협응기, 3차 순환반응기, 정신적 표상기의 하위 단계로 나누어진다(제6장 인지발달에서 자세히 알아보기로 한다).

② 전조작기(Pre-Operational Stage, 2~7세)

이 단계는 유아의 사고가 이미지와 단어를 포함하는 상징의 수준으로 급속히 발달한다. 그 결과 유아는 자신의 사고를 모두 재조직화해야 하는 데 그것은 한 번에 이루어지지 않으므로 이 시기의 사고는 기본적으로 비체계적이고 비논리적이다. 즉 사물에 대해 상징과 심상을 사용하는 표상능력이 증가하고, 상징적 사고를 할 수 있게 되어 상징놀이를 즐긴다. 그러나 아직까지 사건들의 논리적 관계를 내면화시키는 조작적 사고가 불가능하기 때문에 '전조작기'라고 한다. 전조작기 사고의 특징은 물활론적, 직관적, 자기중심적, 인공론적, 실재론적, 비가역적이며 보존 개념, 변환적 추론, 서열화, 유목포함 개념이 부족하다(전조작기 사고의 특징은 제6장 인지발달에서 자세히 알아보도록 한다).

③ 구체적 조작기(Concrete Operational Stage, 7~11세)

이 단계는 탈 중심화되어 대상의 여러 특징이나 상황의 다양한 측면을 고려하는 다면적 사고를 하게 된다. 보존 개념, 동일성의 원리, 가역의 원리, 보상성의 원리를 이해하고 사물의 공통점과 차이점을 이해하여 유목포함, 분류, 서열화 등을 할 수 있다. 그러나 아직 완벽한 논리적, 추상적 사고는 불가능하며(Shaffer, 2002), 자신에게 익숙한 구체적 상황이나 구체물을 다루는 데에 있어서는 추리적인 사고도 가능한 시기이다.

④ 형식적 조작기(Formal Operational Stage, 11세 이후)

이 단계는 고도의 사고능력이 형성되며, 사춘기와 함께 시작된다. 아동은 과거의 경험을 활용하여 현재의 문제를 해결하고 체계적, 과학적, 논리적, 추상적 사고가 가능해진다. 즉 문제해결을 위해 여러 가설과 추리과정에서 검증과 결론을 도출하는 가설 연역적 추론(Hypothetico-Deductive Reasoning)이 가능하다. 더불어 사랑, 도덕성, 이상주의적 사고 등도 특징적으로 나타나지만, 모든 사람이 인지발달의 이 마지막 단계에 도달하는 것은 아니라는 주장도 있다. 피아제의 인지발달 4단계의 특징을 정리하면 〈표 2-8〉과 같다.

〈표 2-8〉 피아제의 인지발달단계

단계(시기)	특징
감각운동기 (출생~2세)	• 눈, 귀, 손 등의 감각 수용기를 통해 외부세계 지각 • 빨기, 쥐기, 두드리기와 같은 신체적 행동도식들 조직화 • 공간, 시간, 인과성에 대해 감각적 정보 획득
전조작기 (2~7세)	• 사고하는 것을 배우나 비체계적, 비논리적 • 상징과 내적 이미지 사용, 표상능력 발달 • 자기중심적, 직관적, 물활론적, 인공론적, 실재론적, 비가역적 사고, 보존 개념 부족, 변환적 추론 미흡, 서열화 능력 부족, 유목포함 개념 부족
구체적 조작기 (7~11세)	• 구체적 사물과 구체적 행위에 대해서만 체계적 사고 가능 • 논리적이고 구체적인 문제해결 능력 발달 • 탈 자기중심적 사고, 보존 개념 획득, 조망수용능력 획득, 유목화와 서열화 가능, 가역적인 조작 가능
형식적 조작기 (11세 이후)	• 순전히 추상적이고 가설적인 수준에서도 체계적으로 사고할 수 있는 능력 발달 • 과학적 사고 가능 • 복잡한 언어과제 및 가설적 과제에 대한 문제해결 가능

(2) 주요 개념

피아제는 유아들이 환경과의 상호작용을 통해 능동적으로 포괄적인 인지구조를 구성해나간다고 밝힌 구성주의 이론가이다. 그는 모든 유기체에서 발견되는 생물학적 경향성의 관점에서 유아의 인지구조와 인지기능에 대해 설명하면서, 인지구조의 기본 단위를 도식(Schema, 스키마)이라고 하였다. 즉 도식은 유기체가 사물이나 사건을 이해하기 위한 인지구조의 기본 단위이다.

피아제는 유아가 생애초기의 제한된 도식을 동화, 조절, 조직화의 세 가지 인지기능을 통해 새로운 환경에 적응(Adaptation)해 가는 능동적인 주체라고 보았다. 여기서 동화(Assimilation)는 무엇을 먹거나 소화시킬 때처럼 흡수하는 것을 의미하는 것으로, 우리가 가진 기존의 도식으로 어떤 대상이나 정보를 이해하는 것이다. 조절(Accomodation)은 기존의 도식만으로 외부의 자극을 해석할 수 없을 경우, 기존의 도식을 변경하거나 새로운 도식을 생성하는 과정을 말한다. 조직화(Organization)는 분리된 체계나 구조를 응집력 있는 고차원의 체계나 구조로 통합시키려는 선천적 경향성이다.

이렇게 유아는 환경과 능동적으로 상호작용하면서 일생 동안 동화와 조절을 반복해가는 데, 이 과정에서 새로운 자극이 기존의 정보 체계와 불일치하여 유아가 인지적 갈등을 느끼는 불평형 상태를 경험하기도 한다. 이때 기존의 도식과 새로운 자극 간의 평형을 이루기 위해 경험과 인지 사이의 불일치를 해소하는 사고의 노력을 평형화(Equilibrium)라고 하였다.

피아제의 구성주의 이론의 기초가 되는 주요 개념을 그 의미와 구체적인 예와 함께 살펴보면 〈표 2-9〉와 같다.

〈표 2-9〉 피아제 구성주의의 주요 개념

주요 개념	의미	예
도식 (Schema, 스키마)	• 사물이나 사건을 이해하기 위한 인지구조의 기본 단위	• 반사적인 잡기(빨기 등) 도식에서부터 행동도식, 상징도식, 조작적 도식을 점차 형성해 나감
동화 (Assimilation)	• 기존의 도식으로 외부의 대상이나 정보를 이해하는 기능	• 생득적인 '잡기' 도식을 주변 물건을 잡는 데에 적용함(물건은 잡을 수 있다고 생각함)
조절 (Accomodation)	• 기존의 도식만으로 외부의 자극을 해석할 수 없을 경우, 기존의 도식을 변경하거나 새로운 도식을 생성하는 과정	• 물건을 잡다가 뾰족한(또는 으깨어지는) 것을 경험하여, 모든 물건은 잡을 수 있다는 도식을 수정함(잡을 수 없는 것에 대한 새로운 도식 형성)
조직화 (Organization)	• 분리된 체계나 구조를 응집력 있는 고차원의 체계나 구조로 통합시키려는 경향성	• 잡을 수 있는 물건과 뾰족한, 으깨어지는 물건 등의 도식을 연결하여 그들 사이의 유사성과 차이점을 지각함
평형화 (Equilibrium)	• 환경과의 상호작용에서 평형 상태를 추구하는 것	• '잡을 수 있는' 도식으로부터 '잡을 수 없는' 도식을 형성하는 과정에서 왜 '잡을 수 없는'지 알 수 없는 불평형 상태를 조절하여, 새로운 '잡을 수 없는' 물건에 대한 도식을 형성함으로써 평형상태가 됨
적응 (Adaptation)	• 환경과 직접적인 상호작용을 통하여 도식이 변화하는 과정	• 자신의 도식을 적용시켜 잡을 수 있는 물건의 특성을 이해하고 잡기 행동을 함

2) 비고스키의 사회적 구성주의(사회문화적 관점)

지식의 구성에 대해 피아제가 유아의 능동적 탐색을 강조한 반면, 비고스키(Lev Semenovich Vygotsky)는 사회문화적 관점에서 다른 사람과의 사회적 상호작용이 더 중요하다고 하였다. 그는 특정 문화, 사회적 집단의 가치, 믿음, 기술이 어떻게 한 세대에서 다음 세대로 전달되는가에 관심을 가졌다. 이에 지식이 많은 사회 구성원과의 협동적 대화는 유아가 한 사회의 문화를 이루는 사고나 행동을 습득하는 데 지대한 영향을 미친다는 것을 발견하였다. 비고스키는 성인과 보다 능력 있는 또래는 유아가 문화적으로 의미 있는 행동을 배울 수 있게 하며, 이들과의 대화는 유아의 사고의 부분이 된다고 하였다. 즉 유아가 이들과의 대화의 면모를 내면화하면서 대화에서 사용된 언어를 자신의 사고나 행동 그리고 새로운 기술을 습득하는 데 지침으로 삼는다는 것이다. 이에 비고스키 이론의 주요 개념에 대해 알아보기로 한다.

비고스키(Lev Semenovich Vygotsky)

(1) 근접발달지대(ZPD)

근접발달지대(Zone of Proximal Development)는 유아가 스스로 문제를 해결할 수 있는 실제 발달수준(Level of Actual Development)과 교사나 부모의 도움을 받아 문제를 해결할 수 있는 잠재적 발달수준(Level of Potential Development)과의 거리를 말한다(Vygotsky, 1935; [그림 2-4] 참조). 이 근접발달지대에서 유아는 교사나 능력 있는 또래와의 협력적 교수로 인해 잠재적 발달수준으로 진입할 수 있다. 비고스키는 ZPD가 실제적 발달수준보다 지적발달의 역동성과 교육적 측면에서 더 중요하다고 하였다. 왜냐하면 ZPD의 개념은 부모나 교사가 유아의 현재 발달수준을 이해하고 이에 적합한 교육을 시행하여 유아의 발달을 지원하는 것이 중요하다는 것을 교육적으로 시사해주기 때문이다.

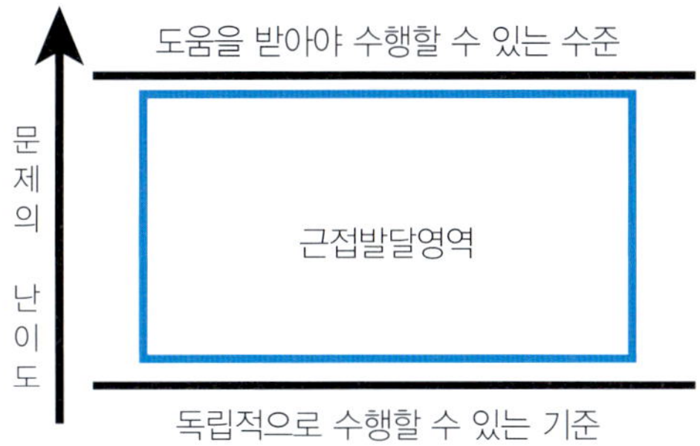

그림 2-4 **근접발달지대**(Bodrova & Leong, 1998)

(2) 스캐폴딩(Scaffolding)

이는 건축물이 완성될 때까지 구조물의 틀을 잡아주는 비계(Scaffold)에서 나온 용어로, 스캐폴딩(Scaffolding)은 비계설정으로 언급되기도 한다. 스캐폴딩은 유아보다 유능한 수준의 교사나 부모 또는 또래의 안내 및 도움이 유아의 학습을 도와 인지적 향상을 가능하게 하는 발판 역할을 해주는 것을 말한다(Word, 1975; 김정희 외, 2014). 여기서 중요한 것은 안내 및 도움이 행해지는 시기와 정도의 문제인데, 비고스키는 손을 잡아야만 걸을 수 있는 영아의 걷기 능력과 같이 발달 초기에 있는 행동들의 경우가 해당된다고 한다. 즉 이미 성숙된 기능이나 혼자서도 숙달이 가능한 기능에 대해서는 스캐폴딩을 언급하지 않았으며, 그는 어른들이 가끔 너무 많은 도움을 주는 점에 대해 우려했다. 즉 조력자가 도움을 줄 때 유아의 요구에 맞게 민감하게 조절해 갈 필요가 있는 것이다. 일반적으로 조력자는 과제가 학습자에게 새로운 것일 때는 보다 많은 도움을 주지만, 점차 도움을 줄여가면서 학습자가 과제에 대해 보다 많은 책임을 지게함으로써 학습에 대한 자율성, 독립성, 책임감을 키워줄 수 있다.

(3) 내면화(Internalization)

내면화(Internalization)란 개인이 사회적 경험을 통해 자신이 접하고 있는 세계에 대해 사고하고 해석하는 방식들을 구성해가는 것을 말한다. 이 과정에서 자신의 사회적 경험을 심리적으로 표현하는 주요 방법은 언어이다(Berk & Winsler, 1995; 김정희 외, 2014). 비고스키는 자기조절과정에서 나타나는 유아의 혼잣말은 내면화 과정에서 자신과의 대화수단으로 나타나는 것이며, 혼잣말은 인지발달의 결정적 역할을 한다고 보았다. 혼잣말은 목표 지시적인 활동, 문제해결 활동, 학구적 활동, 혼자놀이 등에서 많이 나타나며, 또 쉬운 과제보다는 어려운 과제일수록, 그리고 사회적 상호작용의 기회가 많아진 후에 더 많이 나타난다. 그는 혼잣말이 3~5세에 특히 많이 나타나며 초등학교 시기에는 점차 축약되고 내면화되어 타인이 알아들을 수 없게 된다고 하였다. 그러므로 유아기에는 의사소통으로서의 언어뿐만 아니라 내면화의 매개체로서 혼잣말과 대화를 관찰하고 적절히 스캐폴딩해야 하는 것이다.

〈표 2-10〉 비고스키의 사회적 구성주의(사회문화적 관점) 주요 개념

주요 개념	의미
근접발달지대(ZPD)	• 유아가 스스로 문제를 해결할 수 있는 실제 발달수준(Level of Actual Development)과 교사나 부모의 도움을 받아 문제를 해결할 수 있는 잠재적 발달수준(Level of Potential Development) 과의 사이에 있는 영역
스캐폴딩 (Scaffolding)	• 유아보다 유능한 수준의 교사나 부모 또는 또래의 안내 및 도움이 유아의 학습을 도와 인지적 향상을 가능하게 하는 발판 역할을 해주는 것
내면화(Internalization)	• 개인이 사회적 경험을 통해 자신이 접하고 있는 세계에 대해 사고하고 해석하는 방식들을 구성하는 것

3) 정보처리이론

1970년대와 1980년대에 들어서 연구자들은 유아의 사고 발달을 이해하기 위하여 여러모로 인지심리학 분야에 관심을 갖게 되었다. 여기에 컴퓨터의 발달은 심리학자들에게 인간의 정신 또한 컴퓨터처럼 정보의 흐름을 논리적 규칙과 전략을 적용하여 처리하는 체계인 정보처리자로 보았는데 이것이 바로 정보처리 이론(Information Processing Theory) 또는 정보처리적 접근이다(Munakata, 2004). 피아제가 인간의 인지구조가 어떻게 형성되고 변화하는가에 관심이 있었던 반면, 정보처리 이론은 인지작용의 기능적 측면 즉, 어떤 과제를 해결해나가는 사고과정을 분석하는 데에 관심이 있다.

(1) 정보처리 과정

정보처리론자들(Case, Pacual-Leone, Fischer, Klahr, Siegler, Sternberg)은 정보처리의 과정을 분석하고 상세하게 제시함으로써 어느 단계에서 문제해결 관련 실패가 일어났는지를 밝히려 한다. 그들은 정보의 처리과정을 [그림 2-5]와 같이 정보가 감각기관에 들어와 입력(Input)-저장(Memory)-인출되는(Output) 도식으로 나타내었다. 이는 바로 컴퓨터의 프로그래머가 일련의 '지적 조작(Mental Operation)'을 수행하기 위하여 고안하는 계획과 유사하다.

정보는 감각기억, 작동기억, 장기기억의 순으로 처리된다. 감각기억은 무제한 용량이며 비조직화된 형식으로 정보를 보관하나, 더 이상 처리되지 않으면 곧 사라져 버린다. 작동기억은 정보를 이해하고 문제를 해결하는 의식과정으로 감각기억에서 전이된 정보와 장기기억에서 인출된 정보로 구성되는데, 작동기억에서 장기기억으로 처리되는 용량은 제한적으로, 성인의 경우 한 번에 약 7개 정도, 10~20초 정도만 기억이 유지된다. 장기기억은 무제한 용량으로 영구적으로 정보가 저장되며, 도식과 이미지 형식으로 정보를 저장한다. 작동기억을 장기기억으로 전환하기 위한 전략에는 조직화, 정교화, 기억술(이미지화)이 사용된다. 장기기억에서 작동기억으로 재생하는 방법에는 연습과 반복, 회상, 재인이 있다.

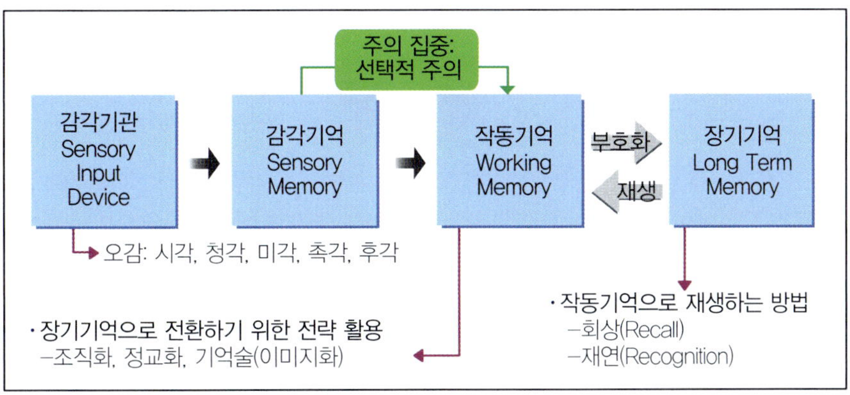

그림 2-5 정보처리 체계 모형

정보처리이론도 피아제처럼 유아의 사고과정을 적극적이고 능동적인 과정으로 보았으나, 인간의 발달을 단계적으로 제시하기 보다는 지속적으로 변화하는 사고과정으로 보았다는 점이 다르다. 정보처리이론은 지능의 개인차 연구에도 기여하였고, 정보처리 전략은 또한 사회적 정보를 처리하는 것을 살펴보는 데 사용되기도 한다. 그러나 정보처리이론은 인간의 정보처리 능력이 한정되어 있다고 보는 점과 상상력이나 창의력 같은 인지적 측면을 충분히 설명하지 못한 점, 그리고 통제된 실험실 안에서 제시된 이론이라는 점에서 비판을 받는다.

5. 맥락적 접근

맥락적 접근은 인간발달과 생물학적 체계, 물리적 체계, 사회문화적 체계라는 보다 광범위한 환경과의 관계에 관심이 있다. 이는 일찌기 동물행동학자들에 의해 연구되었으며, 20세기 후반 브론펜브레너(Urie Bronfenbrenner)가 발달에 영향을 미치는 생태학적 체계를 정립함으로써 보다 구체화되었다.

1) 동물행동 이론

동물행동 이론(Ethology)은 행동의 적응적, 생존적 가치와 행동의 진화적 역사에 관심을 갖는다. 동물행동 이론의 뿌리는 다윈의 진화론으로 모든 종의 개체발달은 그 종의 진화과정을 통해 가지고 있는 생물학적 역사와 조건의 영향을 받는다고 본다. 여기서는 로렌츠의 각인 이론과 보울비의 애착 이론을 살펴보기로 한다.

(1) 로렌츠의 각인 이론

다양한 동물의 자연적 습관을 관찰하면서 로렌츠(Lorenz, Konrad)와 틴버겐(Niko Tinbergen)은 단순히 본능이라고 생각했던 종 특유의 행동이 환경 내의 특정 유발자극에 대한 생존 반응이라는 사실을 밝혀냈다. 이 행동 양상이 바로 각인(Imprinting)으로, 새끼 오리는 위험으로부터 보호를 받고 먹이를 먹기 위하여 어미를 따르고 가까이 있는 것이다(Lorenz, 1952). 만약 어미 오리가 없고 유사한 다른 사물이 주변에 있으면 새끼 오리는 어미 오리 대신에 이 사물에 대해 각인을 한다.

동물의 각인 관찰은 유아의 발달에 중요한 결정적 시기(Critical Period)라는 개념을 낳게하였다. 이는 제한된 시간으로, 이 기간 동안 유아가 특정 행동을 획득하기 위해서는 생물학적으로 준비가 되어 있어도 적절한 환경적 자극이 꼭 필요하다는 주장이다. 많은 연구자들이 복잡한 인지와 사회적 행동이 특정한 기간 내에 학습되는가를 알아보고자 연구해 왔다. 예를 들어 유아기에 적절한 음식이나 심리적, 사회적 자극이 결핍되면 이 영향으로 지능이 손상되는 것일까? 만약 언어가 유아기에 숙달되지 않으면 유아의 수행력은 저하될 것인가?

그러나 인간의 발달에서는 결정적 시기보다는 민감한 시기(Sensitive Period)라는 개념이 더욱더 적절하다(Bornstein, 1989). 민감한 시기란 개인이 특정 역량을 나타내기 위해서는 특히 환경에 민감한 시기가 있는데, 그때가 바로 생물학적으로 최적의 시기라는 것이다. '민감한 시기' 개념에 의하면 최적의 시기를 지난 후에도 발달이 일어날 수는 있으나, 최적의 시기보다는 발달이 이루어지기가 더 어렵다는 것이다.

로렌즈(Konrad Lorenz)

(2) 보울비의 애착 이론

각인 관찰에서 영감을 얻은 영국의 정신의학자 보울비(John M. Bowlby)는 동물행동 이론을 인간 보호자와 영아의 관계를 이해하는 데 적용하였다. 보울비는 원숭이 실험에서 발견한 동종 특유의 행동으로부터(아기 원숭이는 우유병을 가진 원숭이보다 헝겊 원숭이에게 가서 놀았음) 인간의 아기도 선천적으로 다른 사람에게 접근하고자 하는 성향 즉, 애착(Attachment) 욕구를 가지고 태어난다고 하였다.

보울비는 애착이 섭식 등의 생물학적 욕구 충족에 의해서가 아니라 영아의 미소, 옹알이와 울음, 빨기, 따라가기, 매달리기 등과 같은 행동으로 나타나며, 이는 양육자로 하여금 자신에게 접근하고 자신을 돌보게 하고 상호작용하게 하는 내재된 사회적 신호라고 보았다. 즉 이런 행동을 통해 부모를 자신에게 가까이 있게 함으로써 아기가 음식을 먹을 수 있고 위험으로부터 보호를 받으며 건강한 성장에 필요한 자극과 애정을 받을 수 있게 된다. 보호자와 영아의 관계, 애착의 발달은 아기와 양육자 간의 깊은 애정적 연결을 만들기 때문에 매우 중요하다.

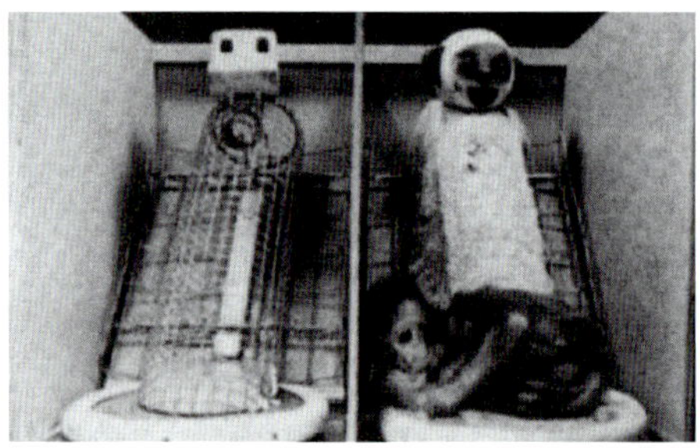

존 보울비(John M. Bowlby)와 원숭이 실험

보울비의 애착 이론을 기초로 후에 에인스워스(Mary Ainsworth)는 '낯선 상황 실험'을 통해 어머니와 유아의 애착을 유형화하였다. 즉 안정애착, 불안정–회피애착, 불안정–저항애착 유형은 생애 초기 양육의 중요성에 대해 시사점을 제시해주었다(제5장 정서 · 사회성 발달에서 자세히 알아보기로 한다).

동물행동학자들의 관찰에 의하면 유아나 아동의 정서표현, 공격성, 협동 등과 같은 사회성 행동은 동물과 매우 유사하다. 최근 연구자들은 이 영역을 더욱 확장하여 '진화발달심리학(Evolutionary Developmental Psychology)'이라는 새로운 영역을 만들었다. 이 심리학은 연령에 따라 나타나는 능력의 변화로써 특정 종에 널리 나타나는 인지, 정서, 사회적 능력의 적응적 가치를 이해하고자 한다. 진화발달심리학자들은 다음과 같은 질문들을 한다. 신생아가 사람의 얼굴을 보기 좋아하는 것은 그들의 생존에 어떤 역할을 할까? 그것은 친숙한 사람과 낯선 사람을 구별하는 영아의 능력을 지지하여 영향을 주는가? 왜 유아는 남아, 여아 따로 놀이를 하는가?

이러한 질문들이 시사하듯 진화발달심리학자들은 발달에 유전과 생물학적 근거에만 관심을 갖는 것은 아니다. 이들은 인간의 두뇌가 크고 아동기가 긴 이유는 점차 복잡한 환경에 숙달하기 위한 결과라는 것을 깨닫고 학습에 또한 관심을 가지며 유기체-환경체계 전체를 이해하고자 한다. 이때까지 동물행동학자들이 밝힌 주요 개념은 〈표 2-11〉과 같다.

〈표 2-11〉 동물행동 이론의 주요 개념

주요 개념	의 미
각인 (Imprinting)	• 종 특유의 행동은 환경 내의 특정 유발자극에 대한 생존 반응(예: 아기 오리가 생후 처음 본 대상을 따르는 것)
결정적 시기 (Critical period)	• 특정 행동을 획득하기 위해서는 생물학적으로 준비가 되어 있어도 적절한 환경적 자극이 꼭 필요한 제한된 시기
민감한 시기 (Sensitive period)	• 특정 역량을 나타내기 위해서는 특히 환경에 민감한 시기가 있는데, 그때가 바로 생물학적으로 최적의 시기
애착 (Attachment)	• 선천적으로 다른 사람에게 접근하고자 하는 성향 • 상호적이고 지속적인 정서적 유대

2) 브론펜브레너의 생태체계 이론

유아의 발달에 맥락적 영향을 가장 뚜렷하고 완전하게 설명하는 것은 브론펜브레너(Urie Bronfenbrenner)의 생태체계 이론이다. 생태체계 이론(Ecological Systems Theory)은 유아의 발달은 주변의 다양한 환경층의 영향을 받는 복잡한 관계체계 안에서 발달이 이루어진다고 본다. 브론펜브레너는 환경을 서로 관련되며 구조를 이루는 복잡한 기능을 하는 전체 또는 체계라는 개념으로 보았다. 여기에는 가정, 학교, 이웃 등 유아가 일상생활에서 접하는 여러 환경이 속하는데, 그는 생태체계를 미시체계, 중간체계, 외체계, 거시체계, 시간체계로 나누었다(Bronfenbrenner, 1982, [그림 2-6]).

브론펜브레너
(Urie Bronfenbrenner)

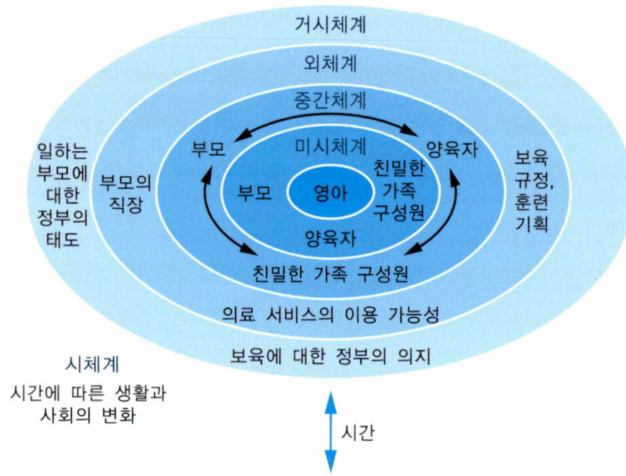

[그림 2-6] 브론펜브레너의 생태체계 이론

이를 정리하면 〈표 2-12〉와 같다.

〈표 2-12〉 생태체계 이론의 5개 체계

구분	내용	예
미시체계 (Microsystem)	• 가족이나 또래와 같이 유아에게 가장 직접적으로 영향을 주는 환경	• 집의 크기, 동네에 있는 놀이터의 시설물, 도서관에 비치된 장서의 양 등과 같은 물리적 특성도 포함
중간체계 (Mesosystem)	• 유아에게 직접 영향을 주는 두 개 이상의 미시체계	• 학교(교사)와 가정(부모) 간의 관계, 형제간의 관계, 가정과 또래 집단과의 관계 등
외체계 (Exosystem)	• 유아와 직접 상호작용하지는 않으나 간접적으로 영향을 주는 맥락	• 가족의 친구, 부모의 직장, 유아교육기관의 운영진, 정부기관, 교통 통신시설, 문화시설 등
거시체계 (Macrosystem)	• 유아가 속한 사회의 가치관, 도덕관 등을 말함	• 법률, 문화적 신념, 국가, 정치적 이념, 관습, 일상생활 습관 등 대부분 비형식적인 것들
시간체계 (Chronosystem)	• 시간적으로 한 시점의 사건이나 경험을 포함하여 전 생애에 걸쳐 일어나는 변화와 사회 역사적인 환경	• 동생의 출생, 유치원 입학, 이사 등의 사건, 그리고 어떤 시대에 출생하여 성장하였는가 하는 것들

위와 같이 유아의 삶은 직접적인 미시체계의 영향에서부터 전생애에 걸쳐 시간체계의 영향을 받으며 변화하지만, 유아 내에서도 변화가 이루어질 수 있다. 즉 유아가 성장하면서 자신에게 주어진 상황과 경험을 선택하고 수정하고 창조할 수 있는데, 이는 유아의 신체적, 지적, 성격적 특성과 환경적 경험에 따라 다르다. 이와 같이 생태체계 이론에서는 유아의 발달이 전적으로 환경에 의한 것이거나 유아의 내적 특성에 의해 이루어진다고 보지 않으며, 유아와 환경이 상호의존적 영향을 주면서 하나의 조직망을 구성하는 것으로 보고 있다.

3) 엘더의 생애이론

1970년대부터 발달심리학에서 연령과 관련된 변화(예: 노화)에 대한 연구들이 많아지면서 엘더(Glen Elder Jr.)의 생애이론(Life-Span Approach)이 주목받게 되었다. 생애이론은 전 생애의 발달을 강조하는 생태학적 이론으로, 변화하는 관계 속에서 인간의 사회적 역할과 사건 간에 어떠한 상호작용이 일어나는지를 밝히고자 하였다.

즉, 개인의 발달경로는 같은 역사적 사건에 노출되더라도 사건을 경험하는 시간과 장소의 영향, 그리고 특정한 사회적 상황과 구조 속에서 이루어지는 개인의 선택과 상황 개념화의 영향으로 달라질 수 있다. 또한 다양한 역사적 사건은 각 개인의 발달 수준과 그가 사회적 역할을 어떻게 수행하는지에 영향을 미친다. 생애이론은 사회학적 관점에서 여러 경로(전환기, 역할순서) 간의 상호작용이 어떻게 일어나는지를 밝히고자 하였는데, 여기서 매우 중요한 개념은 '상호의존'이다. 인간의 삶은 일생 동안 가족관계, 친구관계, 그 외 다른 사회적 관계로 이루어지고 사회적 지원이나 규제도 이러한 관계를 통해 발생된다. 예를 들면 여성의 사회참여가 높은 사회적 상황은 유아교육시설의 확충을 필요로 하고, 유아교육시설의 증가는 부모-자녀 관계와 역할의 변화를 초래하여 그들의 전 생애에 걸쳐 영향을 미치는 것이다(Elder, Johnson & Crosnoe, 2003). 그러나 엘더의 이론은 일반적인 발달규칙, 구체적인 발달 단계, 발달과업 등을 가정하지 않음으로써 인간발달에 대한 이론적 개념화가 부족하다는 평가를 받고 있다.

6. 뇌발달 연구

과학의 발달로 인간의 뇌 구조를 현미경으로 들여다보기 시작하면서부터 뇌발달에 대한 연구가 급속히 이루어지고 있다. 발달적 인지신경과학(Developmental Cognitive Neuroscience)이라는 새로운 연구 영역인 이 분야에서는 두뇌의 변화와 유아, 아동의 인지처리와 행동 패턴과의 관계를 알아보고자 심리학, 생물학, 신경과학 그리고 의학의 연구 결과를 통합하고자 한다. 그래서 이미 밝혀진 뇌의 구조와 1조 개 이상의 신경세포들이 어떻게 전기·화학적 신호를 주고받는지 뿐만 아니라 마음, 인지, 기억 같은 복잡한 정신 작용들과 뇌의 물리적 현상과의 관계를 밝히고 있다. 신경과학자들은 유아가 다양한 과제를 수행하는 동안 두뇌의 활동을 분석하는 두뇌 영상기법으로 다음과 같은 질문에 대한 답을 찾고 있다(Pennington, Snyder, & Roberts, 2007). 즉, 유아가 갖는 경험과 결합된 유전적 요인이 두뇌의 성장과 조직에 어떤 영향을 미치는가? 두뇌 구조의 변화는 영아기와 걸음마기에 일어나는 급격한 기억 발달과 어떤 관련이 있는가? 두뇌체계의 어떠한 변형이 아동기보다 성인기에 제2외국어를 배우기 어렵게 하는가?

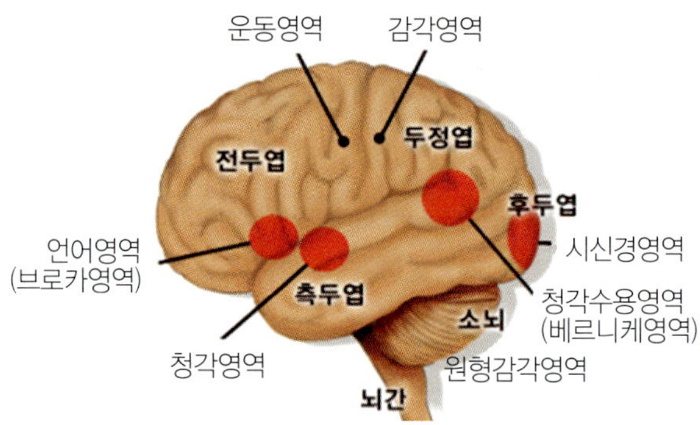

뇌의 구조

출처: Cerebral Cortex(2008)에 실린 호퍼(Hofer) 등의 공저 논문

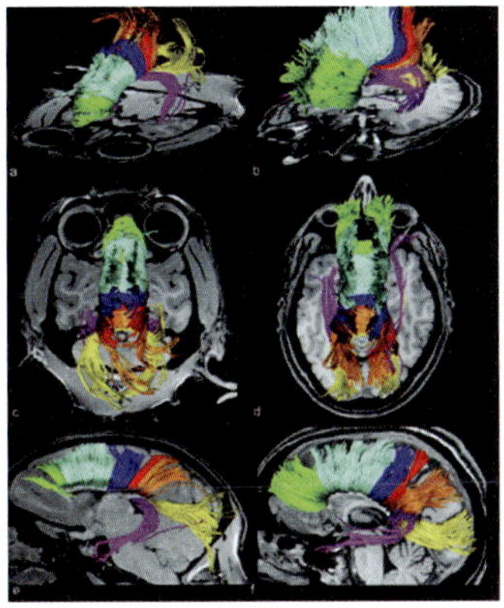

원숭이(왼쪽)와 사람(오른쪽) 뇌의 비교

특히 유아기는 뇌발달에 가장 중요한 민감기라는 발견은 뇌가 형성되는 수태기에서부터 뇌발달의 시기별로 적절한 생물학적 또는 환경적 지원이 필요함을 시사해준다. 부모의 심리생리적인 상태는 유아의 뇌와 행동발달에 민감한 영향을 미칠 수 있으며 그 밖에 유아의 스트레스, 애착 양육환경, 영양상태, 수면 등도 뇌와 중추신경시스템의 발달에 영향을 미치는 요인이다(정미라 외, 2011). 그리고 뇌의 구조에 따른 기능별 발달에 대한 연구는 뇌의 어느 부분이 의사결정이나 행동과 관련이 있는지 또 뇌의 기능과 행동에 대한 다양한 중재 방법이 어떤 영향을 미치는지에 대해 조사함으로써 장애아동의 효과적 치료에 기여하고 있다. 더불어 각 연령별로 뇌의 발달을 지지하거나 억제하는 경험 유형을 알아보는 데에도 상당한 진전이 있으므로, 인간의 윤리나 도덕성을 배양하거나 정신병리적 증상(우울증, 정신분열증, 강박장애 등)을 억제하는 데 이용할 수 있을 것이다.

그러나 인간의 뇌를 직접 실험하기에는 개인의 프라이버시가 노출된다는 윤리적 측면과 인간의 뇌가 너무나 복잡하고 예민하기 때문에 동물을 대상으로 대부분의 연구가 이루어진다는 한계점이 있다. 하지만 큰 신비를 품은 '작은 우주', '최후의 개척지'인 뇌의 어떤 부위가 인간의 정신과 마음 현상과도 관련이 있다는 것을 설명할 수 있을 정도로 엄청난 연구들이 계속될 것이다.

회상: 용어정리

- **준비도:** 신경조직이 성숙하여 학습 제시가 가능한 현재의 지적, 신체적, 사회적 측면 등의 능력 또는 특성의 준비상태로 게젤이 주장함
- **발달규준:** 유아의 연령별 10개의 성장요소(신체운동발달, 건강, 정서, 공포, 꿈, 자아의 성, 개인 간의 관계, 놀이와 오락, 윤리관, 철학관)의 평균적이고 정상적인 발달 특성
- **고전적 조건형성(Classical Conditioning):** 중립자극인 종소리를 무조건 자극(음식)과 연합하여 반복적으로 제공하면, 음식을 제공받지 않더라도 종소리(조건 자극)만으로 침을 흘리는 반응(조건 반응)을 보이는데, 이때 종소리라는 자극과 침 흘리기 반응 사이에 새로운 조건형성이 이루어진 것을 말함
- **조작적 조건형성(Operant Conditioning):** 유기체의 행동 뒤에 이어지는 결과에 의해 그 행동이 학습될 수 있다고 보는 것(쥐가 우연히 지렛대를 누르고 먹이가 나오는 긍정적인 결과를 반복해서 경험하면 쥐는 지렛대 누르기와 먹이와의 관계를 학습하게 된다고 봄)으로 도구적 조건형성(Instrumental Conditioning)이라고 함
- **강화(Reinforcement):** 보상이 주어짐으로써 반응률을 높이는 절차와 과정
- **벌(Punishment):** 원하지 않는 행동의 빈도를 감소시키기 위한 절차와 과정
- **소거(Extinction):** 주어지던 강화를 중지시킴으로써 원하지 않는 행동이 점차 감소하거나 사라지게 되는 현상
- **행동수정(Behavior Modification):** 원하는 행동을 새로이 형성시키거나, 원하지 않는 행동을 수정하거나 소거시키는 것
- **피드백(Feedback):** 행동을 정확히 수행하는지에 대한 정보를 제공하는 것
- **주의(Attention):** 모델의 행동에 주의를 집중하여 그 특징을 정확히 지각하는 것
- **파지(Retentional):** 주의를 집중하여 기억한 정보를 인지적으로 저장하는 것
- **리비도(Libido):** 인간의 기본적인 내적 본능과 성적 욕구로 모든 행동의 동기로 작용
- **도식(Schema, 스키마):** 사물이나 사건을 이해하기 위한 인지구조의 기본 단위
- **동화(Assimilation):** 기존의 도식으로 외부의 대상이나 정보를 이해하는 기능
- **조절(Accomodation):** 기존의 도식만으로 외부의 자극을 해석할 수 없을 경우, 기존의 도식을 변경하거나 새로운 도식을 생성하는 과정
- **조직화(Organization):** 분리된 체계나 구조를 응집력 있는 고차원의 체계나 구조로 통합시키려는 경향성

- **평형화**(Equilibrium): 환경과의 상호작용에서 평형 상태를 추구하는 것(기존의 도식과 새로운 자극 간의 평형을 이루기 위해 경험과 인지 사이의 불일치를 해소하는 사고의 노력)
- **적응**(Adaptation): 환경과 직접적인 상호작용을 통하여 도식이 변화하는 과정
- **근접발달지대**(ZPD): 유아가 스스로 문제를 해결할 수 있는 실제 발달수준(Level of Actual Development)과 교사나 부모의 도움을 받아 문제를 해결할 수 있는 잠재적 발달수준(Level of Potential Development) 과의 사이에 있는 영역
- **스캐폴딩**(Scaffolding): 유아보다 유능한 수준의 교사나 부모 또는 또래의 안내 및 도움이 유아의 학습을 도와 인지적 향상을 가능하게 하는 비계(사다리) 역할을 해주는 것
- **내면화**(Internalization): 개인이 사회적 경험을 통해 자신이 접하고 있는 세계에 대해 사고하고 해석하는 방식들을 구성하는 것
- **각인**(Imprinting): 환경 내의 특정 유발자극에 대한 생존 반응으로 나타나는 종 특유의 행동
- **결정적 시기**(Critical Period): 특정 행동을 획득하기 위해서 적절한 환경적 자극이 꼭 필요한 제한된 시기
- **민감한 시기**(Sensitive Period): 특정 역량을 나타내기 위해서 특히 환경에 민감한 시기로 이 때가 생물학적으로도 최적의 시기
- **애착**(Attachment): 선천적으로 다른 사람에게 접근하고자 하는 성향, 영아와 양육자 간의 상호적이고 지속적인 정서적 유대

회상: 내용정리

1. 프로이드와 에릭슨의 성격 발달 단계의 빈칸을 채우고 공통점을 찾으세요.

프로이드의 성격 발달 단계	연령
( ) (Oral Stage)	출생~1세
( ) (Anal Stage)	1~3세
( ) (Phallic Stage)	3~6세
( ) (Latent Stage)	6~11세
( ) (Genial Stage)	12세 이후

에릭슨의 심리사회적 발달 단계	시기
1단계 (　　　　　　　　　　　　　　　　)	출생~1세
2단계 (　　　　　　　　　　　　　　　　)	2~3세
3단계 (　　　　　　　　　　　　　　　　)	4~6세
4단계 (　　　　　　　　　　　　　　　　)	7~11세
5단계 (　　　　　　　　　　　　　　　　)	12~18세
6단계 (　　　　　　　　　　　　　　　　)	19~40세
7단계 (　　　　　　　　　　　　　　　　)	41~64세
8단계 (　　　　　　　　　　　　　　　　)	65세 이상

2. 다음 문장을 읽고 O, X로 답해보세요.

1) 인지발달단계 중 감각운동기는 눈, 귀, 손 등의 감각 수용기를 통해 외부세계를 지각하는 시기이다. (　　)
2) 전조작기는 상징과 내적 이미지를 사용하고 표상능력이 발달하는 시기로 자기중심적, 직관적, 물활론적, 인공론적, 실재론적, 비가역적 사고, 보존 개념 부족, 변환적 추론 미흡, 서열화 능력 부족, 유목포함 개념이 부족한 시기이다. (　　)
3) 구체적 조작기는 순전히 추상적이고 가설적인 수준에서도 체계적으로 사고할 수 있는 능력이 발달하는 시기이다. (　　)
4) 형식적 조작기는 구체적 사물과 구체적 행위에 대해서만 체계적 사고가 가능한 시기이다. (　　)
5) 브론펜브레너는 생태체계 이론에서 다섯 가지 체계를 제시하고 그 예를 들었다. (　　)
6) 미시체계(Microsystem)는 집의 크기, 동네에 있는 놀이터의 시설물, 도서관에 비치된 장서의 양 등과 같은 물리적 특성도 포함한다. (　　)
7) 중간체계(Mesosystem)는 가족의 친구, 부모의 직장, 유아교육기관의 운영진, 정부기관, 교통 통신시설, 문화시설 등을 말한다. (　　)
8) 외체계(Exosystem)는 학교(교사)와 가정(부모) 간의 관계, 형제간의 관계, 가정과 또래 집단과의 관계 등을 말한다. (　　)
9) 거시체계(Macrosystem)는 법률, 문화적 신념, 국가, 정치적 이념, 관습, 일상생활 습관 등 대부분 비형식적인 것들을 말한다. (　　)
10) 시간체계(Chronosystem)는 동생의 출생, 유치원 입학, 이사 등의 사건, 그리고 어떤 시대에 출생하여 성장하였는가 하는 것들을 포함한다. (　　)

토의

1. 다음의 격언과 가장 가까운 발달이론을 제시하고, 서로의 생각을 나누세요.

1) 강물은 자기의 아름다운 의지에 따라 흐른다(W. 워즈워스).

2) 갓 열리기 시작한 오이는 그 오이가 장차 맛있게 될지 어떨지 모른다(탈무드).

3) 인간은 돌이다. 그것을 가지고 신의 모습으로 조각하든가, 악마의 모양을 새기든가, 그것은 각 자의 마음먹기에 달려 있다(E. 스펜서).

2. 다음을 읽고, 이에 대한 자신의 의견을 주장하세요.

게젤의 제자 중 한 명인 L. B. Ames(1971)는 부모들에게 다음과 같이 충고했다.

1) 당신의 자녀가 어떤 모습이 될지가 전적으로 당신에게 달려있다는 생각을 버려라. 그러면 쓸데없이 낭비하는 시간이 없을 것이다.

2) 성장의 경이를 이해하도록 하라. 매주, 매달 새로운 발달이 일어난다는 사실을 관찰하고 기쁘게 생각하라.

3) 가정과 학교 문화에서 사회 구성원으로서 필요한 기술과 습관을 가르쳐야 하지만, 자녀가 스스로의 시간에 따라 성장하고자 하는 욕구로 자신을 이끌어 잠재력을 꽃피울 수 있도록 하라.

3. 자신이 가장 선호하는 발달 이론을 하나만 선택하고, 왜 그 이론을 선택했는지에 대해 옆 사람과 생각을 나누세요.

Chapter

3. 신체운동발달

1. 신체발달
2. 운동발달
3. 지도방법
4. 건강한 생활
5. 신체운동발달 촉진활동

- 회상: 용어정리, 내용정리

'건강한 신체에 건강한 정신이 깃든다.'
A healthy mind in a healthy body.

– 유베날리스

영유아기는 신체발달이 전 생애에서 가장 빠른 속도로 진행되는 시기로, 발달의 기초가 형성되는 중요한 시기이다. 신체가 정상적으로 성장하고 대 · 소근육 등의 운동능력이 발달하여야 다른 영역의 성장이 함께 도모된다. 신체적 능력은 선천적으로 타고나기도 하지만, 환경과의 상호작용이나 교육을 통해 성장을 더욱 촉진시킬 수 있다. 이 장에서는 영유아의 신체 및 운동발달 과정과 특성에 대해 알아보고, 바람직한 지도방법과 운동발달 촉진활동에 대해 살펴보고자 한다.

학습목표

1. 영유아기 신체·운동발달의 특징에 대해 설명할 수 있다.
2. 영유아의 건강한 생활을 이해하고 도울 수 있다.
3. 신체 · 운동발달을 촉진하는 활동을 탐색하고 창안하는 태도를 갖는다.

• 참고 동영상 •

- 아기성장 동영상
- 신생아의 반사행동들
- 행동발달이 곧 뇌의 발달

1. 신체발달

영유아기 신체발달의 핵심은 균형 있는 성장이다. 영유아기는 신체발달이 일생에서 가장 빠른 속도로 진행되는 시기이다. 특히 신장과 체중, 골격과 근육, 뇌와 신경계, 치아 등에서 두드러진 성장을 보인다. 본 장에서는 이 네 가지에 대한 발달과정과 유의점에 대해 살펴보고자 한다.

1) 영유아기 신체성장

신장은 출생 시 신생아 남아 49.9cm, 여아 49.1cm이며, 체중은 신생아 출생 시 생후 1년에는 출생 시의 약 50%, 2세경에는 약 75%, 5세경에는 2배 정도의 성장을 나타낸다.

체중은 출생 시 신생아 남아 3.3kg, 여아 3.2kg이며, 생후 1년에는 출생 시의 약 3배, 2세경에는 약 4배, 5세경에는 5배 정도로 성장한다. 체중은 개인차가 심한 편으로 최근에는 비만 유아의 수가 증가하고 있는 추세이다.

신장과 체중의 성장 속도 및 신체 비율은 영아기 때 급격한 변화를 보이고 유아기는 영아기에 비해 완만해진다. 일반적으로 신장은 생후 2년까지는 매년 10~12cm, 유아기는 5~7cm씩 늘어난다. 체중은 생후 2년까지는 매년 3kg씩, 유아기는 2~3kg씩 늘어난다. 신장과 체중 모두 남아가 여아에 비해 대체로 더 크며, 남아는 근육조직이 여아는 지방조직이 상대적으로 많아지게 된다. 우리나라 영유아기의 성별, 신장, 체중, 머리둘레의 표준치는 〈표 3-1〉과 같다(보건복지부질병관리본부, 대한소아과학회, 2017).

〈표 3-1〉 영유아 신체발육 표준치

남아			만 나이	여아		
신장(cm)	체중(kg)	머리둘레 (cm)		신장(cm)	체중(kg)	머리둘레 (cm)
50백분위 수(100명 중 50등)				50백분위 수(100명 중 50등)		
49.9	3.3	34.5	0개월	49.1	3.2	33.9
54.7	4.5	37.3	1개월	53.7	4.2	36.5
58.4	5.6	39.1	2개월	57.1	5.1	38.3
61.4	6.4	40.5	3개월	59.8	5.8	39.5
63.9	7.0	41.6	4개월	62.1	6.4	40.6
65.9	7.5	42.6	5개월	64.0	6.9	41.5
67.6	7.9	43.3	6개월	65.7	7.3	42.2
69.2	8.3	44.0	7개월	67.3	7.6	42.8
70.6	8.6	44.5	8개월	68.7	7.9	43.4
72.0	8.9	45.0	9개월	70.1	8.2	43.8
73.3	9.2	45.4	10개월	71.5	8.5	44.2
74.5	9.4	45.8	11개월	72.8	8.7	44.6
75.7	9.6	46.1	12개월	74.0	8.9	44.9
76.9	9.9	46.3	13개월	75.2	9.2	45.2
78.0	10.1	46.6	14개월	76.4	9.4	45.4
79.1	10.3	46.8	15개월	77.5	9.6	45.7
80.2	10.5	47.0	16개월	78.6	9.8	45.9
81.2	10.7	47.2	17개월	79.7	10.0	46.1
82.3	10.9	47.4	18개월	80.7	10.2	46.2
83.2	11.1	47.5	19개월	81.7	10.4	46.4
84.2	11.3	47.7	20개월	82.7	10.6	46.6
85.1	11.5	47.8	21개월	83.7	10.9	46.7
86.0	11.8	48.0	22개월	84.6	11.1	46.9
86.9	12.0	48.1	23개월	85.5	11.3	47.0
87.1	12.2	48.3	24개월	85.7	11.5	47.2
96.5	14.7	48.8	36개월(만 3세)	95.4	14.2	48.8
103.1	16.8	50.5	48개월(만 4세)	101.9	16.3	49.6
109.6	19.0	51.1	60개월(만 5세)	108.4	18.4	50.2
115.9	21.3	51.7	72개월(만 6세)	114.7	20.7	50.9

출처: 보건복지부질병관리본부, 대한소아과학회(2017). 소아 · 청소년 표준 성장 도표

신체 각 부분의 비율은 시기별로 다르게 성장한다. 근원(Proximodistal)발달의 원칙에 따라 출생 후 1년간은 몸통이 먼저 성장하고 그 다음 팔, 다리, 손발의 순서로 이루어진다. 영아기의 신체적 특징은 큰 머리, 볼록 나온 배, 짧은 사지, 둥글고 통통한 얼굴 등이다. 이러한 모습이 유아기가 되면서 체지방의 감소로 배가 들어가고 팔, 다리와 턱과 목이 길어지며 얼굴 모습이 또렷해진다.

또한 두미(Cephalocaudal)발달의 원칙에 따라 신체에서 머리 크기의 비율은 태아일 때 가장 크다가 점차 작아진다. 신체에서 머리 크기의 비율이 출생 시는 약 1/4, 만 2세에는 약 1/5, 유아기는 약 1/6 정도로 비율이 점점 작아져서 성인이 되면 약 1/8의 신체비율을 갖는다. 태아기부터 성인기까지의 신체비율의 변화는 [그림 3-1]과 같다.

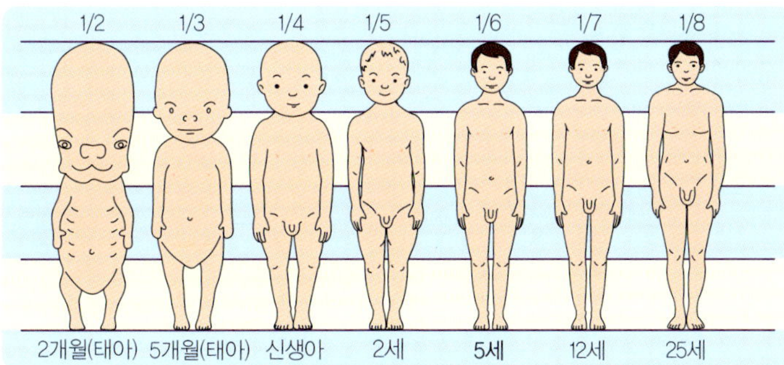

그림 3-1 신체 비율의 변화

2) 골격과 근육의 성장

신생아의 뼈는 크기가 작고 숫자도 적으며, 부드러운 연골조직이어서 잘 휘어지기 때문에 붙잡아 주어도 앉기가 어렵다. 점차 경화(골화) 현상이 일어나 무기질이 체내에 축적되어 뼈가 단단해지고 커지며, 뼈 사이의 공간도 좁아지게 된다. 만 1년이 되면 손과 손목뼈가 단단해져서 사물을 잡고 집어 올릴 수 있으며, 걸음마를 배울 수 있을 정도로 뼈가 단단해진다. 유아기에는 골격이 발달하여 몸의 균형을 잡고, 체중을 지지하며, 뇌척수나 내장기관을 보호한다. 골격의 각 부분들이 성장하는 속도에는 차이가 있다. 두개골과 손뼈가 가장 먼저 성장하는 반면, 다리뼈는 10대 후

반까지 지속된다. 영유아의 뼈는 부드럽고 유연하며 상처나 충격에 비교적 회복이 빠르다. 그러나 뼈에 너무 심한 타박이나 과도한 중량을 일시적으로 가하는 일은 피해야 한다.

근육은 근육섬유조직 속에 있는 수분의 비율이 감소하고 염분과 단백질이 증가하면서 점점 힘이 붙어가게 된다. 근육은 골격과 마찬가지로 머리와 목, 몸통, 팔다리의 순서로 발달한다. 생후 4개월경에는 목근육이 발달되어 머리를 들 수 있지만, 생후 1년이 되어도 걷지 못하는 것은 다리근육이 늦게 발달되기 때문이다. 근육조직은 5~6세경에 빠른 속도로 늘어나 근력이 강해지면서 활동량도 증가하게 된다. 이 시기 유아의 체중은 성인의 1/3이지만 근력은 성인의 1/6에 불과하므로 체격에 비해 근력이 상대적으로 약하다. 지방조직은 여아가 남아보다 더 많으며, 근육조직은 남아가 여아에 비해 1.5배 더 많아진다.

3) 뇌와 신경계의 발달

뇌는 약 1천억 개의 뉴런(Neuron)이라는 신경세포로 이루어져 있고, 이 신경세포는 수상돌기(Dendrites), 세포체(Cell Body), 축색(Axon)의 세 부분으로 구성되었다. 신경세포끼리의 정보 전달은 신경세포의 축색과 다른 신경세포의 수상돌기 간의 연결인 시냅스(Synapse)를 통해 이루어진다. 시냅스는 신경세포 사이에 있는 아주 작은 공간으로 시냅스의 밀도가 증가하면 뇌의 저장 용량과 정보처리 능력이 향상되며, 시냅스의 연결방법에 따라 사고 및 지능발달이 다르게 나타나고, 주의 집중이나 기억력에도 영향을 미친다.

뇌는 3세경에 약 70~80%, 5세경에는 약 90%까지 급격히 발달한다. 뇌가 가장 빠르게 발달하는 영유아기에는 적절한 경험과 자극, 충분한 영양공급이 제공되어야 한다. 대뇌와 직결된 신경세포가 발달하는 4~5세경에는 신체활동을 통한 뇌의 활성화가 이루어지도록 유의해야 한다. 또한 주의 집중과 관련된 뇌 영역의 수초화(Myelination 축색돌기가 수초라는 덮개에 의해 마디를 이루면서 둘러싸여지는 과정)도 4세 이후에 활성화 되므로 교사는 연령에 맞게 집단활동시간을 계획하고, 흥미 있는 교구를 다양하게 활용해야 한다.

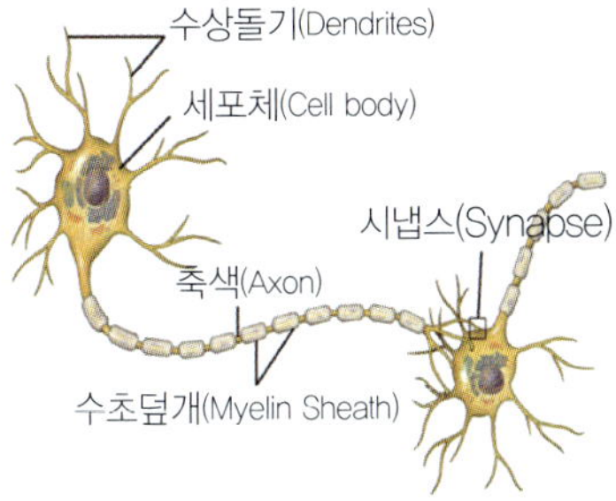

수상돌기(Dendrites)	다른 세포로부터 신호를 받는 세포
세포체(Cell body)	핵을 보유하고 있고 세포의 생명유지와 신경 정보를 통합
시냅스(Synapse)	한 세포의 축색 말단과 다른 세포의 수상돌기 사이 부분
축색(Axon)	다른 세포로 신호를 전달하는 세포
수초덮개 (Myelin Sheath)	세포를 보호하고 정보 전달 속도를 높이는 지방조직

그림 3-2 신경세포(뉴런)의 형태

출처: http://biomedicalengineering.yolasite.com

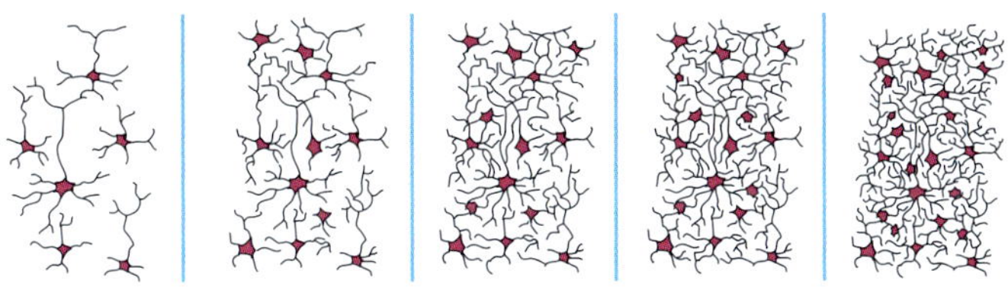

그림 3-3 시냅스의 형성 · 발달과정

출처: Feldman, R.S.(2001), Child development(2nd ed),NJ: Prentice Hall.

뇌는 크게 대뇌, 소뇌, 뇌줄기 세 부분으로 구성되어 있으며, 뇌의 종류와 각 부분에 따른 기능, 발달시기, 특징은 〈표 3-2〉와 같다(심성경 외, 2013).

〈표 3-2〉 뇌의 종류와 기능, 발달 시기, 특징

<table>
<tr><th colspan="2">종류</th><th>기능</th><th>발달시기</th><th>특징</th></tr>
<tr><td rowspan="4">대뇌</td><td>전두엽</td><td>• 앞쪽: 정신능력(사고, 기억, 판단, 추리, 지혜 등)
• 아래쪽: 자발적 운동능력
• 브로카(Broca)영역: 언어기능</td><td>영아기 후반 ~성인</td><td rowspan="4">• 뇌의 대부분을 차지
• 두 개의 반구로 구성
• 뇌 무게의 80%
• 가장 많은 뉴런과 시냅스를 포함</td></tr>
<tr><td>두정엽</td><td>• 공간능력 및 추상 능력
• 신체적 감각능력, 계산기능</td><td>출생~영유아</td></tr>
<tr><td>후두엽</td><td>• 시각기능,
• 미술작품, 무용 등 감상의 이미지 훈련 시 활성화</td><td rowspan="2">생후 3, 4개월 ~1년</td></tr>
<tr><td>측두엽</td><td>• 청각기능
• 감정기능, 행동기능
• 베르니케(Wernicke)영역: 언어 이해와 해석</td></tr>
<tr><td colspan="2">소뇌</td><td>• 균형, 자세유지, 동작패턴, 근육기능 협응 등
• 소뇌가 손상되면 정교하고 세밀한 운동이 어려움</td><td>출생~2세</td><td>• 대뇌 뒤쪽 아래 위치
• 뇌 무게의 10%(150g)
• 뇌 전체 신경세포의 반이 소뇌에 있음</td></tr>
<tr><td rowspan="3">뇌줄기</td><td>중간뇌</td><td>• 청각반사와 시각반사
• 의식상태 조절</td><td></td><td rowspan="3">• 대뇌와 소뇌를 제외한 부분
• 뇌의 중앙에 위치
• 뇌와 척수를 연결</td></tr>
<tr><td>다리뇌</td><td>• 얼굴표정근, 씹기근육 관여</td><td></td></tr>
<tr><td>숨뇌</td><td>• 호흡기, 순환기, 소화기관의 운동을 조절</td><td></td></tr>
</table>

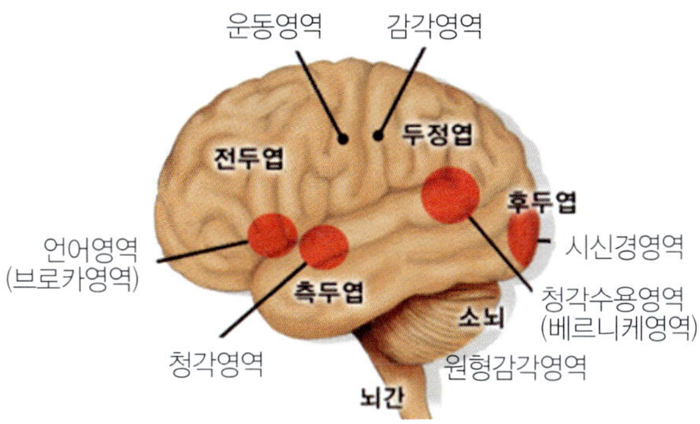

뇌의 구조

출처: Cerebral Cortex(2008)에 실린 호퍼(Hofer) 등의 공저 논문

그림 3-4 뇌의 구조

대뇌의 좌반구는 신체의 오른쪽 부분을 통제하면서 언어, 과학, 수학, 논리 등에 관한 정보를 처리하며, 우반구는 신체의 왼쪽 부분을 통제하면서 공간지각, 음악, 미술, 창의력에 관한 정보를 처리한다. 이와 같은 좌뇌와 우뇌의 서로 다른 기능을 뇌의 편측성이라고 하며, 오른손과 왼손의 사용 빈도로 어느 쪽 뇌가 더 우세한지를 알 수 있다. 때문에 영유아기에는 양손을 모두 사용하도록 하여 좌반구와 우반구가 골고루 발달할 수 있도록 해야 한다. 유아의 90%가 오른손잡이이고 나머지 10%가 왼손잡이인데, 왼손잡이는 남아가 여아보다 많다.

좌반구와 우반구는 뇌량을 통해 정보를 교환하고 주변환경을 통합하여 지각한다. 만약, 뇌량이 손상되면 좌반구에서 처리된 정보가 우반구로 전달되지 못하고, 반대로 우반구에서 처리된 정보가 좌반구로 전달되지 못하여 행동을 수행하거나 감정을 표현하는 데 어려움을 겪게 된다.

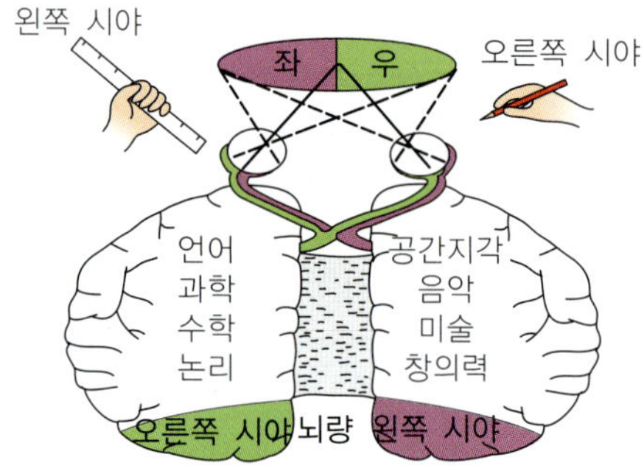

[그림 3-5] 뇌의 좌반구와 우반구의 기능

왼손잡이 유아를 위한 지도방법

왼손잡이에 대해 과거에는 좋지 않다라는 인식이 강했다. 그 이유는 남과 같지 않을 때 시선을 의식해야 하는 것과 대부분의 일상생활의 기구 등이 오른손잡이에게 맞추어져 있어서 불편함이 있기 때문이었다. 그래서 대부분의 부모들은 교정해주려고 무리하게 강요해왔으며 그 과정에서 유아들은 죄의식과 자신감을 잃는 등 부작용이 발생해왔다. 그러나 많은 연구결과로 좌뇌와 우뇌의 균형 잡힌 발달이 중요하다는 것과 시대적으로 사회적 인정을 받는 분야가 예술적 분야, 스포츠 분야 등으로 다양해지면서 오히려 왼손잡이에 대해 선호하는 경향이 높아지는 추세이다.

유아가 왼손 사용을 선호하고 익숙하게 사용한다면 무리하게 오른손을 사용하도록 강요하는 것보다 왼손 사용에 대해 긍정적으로 수용하는 것이 바람직하다. "○○는 왼손을 사용해서 좋겠다. 유명한 선수 ○○도 왼손잡이야. 유명한 음악가 ○○도 왼손잡이…. 그런데 양손을 다 사용하면 더 좋을 수 있어."라고 좋아하는 분야의 유명한 사람을 예로 들며 이야기 하는 것이 좋다. 글쓰기나 식사할 때는 오른손을 함께 사용할 수 있도록 지도한다면 더욱 바람직하다.

- **왼손잡이 위인들 :** 모나리자를 그린 화가 레오나르도 다빈치, 만유인력법칙을 발견해 근대과학의 새 지평을 연 뉴턴, 상대성 원리로 인류의 시각을 아득한 우주로 넓힌 아인슈타인, 철학자 아리스토텔레스, 대문호 괴테, 대음악가 베토벤, 20세기 최고의 화가 피카소, 철학자 니체, 동화작가 안데르센, 배우 찰리 채플린, 만인의 연인 마릴린 먼로, 알렉산더, 시저, 나폴레옹, 처칠, 잔다르크, 인도의 성인 마하트마 간디, 혁명가 카스트로, 컴퓨터 황제 빌 게이츠, 미국의 빌 클린턴 대통령, 기타의 명인 지미 헨드릭스, 비틀스의 폴 메카트니, 록그룹 니르바나의 커트 코베인, 수영의 달인 마크 스피츠 등이 있다.

4) 치아의 발달

유치는 생후 6개월이 되면 아래쪽 앞니 2개가 나오기 시작하여, 3세 이전에 20개의 유치가 모두 난다. 유치는 약 5세부터 12세경까지 매년 4개 정도의 영구치로 대체된다. 영구치는 총 32개이며 사랑니가 나지 않는 경우도 있으므로 28~32개가 된다. 유치와 영구치가 나오는 순서와 시기는 [그림 3-6]과 같다.

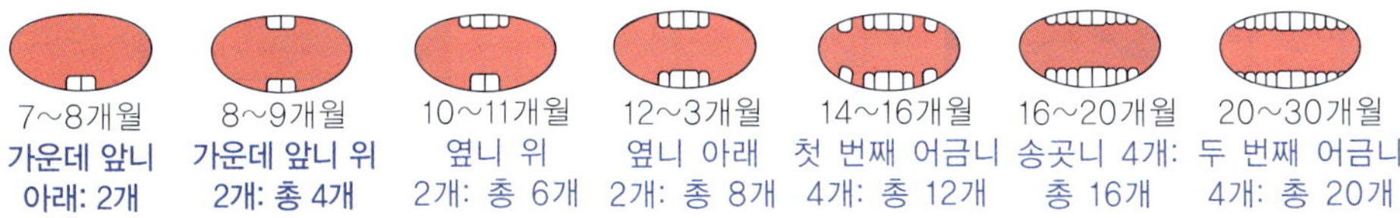

그림 3-6 치아의 발달순서

8개월 12개월 26개월 만 5세

유치는 빠지는 것이니까 충치가 생겨도 큰 문제가 아니라고 생각하는 경우가 있는데, 유치가 건강해야 영구치도 바르게 난다. 유치의 건강은 씹기 및 소화능력, 영구치 공간의 확보, 턱뼈의 정상발육 등에 중요한 영향을 미친다. 또한 유치와 영구치가 교환되는 시기에 입술이나 손톱 깨물기, 혀 내밀기와 같은 습관이 생기면 치아가 바르게 물리지 않는 부정교합이 된다. 심한 부정교합은 성장장애나 발음장애를 일으키기도 한다.

건강한 치아를 위해 유치가 나오기 전에도 잇몸을 닦아주어야 하며, 유치가 나오게 되면 세심하게 관리해야 한다. 영아기에는 성인의 도움을 받아 바르게 양치하는 방법을 익히도록 하고, 유아기가 되면 스스로 양치하게 하고 올바르게 닦는지 지속적으로 관찰, 지도해야 한다. 영유아건강검진에 구강검진이 3회 포함되어 있으며(1차: 18~29개월, 2차: 42~53개월, 3차: 54~65개월), 영유아기는 6개월마다 정기적으로 치아검진을 받는 것이 필요하다.

2. 운동발달

영유아의 운동발달은 신체발달의 원리와 마찬가지로 발달의 순서와 방향은 일정하나 시기와 속도에는 개인차가 있다. 운동발달의 순서가 일정하다는 것은 앞 단계의 발달이 다음 단계의 기초가 된다는 뜻이다. 발달의 속도는 유전이나 영양, 경험 등의 여부에 따라 차이가 나타난다.

본 장에서는 영아 초기에 나타나는 반사운동과 대근육 운동, 소근육 운동으로 나누어 각 단계의 발달과정과 유의점에 대해 살펴보고자 한다.

1) 반사행동

출생 초기의 신생아는 모태로부터 분리되어 스스로 먹고, 배설하며 살아가야 한다. 이 적응과정에서 생존하기 위한 여러 가지 반사행동이 나타나고, 생후 6개월경이면 거의 사라진다. 이러한 미분화된 행동이 차츰 세분화 되는 데 영아기에 나타나는 여러 가지 반사행동들의 특징은 〈표 3-3〉과 같다.

〈표 3-3〉 반사행동의 종류와 특징

종류	행동 특징(자극과 반응)	사진
찾기 반사	1. 행동: 입 주변이나 뺨을 건드림 ⇒ 머리를 돌려 입을 벌림 2. 기능: 젖꼭지 찾기 3. 소멸시기: 3주에 자발적 고개 돌리기로 대체	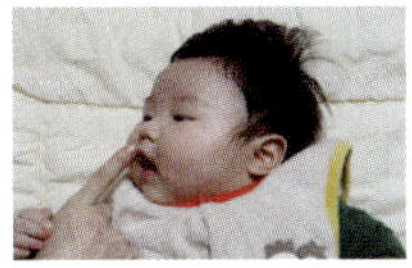
빨기 반사	1. 행동: 입에 손가락을 댐 ⇒ 손가락을 규칙적으로 빨기 2. 기능: 젖 빨기 3. 소멸시기: 4개월 후 자발적 빨기로 대체	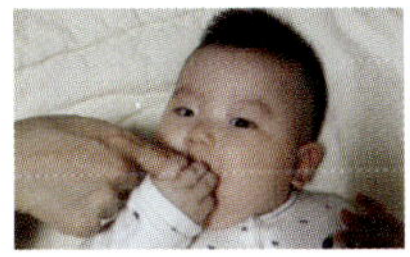
파악 반사	1. 행동: 손바닥을 손가락으로 누름 ⇒ 성인의 손가락을 자동으로 잡기 2. 기능: 자발적인 잡기 준비 3. 소멸시기: 3~4개월	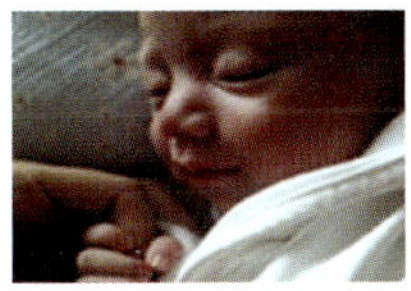
목강직 반사	1. 행동: 바닥에 눕히고 머리를 한 쪽으로 돌림 ⇒ 한쪽 팔은 머리방향으로 펴고 다른 팔은 구부림 2. 기능: 자발적인 뻗기 준비 3. 소멸시기: 4개월	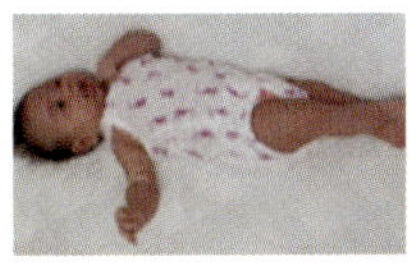
모로 반사	1. 행동: 등을 수평으로 받치고 갑자기 머리를 떨어뜨리거나 큰 소리 냄 ⇒ 팔다리를 벌리고 손가락을 펴서 무엇을 안으려 함 2. 기능: 어머니에게 매달리기 3. 소멸시기: 6개월	
바빈스키반사	1. 행동: 발가락에서 발뒤꿈치 쪽으로 발바닥을 건드림 ⇒ 발가락을 부챗살처럼 펴고 발을 안으로 비틈 2. 기능: 알려지지 않음. 3. 소멸시기: 8~12개월	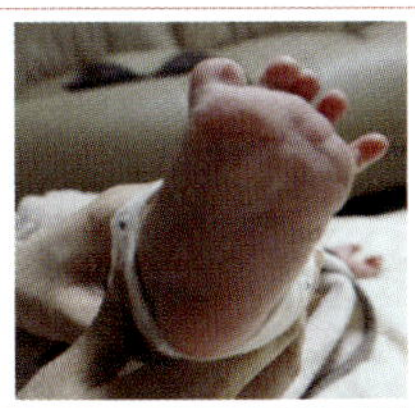
걷기 반사	1. 행동: 팔 밑을 잡고 평평한 곳에 맨발이 닿게 함 ⇒ 걷는 것처럼 발을 교대로 움직임 2. 기능: 자발적인 걷기 준비 3. 소멸시기: 2개월~지속	

출처: Laura E. Berk 지음, 이종숙 외 공역(2008) 내용 일부 발췌

2) 대근육 발달

대근육 운동발달이 소근육 운동발달보다 먼저 이루어진다. 대근육 운동발달은 영유아의 독립성을 키우는 기초가 된다.

(1) 영아기 대근육 발달

영아기의 대근육 운동발달은 목 가누기, 뒤집기, 앉기, 기기, 서기, 걷기 순서로 이루어진다. 대근육 운동이 발달함에 따라 신체의 균형유지 및 이동이 이루어져 활동량이 증가하고, 활동 영역은 넓어진다. 이로써 영아는 다양한 환경을 탐색하게 되며 자신의 행동에 대한 능동성과 독립성을 확보하게 된다.

영아기의 대근육 운동발달 내용을 구체적으로 살펴보면 〈표 3-4〉와 같다.

〈표 3-4〉 영아의 대근육 운동발달 내용

월령	대근육 발달 내용	활동 사진
1개월	• 목가누기로 머리를 든다.	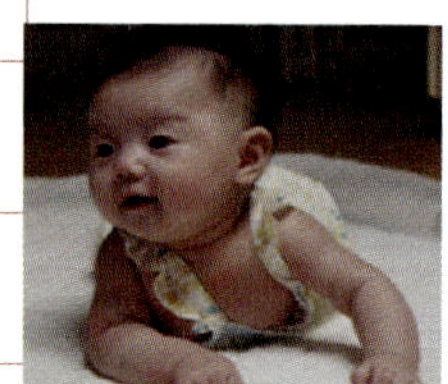
2개월	• 가슴을 들어 목과 머리를 가눈다. • 옆구리에서 등으로 90도 구른다.	
3개월	• 목을 가눈다. • 엎드린 상태에서 뒤집을 수 있다.	
4개월	• 뒤에서 받쳐주면 앉는다.	
5개월	• 무릎 위에 앉는다. • 배를 바닥에 대고, 발로 밀고 팔로 당기며 긴다.	
6개월	• 유아용 의자에 앉는다. • 누운 상태에서 180도 뒤집을 수 있다.	
7개월	• 혼자 앉는다. • 팔과 다리를 교대로 사용하여 기기 시작한다.	
8개월	• 잡아주면 선다. • 계단을 기어서 올라간다. ※영아의 손이 서랍이나 출입문에 끼이지 않도록 주의	

월령	대근육 발달 내용	활동 사진
9개월	• 가구를 잡고 선다.	
10개월	• 가구를 잡고 걸을 수 있다. • 손과 무릎으로 긴다.	
11개월	• 잡아주면 걷는다.	
12개월	• 가구를 잡고 일어선다. • 붙잡거나 혼자 걷기 시작한다. ※ 걷기는 개인차가 심하여 빠른 경우 9개월부터 늦은 경우 18개월에 가능.	
13개월	• 계단을 오른다. • 물건 위로 기어올라간다. • 물건을 끌고 다니기를 시도한다.	
14개월	• 혼자 선다. • 걷다가 멈추거나 방향을 전환한다.	
15개월	• 혼자 걷는다. • 미끄럼을 타고 내려온다.	
16~18개월	• 손잡이를 잡고 계단을 오르내릴 수 있다. • 걷기가 불안정하여 부딪히면 잘 넘어진다.	
19~24개월	• 짧은 거리는 달릴 수 있다. • 뒤로 걷기와 점프를 할 수 있다. • 공을 차고 던질 수 있다. • 두 발을 모으며 계단을 오르내릴 수 있다. • 상자 속에 기어들어가기 등 다양한 활동을 한다.	
25~30개월	• 자연스럽게 걸을 수 있다. • 발끝이나 발꿈치만 바닥에 대고 걸을 수 있다. • 한 발로 설 수 있다. • 적당한 높이에서 뛰어내릴 수 있다. • 잘 달리지만 달리면서 방향을 바꾸지는 못한다. • 다양한 바깥놀이 기구를 즐길 수 있다.	
31~36개월	• 앞으로 넘어지지 않고 윗몸을 굽힐 수 있다. • 계단을 두발 교대로 오를 수 있다. • 이동하면서 다른 동작을 할 수 있다. • 세 발 자전거를 탈 수 있다.	

(2) 유아기 대근육 발달

유아기는 체중의 중심이 아래로 내려가면서, 신체의 균형감각과 조절능력이 향상되는 시기이다. 또한 골격과 근육의 발달로 신체의 각 부분을 효율적으로 움직일 수 있게 되며, 걷기와 달리기와 같은 이동운동능력이 발달된다. 이동운동의 발달은 다양한 사물과의 접촉을 증가시켜 자연스럽게 조작능력의 발달로 이어지게 된다.

3세는 팔, 다리, 몸통 등의 대근육이 발달하면서 비교적 안정적인 자세로 몸의 균형을 유지하며 속도를 조절한다. 4세에는 호기심과 모험심이 더욱 강해져서 다양한 방식으로 놀이기구를 이용할 수 있으며, 5세경에는 균형 잡힌 자세로 대담한 놀이에 참여하며, 또래들과의 게임을 좋아한다.

운동능력의 향상은 자신감과 성취감으로 이어져 건강한 자아 인식 발달에 결정적인 역할을 한다. 반면에 자신의 신체적 능력을 과대평가하거나 왕성한 움직임과 탐구심으로 인해 위험상황을 제대로 인식하지 못하고 사고를 당하는 경우가 있어 이 점에 유의해야 한다.

유아기의 대근육 운동발달 내용을 구체적으로 살펴보면 〈표 3-5〉와 같다.

〈표 3-5〉 유아의 대근육운동발달 내용

종류	3세	4세	5세
걷기	• 팔을 앞뒤로 흔들며 자연스럽게 걷기 · 한 발을 다른 발 앞에 갖다 대면서 직선 위를 일자로 걷기 · 옆이나 뒤로 걷기 가능	· 곡선 위 걷기 · 걷다가 방향 바꾸어 옆, 뒤로 걷기 · 평균대 위에서 몸의 균형을 잡으며 안전한 속도로 걷기	· 성인처럼 숙달된 걷기 · 한 발로 균형을 잡고 서 있기 · 평균대 위에서 장애물 지나가기
달리기	· 빨리 달리려고 시도 · 달리기 위한 출발자세 가능 · 달리다가 멈춤 가능	· 유연하게 빨리 달리기 · 달리다가 멈춤 및 방향전환 가능	· 속력을 내서 잘 달림. · 또래들과 달리기 게임 즐김 · 스키핑 동작이 자연스러움
뛰기	· 장애물을 한 발씩 넘기 · 두 발 모아 제자리에서 높이 뛰기	· 한 발로 장애물 뛰어 넘기 · 30m 높이에서 뛰어 내리기 · 두 발 깡충 뛰며 앞으로 나아가기	· 50cm 높이에서 뛰어 내리기 · 두 발로 깡충 뛰어 장애물 넘기 · 넓이 뛰기

종류	3세	4세	5세
놀이기구	· 세 발 자전거 타기 · 미끄럼 타기	· 그네 스스로 타기 · 세 발 자전거 유연하게 타기 · 정글짐 기어 올라가기 등 모험적 활동	· 그네 스스로 유연하게 타기 · 줄넘기 하기 · 두 발 자전거 타기
계단 오르내리기	· 계단 두 발 바꾸어 가며 올라가기 · 계단 두 발을 모았다가 내려오기	· 계단 두 발 바꾸어 가며 오르내리기 · 사다리, 미끄럼틀, 정글짐 등 오르내리기	· 계단 양쪽 발 바꾸어가며 쉽게 오르내리기 · 정글짐 등 복합놀이기구 자유롭게 오르내리기
공놀이	· 발은 고정되고 손바닥으로 밀면서 팔꿈치만 굽혀서 공을 던짐. · 팔꿈치를 구부리거나 팔을 벌려서 공을 가슴에서 잡기 · 바닥에 구르는 공 잡기 · 공을 발로 차기	· 원하는 방향으로 공 던지기(던지는 팔과 같은 쪽 발을 앞으로 내딛고 던짐) · 두 손으로 공받기(공 떨어지는 위치 예측하여 받기) · 공을 원하는 방향으로 차기	· 유연한 동작으로 공 던지기(던지는 팔과 반대쪽 발을 앞으로 내딛고, 손끝 탄력으로 던짐) · 손으로 공을 튕기고 받기 · 구르는 공을 발로 차기

3) 소근육 발달

소근육 운동은 손과 관계된 운동능력으로 눈과 손의 협응, 두 손의 협응, 사물 조작능력 등의 기초가 된다.

(1) 영아기 소근육 발달

영아의 뻗기와 잡기 능력은 탐색을 도와 지각 및 인지발달에 중요한 역할을 한다. 사물을 구체적으로 잡고 만지는 등 직접적인 체험을 통해 많은 것을 배우게 된다.

영아기의 소근육 운동발달 내용을 구체적으로 살펴보면 〈표 3-6〉과 같다.

〈표 3-6〉 영아의 소근육 발달 내용

월령	소근육 발달 내용	활동 사진
1개월	• 사물을 20~30cm 거리에서 볼 수 있다. • 손을 뻗어 물건을 잡으려 하지 않는다.	
2개월	• 주먹을 쥐고, 손으로 잠시 사물을 잡을 수 있다.	
3개월	• 물건을 잡으려 팔을 뻗는다. • 주먹을 쥐었다 폈다 한다.	
4개월	• 물건을 손바닥으로 잡는다. • 물건을 힘있게 움켜 잡지 못하여 놓친다.	
5개월	• 물건을 붙잡는다. • 물체를 한 손에서 다른 손으로 옮긴다. ※눈과 손의 협응이 가능	
6개월	• 매달려 있는 물체를 잡는다. • 양손으로 물건을 잡는다.	
7개월	• 물건을 손가락으로 잡는다. • 팔을 뻗어 원하는 장난감을 잡을 수 있다.	
8개월	• 물건을 손가락으로 쉽게 잡는다. • 움직이는 사물을 잡으려 하고 가끔 성공한다. ※앉을 수 있어서 손으로 사물을 탐색하는 등 환경과의 상호작용이 활발함.	
9개월	• 손가락 끝으로 작은 물건을 잡는다. • 물건을 집어 상자 안에 넣을 수 있다.	
10개월	• 엄지와 검지손가락 끝으로 작은 물건을 잡는다.	
11개월	• 큰 물건을 잡기 위해 두 손을 함께 사용한다.	
12개월	• 양말이나 모자를 벗을 수 있다. • 숟가락을 사용할 수 있다. ※날카롭거나 위험한 물건을 삼키지 않도록 주의	
13개월	• 던지기를 한다. • 뚜껑을 열고 닫기를 한다. • 끼적이기를 한다.	
14–16개월	• 머리보다 컵을 기울여 내용물을 잘 엎지른다. • 물건을 굴리고 잡을 수 있다. • 공을 던질 수 있다(몸 전체를 사용).	
17–20개월	• 숟가락으로 음식을 먹을 수 있으나 잘 흘린다. • 컵을 들고 물을 마신다. • 왼손잡이와 오른손잡이가 구별된다.	

월령	소근육 발달 내용	활동 사진
24개월	• 숟가락으로 밥을 흘리지 않고 먹는다. • 양말, 신발, 옷을 벗을 수 있다. • 물건을 담고 쏟을 수 있다. • 물건을 눌러서 끼우기와 돌리기가 가능하다. • 3~4개의 블록을 쌓을 수 있다. ※자조기술(먹기, 씻기, 입기, 잠자기 등) 습득의 적절한 시기	
25~30개월	• 구슬 꿰기가 가능하다. • 크레용으로 끼적이기가 가능하다. • 옷의 단추를 푼다. • 팔만 사용하여 공을 던질 수 있다. • 앞으로 던진 공이 뒤나 바로 앞에 떨어지는 경우도 많다.	
31~36개월	• 6개 정도의 블록으로 쌓을 수 있다. • 유아용 가위로 종이를 자르려고 시도한다. • 옷의 큰 단추를 끼운다. • 지퍼를 올리고 내릴 수 있다. • 수직선, 수평선 그리기를 좋아한다.	

(2) 유아기 소근육 운동발달

소근육 운동은 사물을 조작하는 능력으로 눈과 손의 협응이 필요한 동작이다. 소근육 운동발달은 유아기에 급속도로 이루어진다. 3세경 유아는 스스로 할 수 있는 활동이 많아지지만, 정교한 협응이 필요한 경우는 어려워한다. 하지만 5세경 유아는 놀이나 일상생활에 필요한 기본적인 활동을 대부분 스스로 능숙하게 할 수 있다.

유아기는 기본적인 기술을 스스로 수행할 수 있는 자조기능 발달이 중요하다. 자조행동들을 습득하는 초기에는 수저와 컵 등의 사용이 서투르기 때문에 음식을 흘려 주변이 지저분해진다. 단추나 지퍼, 매듭이 있는 옷을 입을 때 손가락들의 협응 및 조절능력이 미숙하여 시간이 오래 걸리며 삐뚤게 입는 경우도 있다. 이러한 활동들이 서툴고, 지저분하고, 시간이 많이 걸리더라도 기다려주어야 한다. 참지 못하고 유아를 대신해서 직접 해 주거나, 엄격하게 훈련하거나 비난하게 되면 자신감을 잃게 된다. 일상생활 속에서 유아 스스로 해보고 싶은 욕구를 수용하고 자율적으로 선택하여 실천할 수 있는 기회를 최대한 제공해 주어야 한다. 유아기의 소근육 운동발달 과정을 정리하면 〈표 3-7〉과 같다.

〈표 3-7〉 연령별 소근육 운동발달

	소근육 운동의 기본행동	소근육 운동의 자조행동	활동사진
3세	• 손가락으로 크레파스 잡기 • 선 따라 그리기 • 직선 및 원 형태 그리기 • 책장 한 장씩 넘기기 • 큰 구슬 끼우기 • 쏟거나 떨어뜨리지 않고 물건 나르기 • 블록 8개 정도 탑 쌓기 (조심해서 쌓지만 불안정하고 서투름)	• 숟가락과 포크 사용 • 컵으로 물 마시기 • 큰 단추 채우기 • 겉옷 혼자서 벗기 • 신발 좌우 구별 없이 신기 • 신발 구멍에 끈 끼우기 • 대소변 훈련 시작	
4세	• 단순한 형태의 사람얼굴, 사물 그리기 (그림에 이름 붙이기 등 의미를 부여함) • 가위로 직선과 곡선 자르기 • 풀로 붙이기 • 작은 구슬 끼우기 • 퍼즐 맞추기 • 물과 모래 작은 그릇에 담기 • 블록으로 조형물 섬세하게 만들기	• 서툴지만 젓가락 사용 • 컵으로 흘리지 않고 물 마시기 • 주전자의 물 따르기 • 똑딱단추 및 지퍼 채우기 • 옷 뒤집힌 쪽 바르게 돌리기 • 세수, 양치질, 빗질 가능 • 화장실 사용 혼자 가능	
5세	• 복잡한 모양을 그대로 따라 그리기 • 사람과 사물을 실제와 비슷하게 그리기 • 잡지그림 능숙하게 오리기 • 이름과 숫자 등 간단한 글자쓰기 • 컴퓨터 키보드 사용 • 30~40개 정도 퍼즐 완성 • 물체를 분해하고 조립	• 숟가락, 젓가락 바르게 사용 • 신발 끈 매기 가능 • 매듭 옷 입고 벗기 가능 • 셔츠 바르게 입기 • 옷 뒤에 있는 지퍼 잠그기 • 옷을 완전하게 빨리 입기 • 스스로 양치질 깨끗이하기	

3. 지도방법

1) 영아를 위한 지도방법

규칙적인 신체활동은 뼈와 근육을 강화시키며 대·소근육과 신체 각 부분의 균형적인 발달, 감각기관의 원활한 상호작용을 촉진시킨다. 교사는 신체활동을 다양하게 경험하면서 즐거움을 느끼게 하는 한편 어떤 신체활동으로 운동발달을 해나가는지 관찰해야 한다. 이를 토대로 신체활동을 지원하거나 또 다른 활동을 제안하는 등 영아의 운동발달을 꾸준히 도모해야 한다.

영아의 신체운동발달을 촉진하기 위한 지도방법은 다음과 같다(심성경 외, 2013).

- 제공되는 활동 및 자료는 다양하여야 하고 영아의 발달 단계에 적합해야 한다.
- 운동발달은 한 단계를 완수해야 다음 단계로 진전되므로 재촉하고 서두르지 않는다.
- 바로 눕히거나 엎드리게 하는 등 다양한 자세를 취해 볼 수 있게 도와준다.
- 직접 보고, 듣고, 빨고, 만지며 탐색할 수 있는 감각운동적 놀잇감을 제공한다.
- 리듬에 맞추어 신체를 움직여 보는 기회를 제공한다.
- 팔을 뻗을 때 놀잇감을 주며, 짝짜꿍, 잼잼, 도리도리, 쭉쭉 같은 동작놀이를 격려한다.
- 혼자서 걸을 수 있는 영아에게 끌고 다닐 수 있는 줄이 달린 놀잇감을 제공한다.
- 잡기 쉬운 크기의 헝겊이나 스펀지 공 등 가볍고 커다란 놀잇감을 제공한다.
- 안전하고 도전적이며 개방적인 공간과 장애물이 없는 다양한 바닥을 제공한다.

다양한 신체활동

2) 유아를 위한 지도방법

자신의 신체역량에 맞는 활동을 다양하게 경험하면서 기초체력은 물론 성취감과 자신감을 키우도록 해야 한다. 유아는 이러한 신체활동들을 통해 심신의 스트레스를 자연스럽게 발산하는 한편 자신에 대한 긍정적인 인식을 갖게 된다. 집단으로 하는 신체활동, 특히 팀으로 진행하는 활동에서 협동심을 자연스럽게 익히게 된다.

그러나 최근 TV와 컴퓨터, 스마트폰 등의 전자매체를 활용한 놀이와 조기 학습에 대한 요구로 신체활동의 기회는 점점 줄어들고, 또한 부모의 과잉보호, 사고에 대한 두려움 등으로 운동의 기회가 없는 추세와 비례하여 운동능력 발달이 지체되는 유아가 늘어가고 있다.

건강한 신체발달을 위해서 발달 수준에 적합한 놀이 환경과 놀이 시간, 적절한 활동을 충분히 제공하여야 함은 물론, 정기적으로 신체운동발달 상태를 체크하면서 변화를 살펴보아야 한다.

유아의 신체운동발달을 촉진하기 위한 지도방법은 다음과 같다.

- 유아들 간의 비교는 피하고 유아들에게도 누구나 잘하는 부분과 부족한 부분이 있다는 것을 인식하게 한다.
- 대근육 활동 자료와 소근육 활동 자료는 균형 있게 제공한다.

- 마음껏 움직일 수 있는 다양한 놀이시설을 활용하도록 한다. 넓은 활동 공간이 없을 경우에는 인근 놀이터나 공원, 지역사회 시설을 활용할 수 있다.
- 물놀이, 모래놀이, 동식물 관찰하기 등 자연탐구 및 주제와 관련된 다양한 활동에 참여하도록 한다.
- 평균대, 뜀틀, 널빤지 등은 높이나 간격을 유아의 연령이나 활동에 따라 난이도를 조절한다.
- 놀이기구를 이용할 때는 먼저 충분히 탐색해 보도록 하여 안전하게 사용할 수 있도록 한다.
- 여름은 오전이나 늦은 오후, 겨울은 햇살이 따뜻한 시간에 밖에 나가도록 한다.
- 매일 실외활동 시간을 최소 1시간은 제공하도록 한다.
- 비, 폭염, 황사 등 실외활동이 어려운 경우 실내에서 다양한 신체활동으로 대체한다.

다양한 신체활동

4. 건강한 생활

건강한 생활이란 잘 먹고, 잘 자고, 잘 놀고, 아프지 않고, 안전하게 생활하는 것이다. '잘 먹는다.'는 것은 균형적인 영양섭취와 바람직한 식습관을 형성한다는 의미이며 이는 건강한 신체성장과 함께 두뇌 발육으로 이어진다. '잘 잔다'는 것은 충분한 휴식과 수면으로, 성장호르몬을 활성화시키고 정서적 안정 상태를 유지하는 것이며, '잘 논다'는 것은 다양한 신체활동으로 대소근육의 발달은 물론 또래와의 상호작용 속에서 사회성을 함양한다는 것이다. 이러한 기본적인 생활을 바탕으로 면역력을 키워 질병으로부터 벗어나야 한다. 이 시기의 유아는 활동적이고 모험적인 특성에 비해 위험상황에 대한 대처능력이 부족하므로 '안전한 생활'에 특별한 배려가 있어야 한다.

1) 영양과 식습관 지도

영유아기의 적절한 영양공급은 정상적인 신체발육과 두뇌발육에 직접적인 영향은 물론 성인이 된 이후의 건강이나 체력에까지 영향을 미치게 된다.

소아비만은 성인비만으로 발전할 위험이 크며 비만인 영유아들은 고혈압과 콜레스테롤, 당뇨병과 같은 심각한 건강 문제를 가질 가능성도 높다. 비만은 운동능력의 저하와 학업성적 부진의 원인이 되기도 한다. 또한 비만으로 인한 또래의 놀림과 거부는 자아존중감을 떨어뜨리며, 우울증 유발 등 정신적·사회적 문제를 초래한다.

비만이 가장 잘 발생하는 시기는 생후 1세까지와 5~6세, 그리고 청소년기이다. 영유아기의 비만은 지방세포의 크기뿐 아니라 세포의 수가 함께 증가하기 때문에 체중 감량이 쉽지 않고 살이 다시 찔 가능성이 높다. 최근 급격히 증가하고 있는 소아비만의 주된 요인은 흰쌀밥, 빵, 면 종류, 스낵, 패스트푸드, 고지방 음식, 칼로리 높은 음료 등의 섭취가 증가하는 데에 비해 신체활동이 줄어드는 데에 있다.

반면에 영양결핍은 식욕을 더욱 저하시키게 되고 편식을 하는 원인이 된다. 이는 영유아의 에너지 수준을 감소시키고 탐색 및 학습활동을 제한한다. 영양 결핍이 오랫동안 지속되는 경우 두뇌성장을 지연시키고, 키가 자라지 않을 수도 있으며 면역력이 약해서 전염병 등 질병에 쉽게 노출된다.

다음 〈표 3-8〉은 영유아 1일 영양권장량으로 영양섭취가 적절한지를 평가하거나 적절한 식사를 계획하기 위해서 필요하다. 권장섭취량(RNI: Recommended Nutrient Intake)은 권장되는 영양소 섭취량으로 연령별 평균 필요량을 뜻하며, 충분섭취량(AI: Adequate Intake)은 영양소 필요량에 대한 정확한 자료 등이 부족하여 권장섭취량을 정할 수 없는 경우에 건강인의 영양소 섭취 수준을 기준으로 산출한다.

〈표 3-8〉 한국인 영양섭취기준 영유아 1일 영양권장량

연령	단백질(g)		칼슘(mg)		철분(mg NE)		비타민 A(ug RE)	
	권장 섭취량	충분 섭취량	권장 섭취량	충분 섭취량	권장 섭취량	충분 섭취량	권장 섭취량	충분 섭취량
0~5개월		9.5		210		0.3		350
6~11개월	15			300	6			450
1~2세	15		500		6		300	
3~5세	20		600		6		350	

출처: 보건복지부(2015)

(1) 영아기의 수유와 이유

영아기는 신체적 성장이 빠르기 때문에 수유와 이유를 통한 영양공급이 이루어져야 한다. 충분한 영양공급이 이루어지지 않으면, 신체발달뿐만 아니라 인지발달에도 부정적이 영향을 미칠 수 있다. 식사하기와 관련된 영아의 신체운동발달은 〈표 3-9〉와 같다(장영희, 2003).

〈표 3-9〉 식사하기와 관련된 영아의 발달

개월	내 용
6~9개월	• 유치가 나는 시기이므로 음식을 입에 넣고 빨거나 깨문다.
9~12개월	• 두 손으로 자신의 우유병을 잡고 먹는다. • 숟가락으로 음식을 잡을 수 있다.
12~15개월	• 숟가락으로 음식을 집어 입에 넣으려고 하나 서툴러서 흘린다. • 머리보다 컵을 기울여 내용물을 잘 엎지른다.
15~18개월	• 숟가락으로 음식을 집어 입에 넣을 수 있지만 조금씩 흘린다. • 두 손으로 컵을 잡을 수 있으나 일정한 크기의 컵만을 사용할 수 있다.
18~24개월	• 숟가락으로 음식을 정확히 입으로 넣을 수 있다. • 먹는 음식과 먹지 못하는 것을 구분한다.

영아기의 수유와 이유시 고려해야 할 사항은 다음과 같다.

- 출산 후 48시간 이내의 초유는 다양한 필수영양분을 함유하고 있어서 신생아의 감염에 대한 저항력을 길러주므로 특별한 경우를 제외하고는 수유하는 것이 좋다.
- 수유나 이유식 제공 시에도 스킨십과 눈맞춤 등의 친밀한 정서적 교감이 중요하다.
- 수유 후에는 한 쪽 어깨에 영아의 머리가 오게 하여 가볍게 두드려 트림을 시킨다.
- 유치가 나오는 6개월부터는 씹고 깨무는 이유식이 함께 제공되어야 한다.
- 이유식은 5가지 기본 식품(곡류, 야채류, 달걀, 생선, 고기류)이 골고루 들어간 것으로 제공한다.
- 이유식에 옥수수, 콩류, 과일 등의 알갱이가 기도 내로 들어가지 않도록 조심해야 한다.
- 이유식은 우유보다 먼저 먹도록 하고, 이유식의 종류와 양은 조금씩 늘려간다.
- 하루 동안 먹는 우유와 이유식의 섭취 시간과 양, 특이사항은 기록한다.
- 수유나 이유식 후에는 영아용 실리콘칫솔로 이를 닦고 잇몸을 마사지 해준다.
- 이가 나지 않은 영아는 삶은 가제 손수건으로 잇몸을 닦아주는 것이 좋다.
- 만 1세가 되면 스스로 이를 닦도록 하고 마지막을 교사가 닦아주도록 한다.

(2) 유아기의 식사

3세경에는 음식에 대한 이름, 모양, 색, 맛, 경험 등에 대해 이야기를 나누는 등 관심을 갖도록 하면서, 몸에 좋은 다양한 음식을 골고루 섭취하게 한다. 숟가락과 포크 같은 도구의 바른 사용법을 익히고 식사예절을 지키도록 격려한다. 바르게 앉아서 먹기, 입에 음식이 있는 상태에서 말하지 않기, 입술을 붙이고 소리 나지 않게 씹기 등 지켜야 하는 기본적인 예절을 가르친다.

4세경에는 몸에 좋은 음식을 선택하여 골고루 먹을 수 있도록 이끌어주어야 한다. 음식을 준비해 주신 분께 감사드리며 예의 바르게 식사한다. 또한 자신이 먹을 음식과 접시 등 도구는 스스로 준비하고 제자리에 정리하도록 한다. 단 뜨거운 것 등은 도움을 받도록 한다.

5세경에는 음식에 포함된 영양소가 우리 몸에 미치는 영향에 대해 알려주면서, 스스로 좋은 음식을 선택하게 하고 자신이 먹을 만큼의 음식량을 조절할 수 있도록 한다. 유아들이 스스로 식단을 계획해보는 시간을 갖는 것도 효과적이다. 관련 동화, 비디오 자료, 이야기 나누기 등 다양한 방법을 통해서 지도한다.

유아기의 바람직한 식사를 위해 고려할 점은 다음과 같다.

- 싫어하는 음식은 조리법과 음식 담는 그릇 등을 변화를 주어 제공한다.
- 우유, 멸치, 생선, 야채, 과일 등 영양적으로 균형 있는 음식을 제공한다.
- 지방, 염류, 당분이 많은 음식과 인스턴트, 냉동식품은 피한다.
- 식사를 규칙적으로 세끼를 균등하게 나누어 먹는다.
- 식사는 정해진 장소에서 바른 자세로 먹도록 한다.
- 식사시간은 30분 정도 꼭꼭 씹어서 천천히 먹도록 한다.
- 텔레비전이나 휴대폰 게임 등 다른 활동을 하면서 음식을 먹지 않는다.
- 음식을 보상물로 사용하지 않는다. 예로, "이것 먹으면 네가 좋아하는 것 하게 해줄게."
- 음악 등을 틀어주어 즐거운 분위기에서 식사하도록 한다.

• 음식 만들기에 유아를 참여시켜 함께 요리한다.

바르게 앉아서 스스로 먹기

2) 수면 및 휴식

영유아들의 충분한 수면은 성장호르몬을 활성화시켜서 신체발육을 돕는다. 또한 활동 후 휴식은 몸과 마음의 피로를 회복시켜주고 새로운 활동을 활기차게 할 수 있는 재충전의 시간이 된다.

영유아기에 수면 시간의 부족, 질 낮은 수면은 면역력을 약화시켜 전염성 질환에 쉽게 감염될 수 있으며, 주의력과 집중력의 부족, 조절능력과 판단력 부족으로 이어져 안전사고의 위험에 노출될 가능성이 높다. 특히 스테로이드 호르몬의 조절 이상으로 비만을 유발하고 성장 호르몬의 분비를 부적절하게 만들어 신체성장에도 악영향을 미치게 한다.

영유아기 수면 시간은 연령, 건강 상태, 활동의 정도에 따라 다르지만, 신생아는 하루에 밤낮 구별 없이 16~20시간을 자다가 1개월경 영아는 밤에 오랫동안 잔다. 4~8개월경에는 밤에 주로 자고 낮잠은 3~4회 정도 잔다. 8개월 이후가 되면 하루에 2회 정도 낮잠을 자다가 연령이 증가하면서 낮잠의 횟수와 시간이 줄어든다. 영유아의 낮잠시간은 개인차가 매우 크기 때문에 낮잠시간을 획일적으로 정하는 것은 불가능하다. 일반적인 기준에서의 적절한 낮잠시간은 다음과 같다(보건복지부, 2015).

〈표 3-10〉 영유아의 적절한 낮잠시간

연령	횟 수	시 간
만 4~8개월 영아	3~4회	2시간 30분 ~ 4시간 30분
만 8개월~1세 영아	1~2회	2시간 ~ 2시간 30분
만 2세 영아	1회	1시간 30분 ~ 2시간
만 3세 유아		1시간 이상
만 4세 유아		30분 ~ 1시간
만 5세 유아	개별적인 요구에 따라 낮잠이나 휴식시간 제공	

3세까지는 낮잠 자는 시간이 반드시 확보되어야 한다. 실외 놀이나 동적인 활동을 한 후에 휴식시간을 주고, 영아가 칭얼대거나 울 때에는 원인을 파악하고 정해진 시간이 아니어도 잘 수 있도록 한다. 영아가 좋아하거나 익숙한 베개, 인형, 이불 등을 가정에서 갖고 와서 사용하도록 하면 더욱 편안한 휴식을 취할 수 있다.

4세경에는 유아들과 휴식의 필요성과 중요성을 함께 이야기 나누고, 친구들의 휴식을 방해하지 않게 한다. 누워서 동화 듣기나 음악 감상 등 편안한 마음으로 휴식할 수 있도록 한다.

5세경 유아들은 개인의 특성이나 활동량, 밤잠 시간 등 개별적인 상황을 고려하여야 한다. 낮잠 자지 않으려는 유아는 책 보기나 음악 듣기 등 조용한 휴식의 시간을 갖도록 한다.

영유아의 낮잠시간에 고려해야 할 점은 다음과 같다.

- 잠자지 않거나 일찍 깬 경우는 별도의 휴식 공간에서 조용한 활동을 할 수 있도록 한다.
- 잠잘 때에는 영유아의 개별적인 수면습관(등 쓰다듬기, 귀 만져주기, 토닥여주기 등)을 고려하여 재워준다.
- 강압적인 방법(위협적인 말로 잠자도록 하거나 똑바로 누운 자세 등)을 사용하지 않는다.
- 수면의 질은 수면 전 활동의 영향을 받으므로 목욕하기, 책 읽어 주기, 음악 들려주기, 좋아하는 인형 안기, 쓰다듬어 주기 등 신체적 · 정서적으로 안정된 상

태를 유지하게 한다.

- 낮잠시간이 끝나면 기분 좋게 깰 수 있도록 다정한 목소리로 이름을 불러주고, 가볍게 토닥거려주거나 안아준다.
- 유아들이 휴식을 할 때는 안정을 취할 수 있도록 편안한 분위기를 조성해 준다(햇빛과 소음 차단 등).
- 어두운 것을 불안해하는 유아는 밝기가 낮은 전등이나 커튼 등으로 조절해 준다.
- 영유아가 자고 있는 동안에도 교사는 갑작스러운 사고, 안전, 개인적인 보살핌 등에 대비하기 위해 같은 공간에 머물러야 한다.

편안한 분위기에서 낮잠

3) 질병

영유아기는 면역력이 약해서 감기, 기관지염, 폐렴, 설사 등의 질병에 잘 걸린다. 감기와 같은 호흡기 질환은 집단생활을 하는 영유아들에게 확산될 수 있으므로 조기에 발견하고 신속히 대응하는 것이 필요하다.

우선적으로 해야 하는 것은 적기에 예방접종을 받아 면역력을 강화시키는 일이다. 국가 필수예방접종을 해야 하는 것에는 결핵(BCG), B형 간염(뇌수막염, 소아마비, 폐렴구균), DPT(디프테리아, 파상풍, 백일해), 수두, MMR(홍역, 유행성이하선염, 풍진), 일본뇌염과 매년 추가 접종하는 독감과 장티푸스 등이 있다. 이러한 예방

접종 시기와 종류에 대하여 부모가 체계적으로 관리할 수 있도록 부모교육이나 가정통신문을 통하여 정보를 제공해야 한다. 유아 개인의 병력과 건강 상태에 대한 정보는 학부모로부터 미리 수집해 둔다. 부모와 교사는 의료 영역에서는 비전문인이기 때문에 유아의 건강 상태를 잘 관찰하여 이상 증세가 있을 경우 바로 전문적인 의사의 판단을 받도록 하는 것이 가장 적절한 대처 방법이다.

영아의 일광욕과 신체활동은 식욕을 촉진하고 신체적 성장과 운동기능 발달에 도움을 준다. 매일 1회 정도 목욕을 하는 것이 좋다. 그러나 수유 후 1시간 이내 또는 예방접종 당일에는 목욕을 하지 않도록 한다.

3세 유아는 날씨에 맞는 옷을 입게 하고, 찬 음식이나 인스턴트 음식 등 몸에 해로운 음식을 피해 골고루 먹게 한다. 손과 몸을 깨끗이 하고, 일찍 자고 일찍 일어나기 등을 실천하도록 한다.

4~5세경 유아는 건강한 생활을 위한 기본생활습관을 익히도록 한다. 질병이 발생하였을 때 지역사회나 학부모 중에 건강 관련 전문가를 초대할 수 있다. 질병의 원인이나 예방법, 대처 방법 등에 대해 사전에 준비할 수 있어야 한다.

5세경 유아는 부모님을 비롯한 가족에게도 내용을 전달할 수 있도록, 유아와 함께 건강 관련 그림편지 쓰기 등의 활동을 하는 것도 효과적이다. 유아가 스스로 질병의 위험을 알고 예방하는 태도를 기르는 것이 중요하다.

등원시간에는 유아의 건강과 기분 상태, 식사나 간식 시간에는 섭취량과 편식의 정도, 수면과 휴식 시간의 양과 질, 활동 참여도 등을 교사는 세심하게 관찰하고 파악하여야 한다.

질병에 대한 예방법과 회복을 위한 방법은 다음과 같다.

- 간식과 급식, 미술활동, 화장실, 바깥 놀이 후에는 손 씻는 것을 습관화한다.
- 유아들이 사용하는 교구는 종류에 따라 시기를 정하여 정기적으로 깨끗이 씻는다.
- 시설물 등 위생적인 환경관리로 감염의 발생과 확산을 막아야 한다.
- 습도와 온도 관리 및 창문을 자주 열어 환기시켜야 한다.

- 기침을 할 때는 고개를 돌리고 하는 것을 실천하도록 해야 한다.
- 모기 등 벌레에 물리지 않도록 주의한다.
- 아침에 일어난 후 규칙적으로 배변하는 습관을 갖도록 한다.
- 대소변을 지나치게 참지 않도록 한다.
- 좋은 영양섭취와 적절한 운동과 휴식으로 신체능력을 강화하여야 한다.
- 규칙적인 생활습관으로 건강한 생활을 한다.

4) 안전

영유아의 안전을 위협하는 위험요인을 제거하기 위해서는 연령에 따른 발달 특성과 안전사고의 특징을 이해하는 것이 필요하다. 또한 경우에 따른 대처법을 숙지하여야 한다. 〈표 3-11〉과 같이 영유아의 안전사고는 발달 특성 및 연령과 관련이 있다(보건복지부, 2015).

〈표 3-11〉 영유아의 발달 특성과 안전사고

개월	발달 특성	안전사고
만 0~1세	• 머리, 몸체가 팔, 다리보다 먼저 발달하여 자주 넘어짐 • 무엇이든 입으로 가져가 탐색	• 추락사고에 노출될 위험이 높음 • 작은 물체를 삼키거나 입에 넣는 경우 빈번히 발생
만 2~3세	• 급속한 성장으로 행동반경 확대되나, 안전감각 부족 • 외부 위험상황에 대처하는 지각, 운동능력이 미성숙 • 모방, 탐색욕구가 왕성하여 끊임없이 움직임	• 칼, 가위 등 위험한 도구의 상해 자주 발생 • 화상, 교통, 추락, 충돌, 놀이에 의한 안전사고 발생 • 이시기는 전체 영유아 사고의 약 45%
만 4~6세	• 대근육 발달로 신체 움직임이 활발 • 자기중심적 사고로 위험상황의 정확한 인지 부족	• 충돌, 스포츠(자전거 등), 교통사고 증가 • 유아(54.1%)가 영아(38.0%)보다 사고 발생율이 높음

발생한 사고 유형을 〈표 3-12〉에서 살펴보면 '넘어짐'과 '부딪힘'이 가장 많았으며 '미끄러짐'이나 '꼬집음', '할큄' 등의 사고도 빈번하게 나타난다. 앞을 잘 보고 움직이도록 수시로 주의를 주면서 균형감각을 발달시키는 신체활동에 역점을 두면서 지도한다. 또한 바닥은 턱이 없고 미끄럼 방지 처리를 하며 모서리나 문에 끼임 방지 장치 부착 등 위험한 물건들에서 일어날 수 있는 모든 상황에 대해 예방조치를 해야 한다. 또한 또래가 서로 꼬집거나 할퀴지 않도록 유심히 살펴야 하며 손톱이 길지 않은지 자주 확인하여야 한다.

교사는 위험 상황을 예방하고 신속히 대처할 수 있도록 신발 등 편한 복장을 하고 놀이 전에 날카롭거나 망가진 부분, 돌이나 막대기와 같은 위험한 것이 없는지 확인해야 한다. 그러나 교사가 영유아기 안전에 집착해서 활동을 지나치게 제한하는 것은 바람직하지 않으며, 영유아 스스로가 자신의 안전을 보호할 수 있는 감각과 능력을 가질 수 있도록 자주 주의를 환기시켜야 한다.

〈표 3-12〉 영유아의 사고 유형

사고 유형	빈도(건)	백분율(%)	사고 유형	빈도(건)	백분율(%)
넘어짐(걸리거나 발을 헛디딤)	6,443	39.6	화상(폭발, 감전)	380	2.3
물체에 부딪힘	2,521	15.5	추락	361	2.2
사람 간 부딪힘	1,268	7.8	물림-사람	342	2.1
미끄러짐(쏠림)	820	5.0	이물질 삼킴 및 흡입	327	2.0
꼬집음, 할큄	702	4.3	찔림	271	1.7
긁힘	645	4.0	베임(절단)	177	1.1
당김	551	3.4	음식물 섭취	120	0.7
끼임	436	2.7	물림-벌레, 동물	107	0.7
눌림(압박)	436	2.7	기타	356	2.2
계				16,263	100.0

출처: 보건복지부(2015)

영유아의 안전사고 예방을 위한 지도방법은 다음과 같다(보건복지부, 2015).

- 안전교육은 영유아의 발달 및 연령 특성을 고려한다(영아-개별/소집단 교육, 유아-대소집단 교육).
- 영유아의 경험이나 일상생활과 관련된 내용을 선택하며, 교육내용과 관련된 상황이 일어났을 때 그 경험을 자연스러운 학습의 기회로 삼는다.
- 영유아의 흥미를 유발하여 학습참여의 동기를 높이기 위해 쉽고 재미있는 방법으로 계획한다.
- 하나의 주제 아래 각 영역의 활동을 통합적으로 계획한다.
- 안전에 대한 실제 상황과 비슷하게 활동할 수 있도록 주제에 따른 다양한 교구와 매체를 활용한다(신호등, 건널목, 자동차 등을 준비하고 규칙, 역할 등을 정해 실제와 유사하게 활동하기).
- 안전활동의 효과를 높이기 위해 가정과 연계교육이 이루어지도록 한다.
- 안전교육활동은 지속적이고 반복적으로 실시해야 한다.

(1) 영아를 위한 안전지도

영아기는 혼자 걸을 수 있는 능력이 증가하면서 신체 움직임이 많아지며 또래와 놀잇감 공유가 어려워 갈등 현상을 많이 일으킨다. 안전사고에 대한 예방과 환경 구성을 철저히 하고 영아에 대한 교사의 세심한 관찰과 지도가 필요하다.

영아들을 위해 특별히 주의해야 할 내용은 다음과 같다.

- 3.5cm 보다 작은 크기의 교재교구(레고, 구슬 등)는 삼킬 위험이 있으므로 제공하지 않는다.
- 책상이나 교구장 등은 둥근 모양이나 모서리 보호대로 날카롭지 않도록 한다.
- 인기 있는 교재교구는 동일한 것을 여러 개 준비한다.
- 너무 크거나 푹신한 인형은 제공하지 않는다.
- 이불, 요, 베개 등 침구류는 너무 푹신하지 않도록 한다.

- 유모차 등은 이음새 부분에 손가락이나 발이 끼이지 않는지 확인한다.
- 영아 혼자 밖으로 나가지 않도록 보육실에 영아용 접근방지 안전문을 부착한다.
- 안전문 사이에 손가락이 끼이지 않도록 푹신한 재질로 마감한다.
- 영아용 놀이터는 유아용과 구분하여 별도로 적합한 크기와 구조물로 설치해야 한다.
- 말로 부탁하기, 차례 지키기 등과 같은 사회적 기술을 습득하도록 지도한다.

(2) 유아를 위한 안전지도

유아기는 운동능력 발달과 함께 활동 범위가 넓어지면서 호기심과 모방심, 도전의식 등이 강하게 나타나는 시기이다. 달리기나 잡기 놀이 정글짐, 그네 등과 같은 대근육 활동을 많이 하고 모험놀이를 즐긴다. 그러나 발달 특성상 자기중심적 사고와 판단력 부족으로 위험을 예측하고 대처하는 능력이 부족하다. 이를 예방하는 환경을 구성하고 대처할 수 있는 안전교육을 실시해야 한다.

유아들을 위해 특별히 주의해야 할 내용은 다음과 같다.

- 유아의 치마, 스카프, 목걸이, 샌들 등 위험을 초래하는 복장은 특별히 주의하도록 한다.
- 유아에게 도구의 안전한 사용법을 꼭 익히도록 한다(가위, 스테이플러 등 위험한 물건 등).
- 안전한 놀이 방법에 대해 이야기 나눈 후 규칙을 지켜 놀이하도록 한다. 4~5세경 유아는 규칙 표를 함께 만들어 부착하면 효과적이다.
- 실외로 이동할 때 한꺼번에 뛰어가지 않도록 인원을 제한하여 이동시킨다.
- 계단은 한 칸씩 차례로 오르내리도록 하여 뛰지 않도록 한다.
- 창문이나 베란다에 올라설 수 있는 물건을 놓지 않도록 하며 창문 보호대를 설치한다.
- 통학버스의 안전한 이용 법과 골목길, 횡단보도 등에서 교통안전 규칙을 지키도록 한다.
- 화재의 발생 원인을 알고 주의하며, 대피 훈련을 정기적으로 실시한다.
- 학대, 성폭력, 유괴 시의 대처 방법이나 도움 요청 방법을 상황극, 영상물, 동화를 통해 지도한다.

바깥놀이와 안전지도

유아들에게 바깥놀이 시간은 환호성을 지르며 좋아하는 시간이지만, 교사에게는 세심한 배려와 긴장이 필요한 시간이다. 교실에서 마당으로 이동하는 시간이었다. 현정이는 미리 나와 놀고 있는 다른 반의 동네 친구를 발견하고는 차례로 줄을 서서 기다리지 못하고 뛰어가려고 했다. 정화는 "선생님보다 먼저 나가면 안 돼!"라며 현정이의 옷자락을 잡아당겼다. 현정이는 옷을 놓으라고 밀치게 되었고 그 과정에서 현정이의 얼굴을 할퀴게 되었다. 교사가 신발을 바꿔 신는 순간에 일어난 일이다. 교사는 바깥놀이를 다른 교사에게 부탁하고 현정이에게 연고를 발라준 후 두 사람과 이야기를 나누었다.

교사 : "그래서 지금은 어떤 기분이 들어?"

유아(정화) : "안 좋아요."

교사 : "어떻게 했으면 좋겠어?"

유아(정화) : "현정이한테 잘못했다고 하고 싶어요."

교사 : "무엇을 잘못 했는지를 이야기해 주면 더 좋겠구나."

유아(정화) : "옷을 잡아당기면서 말한 것 하고, 얼굴을 할퀸 것, 이것은 내가 잘못했어."

교사 : "현정이는 지금 어떤 기분이니?"

유아(현정) : "나도 약속을 안 지키고 바로 바깥놀이 가려고 한 거 잘못했어."

교사는 현정이 어머니께 전화를 드리니 걱정했던 대로 "이게 뭐예요? 이제껏 몸에 상처 하나 없이 키웠는데 얼굴에 손자국을 냈으니 흉이라도 지면 어떻게 해요? 속상해 죽겠네요. 아빠가 오시면 화를 많이 낼 텐데 어떻게 하죠?"라며 흥분된 목소리로 이야기했다. 교사는 "정말 속상하시지요. 저도 이렇게 속상한데 어머님이야 오죽하시겠어요?"라는 말만 거듭했다.

정화 어머니께 전화를 하여 현정이네 집에 전화를 드려 달라고 부탁을 했다. 시간이 흐른 후 다시 현정이 어머니께 전화를 하니 정화 어머니에게서 전화가 왔었다고 하면서 한층 누그러진 목소리였다. "선생님께 너무 죄송해요. 아까는 정말 속상했어요. 둘 뿐인 형제끼리도 싸우기도 하고 다치기도 하는데 그렇게 많은 아이들을 선생님 혼자서 보시는데 그렇지 않겠어요? 그렇지만 내 딸 얼굴에 흉터가 생긴다고 생각하니 정말 속상했어요.

공교롭게도 다음 날이 '아버지 참여일'이었다. 현정이 아버지는 "마침 회사에서 나온 것이 있어서 가지고 왔습니다."라며 '손톱깎이'를 선물로 주셨다.

그 후부터 유치원의 모든 반에서는 손톱깎이를 구비하게 되었고 아침마다 특히 월요일 아침에는 유아의 건강과 기분을 확인하면서 손톱이 얼마나 자랐는가를 살펴보는 손톱검사를 하게 되었다.

바깥놀이를 위한 이동시간에는 다음과 같은 점에 유의하여야 한다.

- 전체를 동시에 보내지 말고, 전 시간의 활동과 연계하여 조별로 보낸다. 자유선택활동은 놀이 영역, 간식 시간은 분단, 이야기 나누기는 주제별로 '가족'은 성씨 등으로 다양하게 한다.
- 뛰지 않고 걸어서 가도록 한다. 교사가 시범을 보이거나 모범이 될 만한 유아를 먼저 나가게 하고 격려를 해 준다.
- 교사가 2명인 경우에는 한 명은 먼저 나가서 나오는 순서대로 기다릴 수 있도록 살펴 주고, 1명인 경우는 교사가 볼 수 있는 안전한 장소를 정하고 기다리도록 한다.

출처: 김옥분(2005)

5. 신체운동발달 촉진활동

영유아의 신체운동발달을 촉진하는 활동은 연령별(월령) 발달과업을 기준으로 흔히 경험할 수 있는 친숙한 활동을 중심으로 제시하였다. 하지만 어릴수록 월령별로 개인차가 심하게 나므로 각 개인의 발달 수준을 고려하면서 지도하여야 한다.

♣ 활동 1 흔들흔들 모빌 잡기(대상 연령 1세)

◈ 활동목표 : 물건을 잡기 위하여 팔을 뻗어 손으로 잡는다.
모빌의 흔들리는 모습을 응시하고 소리를 듣는다.

◈ 활동자료 : 동물 모빌

◈ 활동방법

1. 동물 모빌을 자유롭게 탐색한다.
   "○○야, 알록달록 동물이야."
   "○○가 만져보자."
   "눈도 있고, 코도 있고, 귀도 있고…."
   "만져보니 어때?"
   "폭신폭신하지?"
2. 동물 모빌을 흔들어 준다.
   "동물이 춤을 추네, 흔들흔들~~~"
   "같이 춤출까? 흔들흔들~~~"
   "○○야, 이번에는 잡기놀이하자."
   "○○야, 나 잡아봐라~ 흔들흔들~~~"
   "잉~잉~잉~ ○○한테 잡혔네!"
   "잘 잡으니까 이번에는 더 빨리 춤을 춰야지, 흔들흔들~"
   "그래, 빨리 잡는구나~, 잘했어!"
3. 공을 바구니에 담아 제자리에 놓는다.
   "동물을 제자리에 갖다 놓자"

• 주의점 : 동물 모빌 뿐 아니라 영아가 잡기에 적절한 장난감(에듀볼 등)으로 변화를 준다.

♣ 활동 2 데굴데굴 공 잡기(대상 연령 1세)

◈ 활동목표 : 물건을 잡기 위하여 팔을 뻗어 손으로 잡는다.
공이 굴러가는 모습을 주시하고 공을 따라 기어간다.

◈ 활동자료 : 공

◈ 활동방법

1. 공들을 자유롭게 탐색한다.
   "ㅇㅇ야, 이것은 공이야."
   "ㅇㅇ가 잡아볼까?", "두 손으로 잘 잡았어."
   "공을 만져보니 물렁물렁하지?"
   "모양은 둥글둥글하고."
2. 공을 잡을 수 있도록 천천히 굴려준다.
   "공이 둥글둥글하니까, 굴려줄게."
   "공이 데굴데굴 ㅇㅇ에게 잘 굴러간다."
   "ㅇㅇ야 공을 잡아봐."
   "그렇지, ㅇㅇ가 공을 잡았네, 잘했어!"
   "잘 잡으니까 이번에는 멀리 굴려줄게."
   "그래, 빨리 가서 잡네~. 잘했어!"
3. 공을 바구니에 담아 제자리에 놓는다.
   "공을 제자리에 갖다 놓자."

• 주의점 : 공은 영아가 잡기에 적절한 크기로 주어 변화를 준다.

♣ 활동 3 '외투 놀이'(대상 연령 2~3세)

◈ 활동목표 : 외투의 색, 생김새, 크기, 모양을 비교하고 차이점을 구분한다.
자기 외투를 바르게 입고 벗으며 정리장에 정리할 수 있다.

◈ 활동자료 : 가족의 외투나 친구의 외투, 정리장

◈ 활동방법

1. 자신의 외투를 손으로 만지거나 손바닥이나 주먹으로 두드리며 촉감을 탐색한다.
"만지니까 어때? 부드럽고 푹신푹신해? 주먹으로 두드려보자. 속에 무엇이 들어있을까?"

2. 다른 사람의 외투를 살펴보고 그 특징을 비교한 후 입어본다.
"자, 다른 사람의 옷을 살펴보자. 누구의 옷일까?"
"무슨 색이지? 어떤 무늬가 있어?"
"크기는 어때?"
"네 옷보다 어때?"
"이 옷에는 주머니, 단추, 모자…가 몇 개나 있어?", "어떻게 입을까?"

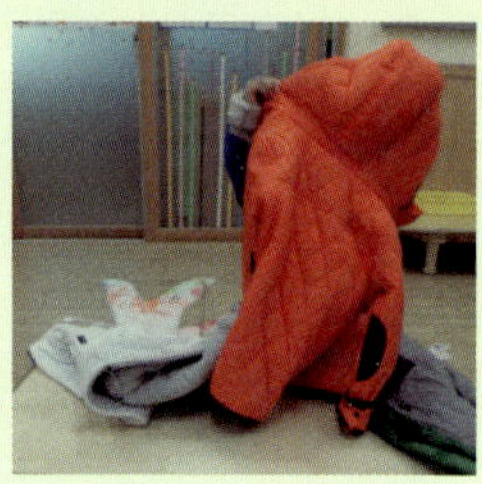

3. 외투를 장으로 가지고 가서 정리한다.
"외투를 어디에 두면 좋을까? 처음처럼 장에다 걸어놓을까?"

♣ 활동 4 컵을 포개어 보세요(대상 연령 2~3세).

◈ 활동목표 : 컵을 포개는 과정에서 소근육을 조절한다.

◈ 활동자료 : 다양한 크기의 컵 또는 컵블록, 방울

◈ 활동방법

1. 다양한 크기의 컵을 살펴보며 탐색한다.
   "○○야, 이것은 무엇일까?, 그래, 물 마시는 컵이야."
   "이 컵은 정말 크고 이 컵은 작네."
   "큰 컵도 있고 작은 컵도 있구나."
2. 영아가 다양한 크기의 컵을 포갤 수 있도록 한다.
   "작은 컵이 없어졌네? 어디 갔을까?"
   "아~ 큰 컵 속으로 쏙 들어갔구나."
   "작은 컵을 꺼내줄까?"
   "또 작은 컵을 숨기자.", "큰 컵이 어디 있지?", "그래 이 컵으로 숨겨볼까?"
   "또 숨었네!", "○○가 잘 찾는구나."
   "이번에는 딸랑딸랑 소리 나는 방울을 숨기자."
   "어디 있을까?"
   "여기 있었구나!"
   "이번에는 ○○가 숨겨봐, 선생님이 찾을게."
   "꼭꼭 숨어라~", "어디 있지?"
3. 컵들을 크기 순서대로 포개서 정리한다.
   "그럼 컵들을 제자리에 갖다 놓자."

• 주의점 : 영아기 초에는 컵 3개 정도로 시작하고 차츰 개수를 늘려간다.

  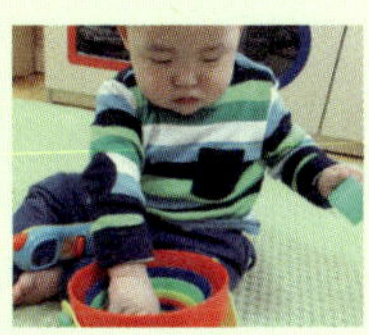 

♣ 활동 5 블록 놀이(대상 연령 3~4세)

◈ 활동목표 : 눈과 손을 협응하고 소근육을 조절하여 공간을 구성한다.
구성활동에 즐거움을 느끼며 창의적으로 표현한다.

◈ 활동자료 : 종이벽돌블록

◈ 활동방법

1. 종이벽돌을 탐색한다.
   "이것은 무엇일까?, 무엇으로 만들었을까?, 색깔은?, 모양은?"
2. 영아들이 원하는 방법으로 다양하게 만들어서 활용한다.
   "종이벽돌로 무얼 할 수 있을까? 위로 높이 쌓을 수 있구나."
   "길게 놓을 수도 있네."
   "길게 놓고 그 위를 쭉 걸어갈 수도 있고."
   "양쪽으로 깡충 뛰기도 할 수 있구나."
   "우리 함께 길게 놓아 볼까? 길어지니까 무엇처럼 보여?"
   "기차 같구나. 우리 타볼까?"
   "자 기차 출발합니다~기차 타고 싶은 친구는 어서 타세요."
   "칙칙폭폭~ 철커덕철커덕~"
3. 놀이를 회상한 후, 블록들을 정리한다.
   "토끼처럼 깡충깡충 뛰기 재미있었어?"
   "기차놀이도 재미있었어?"
   "블록을 같은 색끼리 정리해보자."
   "블록들이 같은 색끼리 차곡차곡 쌓였구나!"

• 주의점 : 블록 놀이를 주로 남아들의 놀이로 인식하고 있으나 여아들이 선호하는 인형과 같은 소품을 제공하거나 역할 놀이 영역과의 연계활동으로 확장한다면 여아의 참여도가 높아질 수 있다.

회상: 용어정리

- **근원발달**(Proximodistal): 발달이 몸의 중심에서 바깥쪽, 즉 몸통과 팔이 손목이나 손가락보다 더 빨리 발달하는 원리.
- **두미발달**(Cephalocaudal): 발달이 머리에서 다리방향, 즉 머리의 윗부분인 뇌와 눈이 턱과 같은 아랫부분보다 더 빨리 발달하는 원리.
- **경화(골화) 현상**: 어릴수록 골격은 유연한 연골이 많은 상태이나 점차 무기질이 체내에 축적되어 연골조직이 단단해지는 현상
- **뉴런**(Neuron): 뇌와 신경계의 자극을 받아들이고 전달하는 기본 세포로서, 세포체와 축색, 수상돌기로 구성되어 있고 다른 뉴런과 연결되어 있음.
- **시냅스**(Synapse): 뉴런끼리 연결된 집합점을 말하며, 이곳을 통해 뉴런과 뉴런의 신호가 전달됨.
- **수초화**(Myelination): 축색돌기가 수초라는 덮개에 의해 마디를 이루면서 둘러싸여지는 과정.
- **뇌의 편측성**: 좌뇌와 우뇌가 각기 다른 기능을 가지고 있는 것
- **협응**(Coordination): 두 가지 이상의 감각기관이 협조하여 지각능력과 인지능력을 한꺼번에 높이는 것.
- **자조행동**(Self-help Skills): 일상생활에 필요한 기본적인 기술을 스스로 수행할 수 있는 행동
- **권장섭취량**(RNI: Recommended Nutrient Intake): 성별, 연령군별로 거의 모든(97~98%) 건강한 집단의 영양소 필요량을 충족시키는 추정치로 기존의 영양권장량(RDA)과 동일한 개념
- **충분섭취량**(AI: Adequate Intake): 영양소 필요량에 대한 정확한 자료 등이 부족하여 권장섭취량을 정할 수 없는 경우, 건강한 사람들의 영양소 섭취량을 기준으로 정함
- **상한섭취량**(UL: Tolerable Upper Intake Level): 과잉 섭취로 인한 건강상의 위험이나 해로운 영향이 나타나지 않는 최대 영양소섭취기준

회상: 내용정리

1. 다음 빈칸에 알맞은 단어를 넣어보세요.

1) 뇌는 대부분 ( )이라는 약 1천억 개 이상의 신경세포가 서로 복잡하게 연결되어 있다.
2) 뉴런과 뉴런을 연결해 주는 ( )의 연결방법에 따라 사고 및 지능발달이 다르게 나타나고, 주의 집중이나 기억력에도 영향을 미친다.
3) 주의 집중과 관련된 뇌영역의 ( )는 4세 이후에 활성화되므로 연령에 맞게 주의 집중시간을 고려한 집단활동 시간을 계획하고, 흥미 있는 교구를 활용하여야 한다.
4) 대뇌피질은 자발적 운동과 사고를 담당하는 ( ), 입체와 공간을 지각하는 ( )과 청각을 담당하는 ( ), 시각을 담당하는 ( )이 발달한다.
5) 유아기에는 연골조직이 더욱 단단해지는 ( )현상이 일어난다.
6) 유아의 ( )은 성인의 1/3이지만 ( )은 성인의 1/6에 불과하므로 체격에 비해 근력이 상대적으로 약하다.
7) ( )는 뇌 전체의 10%에 해당하지만 절반에 해당하는 신경세포가 있다. 유아기에 발달하며 신체의 균형과 조절에 중요한 역할을 한다.
8) 뇌의 ( )는 유아기의 언어, 과학, 수학, 논리 등에 대한 정보처리, 뇌의 ( )는 공간지각, 음악, 미술, 창의력에 관한 정보를 처리한다.
9) 좌뇌와 우뇌는 각기 다른 기능을 가지고 있는데 이를 ( )이라 한다.
10) 성별, 연령군별로 대부분의 건강한 집단의 영양소 필요량을 충족시키는 추정치를 ( ) 섭취량이라 한다.

2. 다음 문장을 읽고 O, X로 답해보세요.

1) 머리 크기가 영아기에는 신체의 1/4 정도, 유아기에는 1/6 정도이다. ( )
2) 다리뼈는 두개골과 손뼈보다 더 빨리 성장한다. ( )
3) 근육의 발달은 근육섬유조직 속에 있는 수분의 비율이 감소하고 염분과 단백질이 증가하여 힘이 세어지는 것이다. ( )
4) 유아의 체중은 성인의 1/3, 근력은 1/6에 불과하므로 체격에 비해 근력이 강하다. ( )
5) 뇌는 3세경에 약 70~80%, 5세경에 약 90%까지 급격히 발달하므로, 영유아기에는 적절한 경험과 자극, 그리고 충분한 영양공급이 중요하다.

6) 유아는 계단을 올라가는 것이 내려가는 것보다 쉽다. (　　)

7) 3, 4세 유아는 두발자전거의 페달을 밟으며 유연하게 탈 수 있다. (　　)

8) 유아기는 대근육 운동기능보다 소근육 운동기능을 더 빨리 습득한다. (　　)

9) 신체활동은 3세 유아는 다양한 경험을 즐기고, 4세 유아는 성공적 경험을 하며 또래와의 차이를 이해하고, 5세 유아는 자발적 참여로 성취감과 자신감을 키우도록 한다. (　)

10) 유아기는 자기중심적 사고와 주의력, 판단력 부족으로 위험을 예측하고 대처하는 능력이 부족하여, 영아보다 안전사고가 자주 일어난다. (　　)

토의

1. 왼손잡이가 유리한 분야에는 어떤 것이 있을까요? 그 이유와 함께 예를 드세요.

2. 왜 치아가 오복 중의 하나인가? 사회적, 경제적, 문화적 배경을 전제로 각자의 주장을 펼치세요.

3. 운동(신체활동)은 만병통치약인가? 폐해가 될 수 있는 경우를 제시하면서 반대의 논지를 전개하세요.

4. '세 살 버릇 여든까지 간다'와 '시간이 다 해결해 준다'라는 말의 상충을 영유아기의 생활태도와 관련지어 설명하세요(예: 식사, 정리정돈 등).

5. 신체운동발달을 촉진하는 활동을 주변에 있는 놀잇감이나 기구를 이용하여 연령별로 작성해보세요(예: 보자기, 줄, 블록, 평균대, 매트 등).

Chapter

4. 언어 발달

1. 언어발달 이론
2. 언어발달 과정
3. 언어발달 관련요인
4. 지도 방법
5. 언어발달 촉진 활동

- 회상: 용어정리, 내용정리

'언어는 존재(사고)의 집이다.'
Language is the house of the truth of Being.

—하이데거(Martin Heidegger)

인간은 어느 누구도 예외 없이 언어라는 도구를 사용하여 의사소통하고 정보를 교환하며 자신의 생각과 감정을 표현한다. 때문에 언어에 의해서 삶의 토대가 구축된다고 할 수 있다. 여기에 언어교육의 중요성이 있다. 영유아기는 이러한 언어가 인지발달과 함께 급속하게 확장되는 시기이다. 이 장에서는 언어의 발달 이론, 발달 과정, 관련 요인, 효과적인 지도방법과 언어발달 촉진활동에 대해 살펴보고자 한다.

학습목표

1. 언어 습득에 관한 이론과 과정을 설명할 수 있다.
2. 언어발달을 위해 다양한 지도방법을 적용할 수 있다.
3. 원활한 의사소통을 위해 적극적으로 상호작용하는 태도를 갖는다.

• 참고 동영상 •

- 언어발달과 수수께끼 1부 – 아이는 어떻게 말을 배울까?
- 언어발달과 수수께끼 2부 – 언어가 나를 바꾼다.
- 언어발달과 뇌발달

1. 언어발달 이론

우리는 어떻게 언어를 익히게 되는 것일까?

우선적으로 언어 습득에 필요한 유전적 장치를 가진 생물학적 특성을 그 이유로 들 수 있다. 그렇지만 언어습득 장치가 잘 작동하기 위해서는 환경적 조건도 갖추어져야 한다. 언어를 사용하여 다른 사람과 소통하는 것을 유아에게 보여주고 여러 말소리 표본을 제공하는 어른들의 자극이 없다면, 정상적으로 언어를 습득할 수 없다.

언어 습득에 대한 대표적인 이론은 크게 세 가지로 구분된다. 첫째는 후천적인 경험과 훈련에 의해 강화, 습득된다는 행동주의 이론, 둘째는 선천적 언어 습득 능력을 타고난다고 보는 생득주의 이론, 셋째는 유전적 기질과 환경의 상호작용을 중시하는 상호작용주의 관점이다.

1) 행동주의 이론

행동주의 이론에 의하면 언어발달은 후천적인 것으로 경험과 훈련에 의해 이루어진다고 한다. 즉, 주변 사람과의 관계를 통한 반복적인 강화와 모방으로 언어 습득이 이루어진다는 것이다. 행동주의 이론의 대표적인 학자는 스키너와 반두라이다.

(1) 스키너(Burrhus Frederic Skinner)

스키너는 언어발달을 조작적 조건의 원리인 자극과 반응의 관계로 보았다. 보상을 받은 행동은 강화되고 무시되거나 벌을 받은 행동은 사라진다는 원리이다. 예를 들어, 영아가 옹알이를 하다가 우연히 어른의 소리를 모방하여 '맘-마'라는 말을 하게 되면 부모가 안아주거나 감탄을 하는 등 보상이 강화되어 언어가 발달한다는 것이다. 이처럼 주변 사람이 기대하는 말을 중심으로 언어의 확장이 이루어진다는 주장이다.

스키너는 언어학습 원리를 다음과 같이 설명하였다(Owens, 2001).

- **욕구발화 반응:** 영아가 필요로 하는 것에 대해 소리를 낼 때, 그 욕구를 정리된 언어로 표현해 주면서 충족시켜 주는 일이다. 예를 들면, "아이구, 우리 ○○가 배고파요?", "○○가 자고 싶어요." 등으로 표현하는 것이다.
- **접촉 반응:** 영아가 어떤 사건이나 사물을 접했을 때 내는 소리에 대한 반응을 보상으로 학습시키는 방법이다. 예를 들면, 영아가 자동차를 보고 "자동차!"라고 말하면 성인이 "그래, 맞았어!" 하며 반응하는 것이다.
- **반향적 조작 반응:** 성인의 말을 그대로 따라 한 것에 대해 강화를 하는 것이다. 예를 들면, 성인이 "할머니!"라고 했을 때 영아가 "하머니!" 등 비슷하게라도 따라 하면 칭찬을 하는 것이다.

(2) 반두라(Albert Bandura)

반두라는 관찰학습과 모방학습을 주장하며 모델링(Modeling)의 중요성을 강조하였다. 언어 습득 과정에서 강화가 없어도 영아들이 다른 사람들의 말하는 것을 관찰한 후 그대로 따라하는 모방을 통해 습득하게 된다는 것이다. 따라서 영아가 언어적 모델을 접하지 못한다면 어휘나 문법적 구조를 습득할 수 없다고 보고 있다. 모델의 차이로 인해 미국에서 자란 어린이는 미국 말을, 중국에서 자란 어린이는 중국 말을 배우게 된다는 것이다. 즉 모국어의 학습은 모델에 의해 이루어진다는 주장이다. (심성경 외, 2014).

또한, 언어 습득은 자신이 직접 얻은 경험뿐만 아니라, 타인의 경험을 통한 대리학습에 의해서도 가능하다고 하였다. 예를 들어 엄마와 형의 대화에서 형이 "싫어."라고 말하는 것을 듣고, '싫어'라는 말을 모방하면서 습득한다는 것이다. 유치원에서 친구가 선생님에게 "고맙습니다."라고 말하는 것을 듣고, 유사한 상황에서 자신도 "고맙습니다."라는 표현을 사용하게 된다는 것을 대표적인 예로 들고 있다(이순형, 2010; 정희영, 2014 재인용).

주변의 성인이 바람직한 말을 하고 영아가 이를 모방하게 하는 환경, 즉 모델링의 중요성을 강조하는 주장이다.

(3) 행동주의 이론의 공헌과 한계

행동주의 이론의 공헌은 다음과 같은 내용을 인식시켜 준 점이다.

- 학습 원리인 자극과 반응, 강화, 관찰, 모방, 모델링 등을 강조하였다.
- 사회언어적 환경이 어휘확장과 문법규칙을 획득하게 하는 중요한 요인임을 강조하였다.
- 언어 습득 과정에서 부모를 포함한 성인과의 상호작용을 강조하였다.
- 언어발달에서 훈련의 중요성을 강조하였다.

그러나 행동주의 이론의 한계점은 다음과 같다(정희영, 2014).

- 모방과 강화만으로 다양한 언어 습득과정을 충분히 설명하지 못한다. 영유아의 과잉확장 현상이나 과잉축소 현상에서처럼 들어본 적이 없는 단어를 사용하거나 단순화시켜서 말하는 경우가 있기 때문이다.
- 언어 습득 과정에서 영아를 수동적인 수용자로 보았다. 영아들은 단순한 모방에서 벗어나 능동적으로 규칙을 만들어 적용하는데, 그 대표적인 예는 '과규칙화(Overregularizations)' 현상이다. "선생님이가 주셨어.", "정리 다 했다요."와 같은 말을 사용하는 경우이다.
- 유아들은 문법적으로 강화를 하지 않았음에도 차츰 문법체계를 이해하고 적용해 간다. 예를 들어, 성인은 영유아가 하는 말이 문법적으로 틀려도 의미가 맞으면 대체로 강화를 해주는 경향이 있다.
- 영유아는 문화, 인종 및 환경에 관계없이 비슷한 언어발달과정을 거친다. 언어발달이 외부환경에 영향을 받는다면 다양한 환경에 따라 언어발달의 양상도 달라야 하는데, 일반적으로 영유아의 발달과정은 보편성을 지니고 있다.
- 강화학습은 점차적인 과정이다. 때문에 영아의 빠른 언어발달을 설명하는 데에는 한계가 있다.

2) 생득주의 이론

생득주의 이론은 언어 습득 능력과 그 발달과정이 선천적으로 결정되어 있어서 인간 발달의 어떤 특정 시기에 특정 방식으로 발현된다고 주장한다. 때문에 언어 습득의 결정적 시기인 생후 1년에서 12~13세가 지나면 언어 습득이 어려워진다는 것이다(이영자, 2013). 대표적인 학자는 촘스키(Chomsky)와 르네버그(Lenndberg)가 있다.

(1) 촘스키(Avram Noam Chomsky)

촘스키는 유아들의 언어 습득은 다른 사람의 말을 단순히 모방함으로써 이루어지는 것이 아니라, 생물학적으로 타고난다고 주장한다. 즉, 선천적으로 언어를 습득하는 능력인 언어습득 장치(LAD: Language Acquisition Device)를 가지고 태어난다는 것이다(Chomsky, 1968). 외부로부터 받은 언어적 자극이 달라도 인간에게 보편적으로 나타나는 언어발달은 선천적으로 가지고 태어난 LAD의 존재 없이는 설명이 불가능하다는 것이다(노영희, 2014).

촘스키가 생득적 언어 습득을 주장하는 근거는 다음과 같다.

- 어느 언어권에 있어도 영유아의 언어발달 순서와 시기가 유사하다.
- 인종이나 지능에 관계없이 5~6세가 되면 모국어를 사용한다.
- 체계적인 훈련 없이도 매우 빠른 속도로 문법적인 문장을 습득한다.
- 단순히 언어를 접하는 것만으로 언어를 쉽게 이해하며 문장을 구사한다.
- 들어본 적이 없는 새로운 문장을 만들어 낸다.

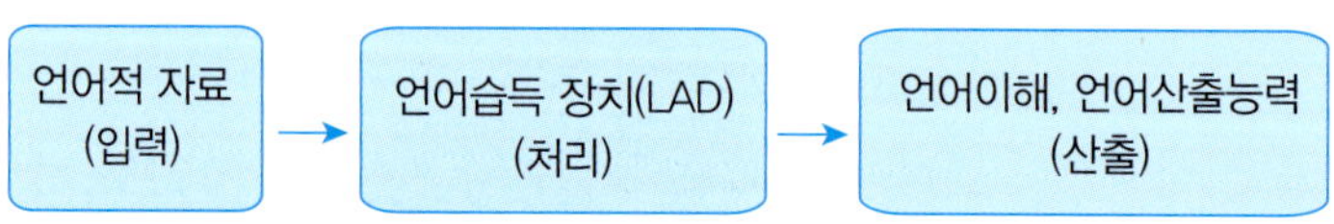

그림 4-1 촘스키의 언어습득 장치(LAD)

(2) 르네버그(Eric Heinz Lenneberg)

르네버그는 언어발달이 성장환경과는 상관없이 생물학적 관점 즉, 성숙과 관련된다고 보고 발달의 단계와 시기가 보편적이라고 주장한다. 즉, 인간의 모든 신체는 태어날 때부터 언어 습득에 적합하게 형성되어 있는데, 이러한 특성에 의해서 인간만이 언어를 습득할 수 있다고 한다(Lenneberg, 1967). 때문에 언어 획득의 기본 순서는 문화적 · 환경적 차이에도 불구하고 비슷하게 나타난다는 것이다. 어느 문화권에서나 2~3개월에 옹알이를 시작하고, 1년이 되기 전에 첫 단어를 말하며, 2년이 되기 전에 두 단어를 형성하는데 이러한 생리적 발달을 전제로 생득주의를 주장하였다(심성경 외, 2014). 또한 유아가 선천적인 언어학습 능력을 가지고 있음에도 불구하고 언어 습득에는 결정적인 시기가 있음을 강조한다. 즉 아동들은 쉽게 빨리 언어(외국어)를 습득하지만, 두뇌의 성숙이 거의 끝나는 사춘기 이후에는 습득이 어렵다는 것이다(김미영, 2014).

(3) 생득주의 이론의 공헌과 한계

생득주의 이론의 공헌은 다음과 같다.

- 언어 습득 과정을 외적 행동뿐만 아니라 내적인 영역까지 확장시켰다.
- 보편적인 언어발달의 단계와 시기를 개념화했다.
- 언어의 습득이 이루어지는 결정적인 시기의 중요성을 강조했다.
- 언어 표현 능력보다 이해력이 더 우수하다는 것과 자생적인 문법 발달에 관해 설명하고 있다.

생득주의 이론의 한계점은 다음과 같다.

- 선천적으로 타고난 언어의 보편적 특성이 어떠한 과정에 의해서 지식으로 전환되는지 설명하지 못하는 등 구체성이 결여된 점이 가장 큰 단점이다(Flavell, Miller & Miller, 1993). 즉, 유아가 단어의 의미를 어떻게 이해하며, 언어의 유

창성이나 문법 능력의 차이에 대한 이유를 설명하지 못한다.

- 언어 습득 기제를 작동하게 하는 것은 무엇이고, 또 뇌가 다 성숙한 이후에도 언어발달은 이루어지는데 그 이유에 대한 설명이 어렵다.
- 인간 사회에서 격리되어 성장한 유아들이 언어발달에 심한 지체를 보인다는 연구결과는 생득주의적 측면으로 설명할 수 없다(이순형 외, 2010).

3) 상호작용주의 이론

상호작용주의 이론은 지적·사회적 요인들이 상호작용하여 언어가 발달한다고 주장하는데, 영향을 주는 요인에 따라 인지적 상호작용이론과 사회적 상호작용이론으로 나뉘어진다. 인지적 상호작용이론은 피아제(Jean Piaget), 사회적 상호작용이론은 비고츠키(Lev Semenovich Vygotsky)가 대표적인 학자이다.

(1) 인지적 상호작용주의 이론

피아제(1973)는 현재의 인지적 발달 수준과 환경 간의 계속적인 상호작용의 결과로 언어발달이 이루어진다고 주장한다. 언어는 인지발달과 함께 발달하는 것으로 유아의 현재 수준을 반영하는 것이라고 한다. 영유아기에는 자기중심적 인지발달 특성으로 자기중심적 언어(Egocentric Speech)를 사용하고, 사고가 자기중심성에서 벗어나게 되면 사회화된 언어(Socialized Speech)로 변화되어 간다는 것이다.

피아제는 유아의 언어발달을 인지구조의 발달적 특징과 연결하여 다음과 같이 설명하고 있다.

- 감각운동기의 유아는 감각적 경험과 신체적 활동을 통해 주변 환경을 탐색하고 이해하므로 감각운동적 지식이 언어를 통해 나타난다. 이 시기의 단어는 친숙한 사물에 대한 명칭 등이 대부분이다.
- 전조작기 단계에는 인지적 특성인 자기중심성이 언어 습득 과정에 그대로 나타

난다. 자기중심적 언어로는 반복과 독백 그리고 집단적 독백이 있다.

- 구체적 조작기에는 다른 사람의 관점을 이해할 수 있게 되어, 언어도 자기중심적 특성을 벗어나 사회적 언어로 변화되어 간다. 정보교환, 비판, 명령, 요구, 질문과 같은 사회화된 언어 형태와 듣는 사람의 관점을 고려하게 되어 의사소통이 가능해진다.

그림 4-2 영아의 집단적 독백의 예

(2) 사회적 상호작용주의 이론

비고츠키(Vygotsky, 1978)에 의하면 생물학적 성숙도 중요하지만, 언어발달은 사회적 경험이 내면화되어 이루어지는 것으로 사회적 언어가 개인의 언어를 형성해준다고 주장하였다. 적절한 언어 경험을 유아에게 제공해주는 주변의 역할을 강조한다. 유아의 현재 능력과 외부의 도움을 통해 발달할 수 있는 능력 사이의 '근접발달지대(ZPD: Zone of Proximal Development)'에서 성인이나 유능한 또래와의 상호작용이 발달을 촉진한다고 한다. 풍부한 언어적 환경 안에서 성인이나 또래와의 적극적인 상호작용의 경험은 영유아의 언어발달과 인지발달을 한 차원 높이는 데 중요한 역할을 한다는 것이다(노영희, 2014).

피아제는 유아의 혼잣말을 자기중심적 사고와 인지적 미성숙으로 대화가 효과적으로 이루어지지 못하는 것으로 보았으나, 비고츠키는 유아의 혼잣말을 과제에 대한 집중력과 문제해결력을 키워 주는 과정으로서 보았다. 또한 유아가 처음 말을 배울 때 나타나는 '맘마', '엄마' 등은 의사소통을 위한 사회적 언어이며, 이와 같은 사회적 언어가 내면화되는 과정에서 혼잣말로 나타나는데 이러한 혼잣말이 유아가 성장, 발달해 가면서 점차 '내적 언어(Inner Speech)'가 된다는 것이다(심성경 외, 2014).

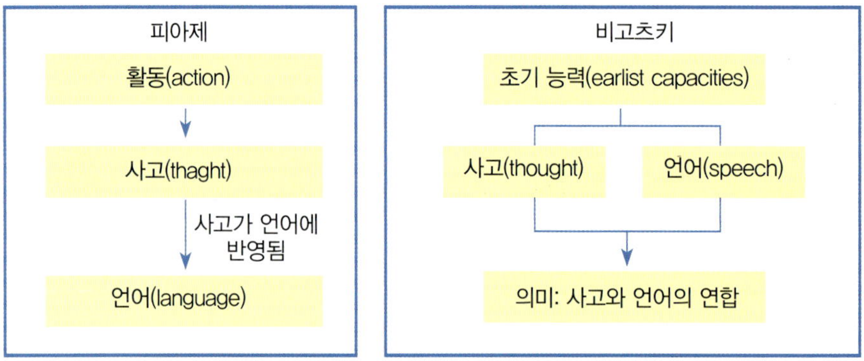

그림 4-3 **피아제와 비고츠키의 사고와 언어발달에 관한 관점**

출처: Clarke-Stewart & Koch(1985), 오만록 재인용.

(3) 상호작용주의 이론의 공헌과 한계

상호작용주의 이론의 공헌은 다음과 같은 점이다.

- 언어발달 과정에서 교육환경에 관심을 갖도록 하였다.
- 언어발달 과정에서 성인과 또래의 사회적 상호작용의 중요성을 강조하였다.
- 유아가 외부 환경의 자극에 의존하는 수동적인 존재가 아니라, 능동적이며 적극적으로 반응하는 역동적인 존재로 인식하였다.
- 언어는 인지적 기능과 밀접한 관계가 있으므로, 연령이 증가함에 따라 언어적 지식, 개념, 문법적 규칙도 점차 가능해진다.

상호작용주의 이론의 한계점은 다음과 같다.

- 언어발달이 인지발달에 필수적인 것은 아니라고 주장한 피아제의 이론은 언어가 인지발달에 미치는 영향력을 과소평가했다.
- 유아들의 복잡한 문법규칙의 습득 방법에 대한 설명이 부족하다.
- 다른 경험을 가진 개인들에게 발달 단계의 전환을 위한 요인에 대해서는 설명이 미흡하다.
- 유아들의 능력이 피아제의 주장보다 더 뛰어난 것으로 드러난 다수의 연구결과들이 있다.

2. 언어발달 과정

대부분의 언어발달은 특수한 경우를 제외하고, 거의 비슷한 단계의 발달 과정을 보인다. 일반적으로 출생에서부터 생후 1년까지는 '언어 이전 시기(전언어기)'로 울음, 쿠잉, 옹알이, 몸짓과 같은 비언어적인 형태로 의사소통을 한다. 생후 1년부터 2세까지를 '언어적 시기(언어기)'라 하여 한 단어부터 시작하여, 두 단어, 그리고 문장을 사용하는 순서로 진행된다. 유아기는 영아기에 사용되었던 몸짓, 표정 등의 비언어적인 표현이 줄어들고 듣기와 말하기의 사용이 활발해지는 한편, 문자언어에 대한 흥미와 기초능력이 축적되는 시기이다.

1) 전언어기(0~1세)

(1) 울음

영아는 출생 시부터 약 1개월까지는 최초의 의사소통 도구인 울음으로 양육자에게 자신의 상태를 표현한다. 그러나 초기의 울음은 의미가 구별되지 않는 '미분화된 울음' 소리로 영아의 욕구를 정확히 구별하기가 어렵다. 생후 1개월경부터는 소리의 강도나 고저로 '분화된 울음'이 나타나게 되면서 울음이 의사표현의 수단이 된다.

• 통증을 드러낼 때는 숨을 깊이 들이쉰 후 길게 높은 음으로 비명을 지르듯 운다. 잘 살핀 후 안고 가볍게 토닥거려 주어야 한다.
• 불만의 울음은 소리가 낮고 작으며 칭얼거리고 보챈다. 주위의 관심을 끌거나 자신의 요구를 표현하는 의사 전달의 시도이다.

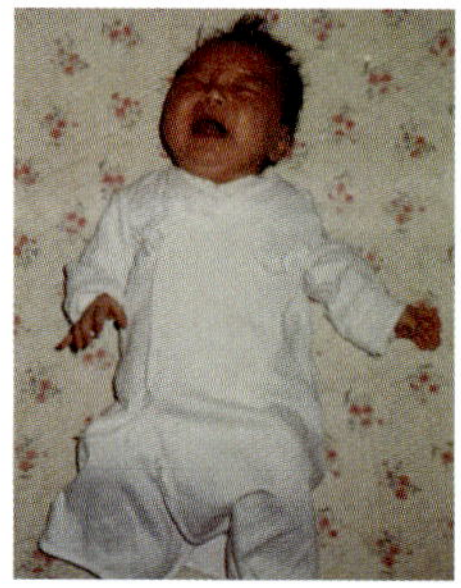

자신의 상태를 표현하는 신생아의 울음

(2) 쿠잉

쿠잉(Cooing)은 약 1~2개월경에 나타나기 시작하는데 울음과 구별되는 모음 같은 소리이다. 쿠잉 초기에는 화났거나 배고프거나 고통스러울 때 톤이 낮고 날카롭지 않은 소리로 낸다. 그 후 '아아아…', '오오오… 처럼 모음 같은 소리(Vowel-Like Sound)를 내다가, 점차 자음이 추가되어 4~6개월경에는 'W(우)', 'P(프)', 'M(음)'과 같은 소리가 더해진다.

쿠잉의 단계에서도 엄마와 영아 간 '상호발성(Coactional Vocalization)'이 이루어진다. 영아가 약 3개월경에는 음식을 먹은 후와 같이 기분 좋을 때 다양한 쿠잉 소리를 낸다. 이와 같이 만족할 때 영아가 표현했던 쿠잉 중 하나의 소리를 엄마가 표현한 후 기다리면, 영아가 이에 응하여 같은 쿠잉으로 반응한다. 이러한 반응을 볼 때, 이 시기부터 언어를 통한 상호 교환적 의사소통이 시작된다고 할 수 있다(이영자, 2013).

(3) 옹알이

옹알이(Babbling)는 영아가 혼자 입속말처럼 내는 소리로 자음과 모음이 결합된 음절이 반복된 형태로 나타난다. 일반적으로 3~4개월경에 나타나기 시작하는데 '다-다-다-', '마-마-마-', '바-바-바' 와 같은 음절들을 반복한다. 6개월가량의 영아는 옹알이를 하다가 우연히 자신이 발성한 소리에 자극을 받아 '자기 소리 모방'을 한다. 9개월 이후에는 주변 사람들의 말소리를 의식적으로 모방하기 시작하는

데 이 시기가 '타인 소리 모방' 단계이다. 이 때 타인 소리의 모방은 말의 의미를 알고 모방하는 것이 아니라 메아리처럼 그대로 따라 하는 특성을 보인다.

영아가 옹알이를 할 때 성인이 눈을 맞추며 잘 들어주고 같이 소리를 내주면, 영아는 가만히 들으면서 성인의 움직이는 입을 보다가 말소리가 끝나면 옹알이를 다시 하는 등 옹알이가 더욱 활발하게 이루어진다. 옹알이를 다른 일과 병행하면서 습관적으로 듣거나 무성의하게 반응해서는 안 된다. 영아의 옹알이에 상호작용하는 것은 말소리의 발달뿐 아니라 타인과 소통하는 사회적 경험을 갖게 해주는 것으로 매우 중요한 일이다.

영아의 옹알이 대화

(4) 몸짓

약 8~12개월경에는 상대방과 의사소통을 위하여 표정이나 손짓, 몸짓(Baby Sign; Gesture)을 사용한다. 팔을 벌려 안아달라고 하고, 그렇다고 할 때는 고개를 끄덕이며 싫을 때는 고개를 젓고, 헤어질 때는 빠이빠이의 의미로 손을 흔든다. 이러한 몸짓은 영아가 말을 사용하기 시작해도 그 뜻을 보완하기 위하여 사용하다가 표현할 수 있는 어휘 수가 늘고 말하는 것이 몸짓보다 쉽다는 것을 알게 되면서 점차 감소한다.

몸짓으로 의사표현

양육자는 영아의 몸짓 언어에 "그랬구나.", "사랑해.", "안아줘?", "배고파? 우유 줄게.", "안녕히 가세요." 등과 같은 말과 함께 표정, 끄덕이기 등의 몸짓을 보여 주면서 함께 상호작용해야 한다.

2) 언어기(1~2세)

(1) 한 단어 문장

영아는 생후 1년을 전후하여 한 단어를 말하게 되는데, 한 단어에는 자신이 표현하고자 하는 한 문장과 같은 의미를 지니고 있어서 '한 단어 문장' 혹은 '일어문(Holophrase)'이라고 한다. '엄마'라는 말은 단순히 '엄마'를 부를 때 사용하기도 하지만, 겉옷을 들고 "엄마!"라고 한다면 '바깥에 나가서 놀자.'라는 뜻이고, 졸린 얼굴로 "엄마…."라고 한다면 '안아서 재워달라.'는 뜻이다. 이와 같이 '엄마'라는 한 단어로 억양과 얼굴 표정을 달리하여 '안아줘', '놀러 나가자', '배고파', '쉬' 등의 다양한 의사를 표현한다. 의미가 있는 문장의 구실을 하는 것이다.

그러므로 양육자는 영아의 표정, 억양, 상황 등을 잘 살펴야 영아가 표현하고자 하는 의미를 정확히 이해하고 반응할 수 있다. 영아가 사용하는 초기 단어들은 가족(엄마, 아빠)이나 음식(맘마, 물), 신체 부위(눈, 코), 장난감(동물, 자동차)과 같은 자신이 경험하는 친숙한 이름들이다. 영아가 18개월이 되면 급격하게 단어를 학습하게 되어 약 50개의 단어를, 2세경에는 약 200개의 단어를 말할 수 있다.

일어문 시기에 단어를 적절히 사용하지 못하는 '과잉확장(Over Extension)', '과잉축소(Under Extension)' 현상이 나타나기도 한다. '과잉확장' 현상은 특정 대상을 가리키는 단어를 다른 대상에까지 확대하여 사용하는 현상이다. 예를 들어 네발 달린 짐승은 모두 '멍멍'이라고 부르는 것이다. 또한 '과잉축소' 현상은 여러 대상을 가리키는 단어를 특정 대상에게만 사용하는 경향이다. 예를 들어 자신의 동생에게만 '아기'라는 말을 사용하는 것이다. 이러한 현상은 1세부터 2.5세까지 비교적 짧은 기간 동안 나타난다.

(2) 두 단어 문장

영아가 18~24개월경에는 사용하는 어휘 수가 증가하면서 두 단어를 함께 사용하여 문장을 만드는 데 이를 '두 단어기' 또는 '이어문'이라고 한다. 이 시기는 "엄마 맘마.", "엄마 쉬!", "아빠 자.", "이모 예뻐." 등과 같이 두 단어를 사용하기 때문에 한 단어보다 더 구체적으로 의미를 전달할 수 있게 된다.

이 시기의 특징은 '전보문장(Telegraphic speech)'과 '주축문법(Pivot grammar)'이다. '전보문장'은 전보처럼 조사, 접사 등의 연결어는 생략하고 명사, 동사, 형용사와 같은 의미를 전달하는 핵심단어들을 사용하는 것이다. 예를 들어 "엄마 우유."라는 말은 "엄마 우유를 주세요."라는 의미이다. 전보문장을 사용하는 것은 유아의 어휘 수가 제한되어 있고 기억의 폭(Memory Span)이 짧기 때문이라는 등 다양한 견해가 있다.

'주축문법'은 두 단어를 결합할 때 주축이 되는 단어인 주축어(Pivot Word)를 중심으로, 새로운 단어인 개방어(Open Word)를 조합하여 문장을 만드는 것이다. 주축어는 이 시기의 유아들이 자주 사용하는 단어들로서 다른 단어가 합쳐지는 축의 역할을 한다. 예를 들어 "엄마 어부바!", "엄마 빵빵!", "엄마 까까!"에서 '엄마'는 '주축어'가 되고 '어부바', '빵빵', '까까'는 '개방어'가 된다. 영아가 "엄마, 빵빵!"이라고 말을 했을 때, "엄마, 저기 차가 있어요."라는 뜻일 수도 있고, "엄마, 차 타고 밖에 나가요."라는 뜻일 수도 있다. 이 시기에 영아가 사용하는 문장의 뜻을 정확히 이해하려면 맥락을 잘 고려해야 한다.

(3) 세 단어 문장

만 24~30개월의 영아는 세 개의 단어를 조합하여 완전한 문장에 가까운 표현을 한다. 알고 있는 단어 수는 약 1,000개 정도이고, 표현능력보다 이해능력이 더 발달되어 있는 시기이다. 영아가 바로 전에 경험한 잘 아는 과거에 대해서는 '있었다.', '했다.'와 같은 과거형을 사용할 수 있으며, 미래형과 의문문, 부정문을 사용할 수도 있다. 약 30개월에는 "옷 입혀줘."와 같은 수동태도 사용할 수 있게 된다. 또한 차례 지켜 말하기, 질문하기와 답하기 등도 가능해진다.

영아기의 시기별 언어획득 형태와 특징을 요약하면 다음 〈표 4-1〉과 같다.

〈표 4-1〉 영아기의 시기별 언어획득 형태와 특징

시기	형태	특 징
출생 직후 →	울음	• 울음으로 자신의 상태를 표현(통증, 불만 등) • '미분화된 울음'에서 '분화된 울음'으로 변화
1~2개월 →	쿠잉	• 울음과 구별되는 모음 같은 소리에서 자음소리가 추가됨 • '상호발성(Coactional Vocalization)' 이루어짐
3~4개월 →	옹알이	• 혼자 입속말처럼 음절이 반복된 형태로 소리를 냄 • '자기 소리 모방'과 '타인소리 모방'을 함
8개월 →	몸짓	• 표정이나 손짓, 몸짓(Baby Sign; Gesture)을 사용 • 단어수가 증가하면서 몸짓언어는 감소함
12개월 →	한 단어 문장 (일어문)	• 한 단어로 한 문장과 같은 의미를 표현함 • '과잉 확대'와 '과잉축소' 현상이 나타남
18개월 →	두 단어 문장 (이어문)	• 두 단어를 함께 사용하여 문장을 만듦 • '전보문장'과 '주축문법'을 사용
24개월 →	세 단어 문장 (삼어문)	• 세 단어 조합으로 완전한 문장을 사용 • 과거형, 미래형, 의문문, 부정문, 수동태 문장 사용

3) 듣기와 말하기

유아기는 듣기와 말하기가 맞물려 발달한다. 듣기를 통해서 말하기가 확장되며 말하기를 통해서 듣기의 필요성을 알아가는 시기이다. 유아는 성인에 비해 주의 집중 시간이 짧아 말소리의 강약을 조절해 주는 등 관심을 유지할 수 있도록 해주는 것이 중요하다. 그리고 듣고 말하는 순서를 지켜야 다른 사람과의 소통이 원활히 이루어질 수 있음을 경험하도록 해주어야 한다.

3~5세 유아의 연령별 발달 특징은 여러 학자들의 연구를 종합하면 다음과 같다.

(1) 3세 유아

3세경의 유아들은 말을 즐길 정도로 언어발달이 급격히 이루어진다. 이것은 새로운 단어를 익히고 표현하는 데 필수적인 과정이다. 자신의 생각과 느낌을 습득된 어휘로 표현하면서 언어의 발달이 이루어지는 시기로 잘 들어 주는 것이 무엇보다 중요하다. 원하는 것을 단어로 표현할 줄 알고, 자신이 필요로 하는 것에 대해 민감하게 반응한다. "싫다!", "아니다!" 등을 사용하며, 한 가지 주제 혹은 관심거리에 대해 상대방과 짧은 대화를 나눌 수 있게 된다. 문법적인 오류가 나오기는 하지만 차츰 성인들이 사용하는 문장과 비슷한 수준으로 향상되어 간다.

- 어휘 수는 약 1,000개이다.
- 자기 이름, 물건 이름, 친근한 동물 이름 등의 명칭을 알고 말한다.
- 자신이 경험한 느낌과 생각을 한두 낱말로 표현한다.
- 전화로 상대방과 이야기할 수 있다.
- 점차 문법적으로 거의 완전한 문장을 사용한다.
- "나는 책을 본다."와 같이 주어, 목적어, 동사로 된 문장을 사용한다.
- 무엇, 어디, 누구 등의 대명사와 의문사를 사용한다.
- 과거를 나타내는 시제 동사 "있었다.", "했다."를 사용한다.
- 부사와 형용사를 사용하기 시작한다.
- 과잉일반화 현상이 나타난다.

과잉일반화 현상(Over Generalization)

3세경의 유아가 문법을 적용하는 초기과정에 새로 알게 된 규칙을 과거에 들었던 언어로 확대 적용하는 현상이다. 예로 주격의 받침이 있느냐 없느냐에 따라 조사가 '가', 또는 '이'가 되는데, 유아가 주로 말하는 단어에 '가'가 붙는 것을 깨닫고 똑같이 일반화하여 '가'를 붙이는 것이다. 예를 들어 "선생님이가…", "삼촌이가…", "가방이가 없어.", "동생이가 가져갔어." 등으로 불필요한 조사를 덧붙이는 것이다.

부정어에서는 "밥 안 먹어.", "세수 안 해." 등의 표현을 "안 밥 먹어.", "안 세수 해." 등으로 잘못된 표현을 하지만 이러한 과정을 지나야 완전한 문장의 표현을 할 수 있게 된다.

의문문에서는 "엄마 가?" 등으로 억양과 물음표만으로도 표현이 가능하여, 어순의 변화가 없기 때문에 배우는 데 어려움이 없다.

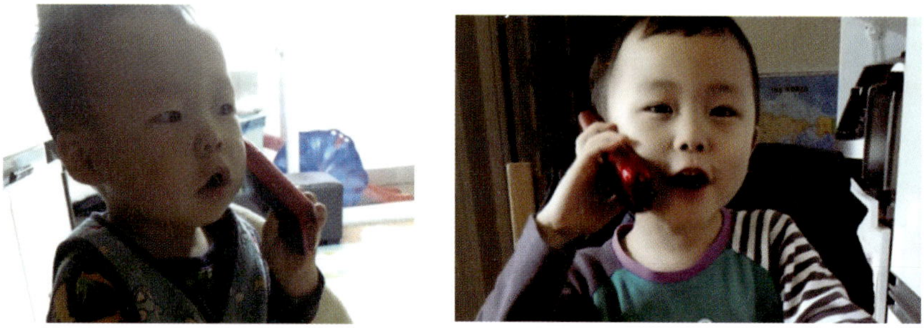

만 1세와 3세의 전화놀이

(2) 4세 유아

4세 유아들의 특징 중의 하나가 모방이다. 이 시기는 언어를 쉽게 따라 배우므로 부모나 교사는 유아가 이해할 수 있는 수준의 다양한 어휘를 사용하여 완전한 문장으로 말하는 모범을 보여야 한다. 또한 유아가 "가이가 어디 있어요?"라고 물으면, 유아발음을 직접적으로 교정하려는 것보다 정확한 발음으로 "가위가 여기 있네."라고 바른 언어 모델을 보여 주면서 유아가 바르게 발음할 수 있도록 유도해야 한다.

- 어휘 수는 약 1,500~1,700개를 사용한다.
- 4~5개 단어로 이루어진 복잡한 문장을 사용한다.
- 자신의 느낌, 생각, 경험, 요구 등을 주제, 상황, 대상에 맞게 표현 할 수 있다.
- 자신의 꿈이나 상상까지도 이야기할 수 있다.
- 그림책 등을 읽고 줄거리가 있는 이야기를 지어 말할 수 있다.
- "왜?"라는 질문을 자주한다.
- "나는 사과도 좋아하고 귤도 좋아해."와 같은 접속사를 사용한다.
- '은', '가', '이' 등 조사를 적절하게 사용할 수 있다.
- '해야 한다.', '할 수 있다.' 등과 같은 조동사를 사용한다.
- 대화 상대에 따라 말을 다르게 한다. 어린 유아에게는 더 짧은 문장으로 낮춤말을 사용한다.

(3) 5세 유아

5세 유아들은 이야기를 지어 말하는 것을 즐기면서 언어적 표현능력을 향상시켜 나간다. 따라서 이야기를 지어 말할 수 있도록 친구들과 함께 '이야기 만들기'의 기회를 자주 갖게 하는 것이 필요하다.

- 어휘 수가 2,200개로 3세 유아의 약 2배이다.
- 한 문장에 5~6개의 단어를 사용할 수 있다.
- 단어의 의미를 정의할 수 있다.
- 몇 가지 발음을 제외하고 정확한 발음으로 말할 수 있게 된다.
- 대부분의 질문에 적절한 답을 할 수 있다.
- 문법적으로도 정확하고 쉬운 문장으로 구성하여 말할 수 있다.
- 상황에 맞는 적절한 낱말과 문장으로 구체적으로 표현할 수 있다.
- 경험, 이야기, 상상 등을 토대로 이야기를 지어 말하는 것을 즐긴다.
- 전화를 직접 걸어서 이야기할 수 있다.
- 정보를 교환하기 위한 대화를 할 수 있다.

4) 읽기

읽기란 일정한 규칙에 따라 문자를 해독하는 활동으로, 문자를 기록한 사람과 그것을 읽는 사람 간의 의사소통이 이루어지는 과정으로 문자를 읽는 것이 아니라 글의 내용을 이해하는 활용이다. 유아의 읽기는 듣기와 말하기 활동을 통해 익힌 어휘나 개념을 바탕으로 이루어진다. 유아가 흥미를 갖고 있는 문장을 반복적으로 읽어주면서 내용을 익힐 수 있도록 하는 것이 효과적이다. 때문에 발달에 적합한 책을 선정하는 것이 중요하다. 또한 함께 읽는 책을 통해서 독서의 방법과 태도, 습관을 익히게 되므로 이점에 유의해야 한다.

읽기의 단계별 특징은 다음과 같다.

(1) 3세 유아

그림책 읽기

- 책을 바르게 잡고 책장을 넘기는 방법을 안다.
- 책의 그림을 문자와 구분하며 몇몇 글자를 읽을 수 있다.
- 인쇄글자 유형을 구별하고 인쇄글자가 어떻게, 왜 사용되는가를 이해하기 시작한다.
- 자신과 가족의 이름에 관심을 보인다.
- 그림을 보고 마음대로 이야기 만들기를 한다.

(2) 4세 유아

- 몇몇 단어를 알아보며, 단어놀이를 할 수 있다.
- 친구 이름, 반 이름, 간식과 장난감 이름, 길거리 간판 등 자주 접하는 글자에 관심을 보인다.
- 그림책이나 신문 등에서 익숙한 글자를 발견하면 즐거움을 느낀다.
- 주변에 있는 인쇄글자를 읽기 시작한다.
- 이야기 내용을 유아자신의 경험과 실생활에 연관시킨다.

(3) 5세 유아

- 일상생활에서 자주 접한 친구 이름표나 놀잇감의 이름, 우유 등의 상표를 읽을 수 있다.
- 단순하고 익숙한 책을 읽어 주면 문자를 따라 읽을 수 있고, 대부분의 문자를 알아볼 수 있다.
- 책의 내용에 대해 이야기를 할 수 있다.
- 몇 가지 글자를 읽을 수 있고 읽기 과제를 논의하고 성취하는 방법을 학습한다.

5) 쓰기

유아기는 쓰기 발달 정도가 아주 다양하여 개인차가 심하다. 쓰기는 영아기에 끄적거리기로 시작하여, 창안적 글자(Invented Writing)를 사용하다가 표준화된 쓰기(Conventional Writing)로 발달해 나간다. 창안적 글자는 유아들이 표준적 글자 쓰기를 습득하기 이전에 글자를 스스로 고안하여 자신만의 글자를 만들어 낸 것을 말한다. 글자들의 독특한 특성들, 예를 들어 곡선인지 직선인지, 열려 있는지 닫혀 있는지 등을 구분하기 시작하면서 표준화된 쓰기가 가능해진다. 그러므로 창안적 글자 쓰기 등 여러 오류를 받아들이면서 수준에 맞게 개별적으로 지도해야 한다.

유아의 쓰기 발달에 관한 단계를 종합적으로 정리하면 다음과 같다.

(1) 3세 유아

- 책을 보면서 어떤 것이 그림인지 어떤 것이 이야기인지 구별할 수 있다.
- 수직선이나 수평선, 원 모양 등을 따라 그리는 초기 쓰기의 모습을 보인다.
- 끼적거리기 단계이면서 가로선이 나타나는 쓰기를 가장 많이 보인다.
- 처음에는 직선과 곡선이 나타나다가 조금씩 철자 비슷한 형태가 나타난다.
- 왼쪽과 오른쪽이 뒤바뀐 모습도 나타난다.
- 이름표에 사진을 함께 붙여주어 자기 이름 글자에 관심을 갖도록 격려해 주어야 한다.
- 대부분 자기 이름은 알아 볼 수 있게 쓸 수 있으나 자·모음이 나타나지는 않는다.

만 3세 유아 초기 쓰기

(2) 4세 유아

만 4세 유아의 액자 선물

♥ 엄마에게 쓴 후 아빠한테 쓰느라 문단의 좌우가 바뀜

- 끄적거리기는 것은 거의 나타나지 않고 단어 쓰기가 가장 많이 나타난다.
- 글씨가 비교적 크며 아무데나 그린다.
- 십자 모양, X자 모양, 네모, 대각선, 숫자를 쓸 수 있다.
- 대부분이 자기 이름을 알아볼 수 있는 형태로 쓸 수 있다.
- 이름과 성을 여기저기에 따로 쓰기도 하며, 이름 쓰는 순서도 매번 다를 수 있다.
- 쓰기가 느리고 신중하지만, 모든 문자는 서로 각각 다른 선들이 모인 것 같다.
- 자음 하나만 쓰다가 모음이 합해지고, 위, 아래에 있는 받침부터 쓰기도 한다.
- 대부분 자음이나 모음이 나타난다.

(3) 5세 유아

- 자신의 의사를 스스로 표현하는 독립적인 쓰기가 가능해진다.
- 짧은 단어를 보고 쓰거나 글자를 받아 적을 수 있는 유아도 있다.
- 가족이나 친구 이름, 우유 이름, 간판, 홍보지 등 친숙한 글자를 써보려고 한다.
- 글자는 철자법이 맞지 않을 수 있고, '우유'의 '우' 한 글자만을 계속 쓸 수도 있다.
- '3'을 'ε', 'ㄹ'을 '∫ '으로 쓰는 등 좌우가 바뀐 모양이 나타난다.
- 역할 놀이나 쌓기 놀이, 미술활동 등과 관련된 쓰기가 많이 나타난다.

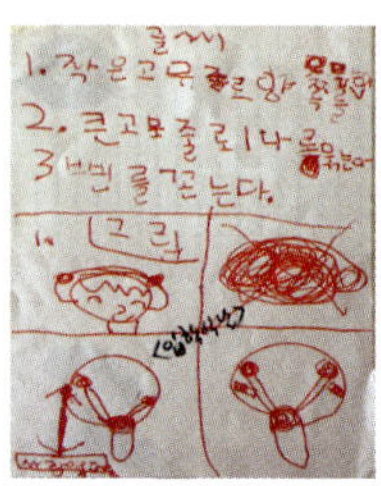

♥입학식 날 아침, 머리모양을 그림처럼 해달라고 부탁한 순서도와 주문대로 한 모습

3. 언어발달 관련 요인

영유아의 언어발달에 영향을 미치는 요인은 두 가지, 개인적 요인과 환경적 요인으로 나눌 수 있다. 개인적 요인으로는 신체적 요인, 성격 및 심리적 요인, 성차가 있고, 환경적 요인은 가정적 환경과 유아교육기관의 환경으로 나누어 볼 수 있다.

1) 개인적 요인

(1) 신체적 요인

영유아의 신체적 건강 상태는 언어발달의 선행조건이다. 먼저 타인의 소리를 듣고 분별할 수 있는 청각 기관과 발성을 할 수 있는 구강계(입술, 혀, 턱, 폐 등)의 기능이 정상이어야 한다. 또한 영유아는 보고, 듣고, 만지는 등 감각 기관을 통해 외부의 정보를 수집하고 이를 분석 · 통합하므로 감각 기관과 중추신경계 및 뇌 기능이 건강한 상태이어야 한다.

(2) 성격 및 심리적 요인

영유아의 성격이 외향적이면 내성적인 영유아보다 언어발달이 빠르다. 언어는 다른 사람과의 상호작용을 통해 발달되기 때문에 대인 관계가 원만하게 형성되어야 한다.

또한 영유아의 심리적 안정감은 언어발달에 중요한 요인이다. 정서 불안은 선택적 함구증이나 말더듬과 같은 언어 장애로 이어질 수 있기 때문이다.

(3) 성차

여아의 언어능력이 어휘 수, 발음, 문장의 길이, 문장의 형태 등 다양한 측면에서 남아보다 우수하다는 연구결과들이 있다(Maccoby & Jacklin, 1974). 남아는 여아보다 말이 느리게 발달하고 언어장애를 가지는 성향이 더 높은 것으로 알려져 있다. 이러한 차이의 원인은 생물학적으로 여아가 남아보다 성장속도가 빠르고 언어기능을 담당하는 좌반구의 초기 발달이 더 빠르기 때문이다. 또한 부모의 양육 방식에서 어머니는 영아기부터 아들보다 딸과 더 많은 언어적 상호작용을 하는 경향이 있다고 한다(김미영, 2014).

2) 환경적 요인

(1) 가정환경

가정환경은 유아의 언어발달에 결정적인 역할을 한다. 대부분의 연구결과에 의하면 부모와의 상호작용, 사회 · 경제적 수준, 물리적 환경 등이 언어발달과 관련이 높은 것으로 나타났다.

부모와의 상호작용은 자녀의 언어발달에 가장 중요한 변인으로 작용한다. 유아가 이해하기 쉬운 발성이나 어휘를 사용하면 언어 습득이 빨라진다고 한다(Kochanska & Akasan, 2014; 박영아, 2015 재인용). 따라서 자녀와 대화를 할 때 구체적인 단어와 정확한 문장을 반복적으로 사용하는 것이 효과적이다. 유아의 어휘 수는 부모가 얼마나 많이 이야기하여 주는가와 관련이 있다.

저소득층의 유아는 중산층 이상의 유아에 비해 언어 이해력과 표현력이 부족한 것으로 나타난다. 이는 부모의 언어 형태에 차이가 있는데 중산층에서는 정교한 언어, 저소득층에서는 제한적 언어를 주로 사용한다는 것이다. 중산층에서는 상황이나 인물에 대해 보다 구체적으로 설명하면서 유아에게 직접적으로 관련된 내용을 정보로 제시하는데, 제한적 언어를 사용하는 부모는 문장이 짧고 단순하기 때문에 개념설명이 정확하지 않고 정보가 구체적으로 제시되지 못 한다고 한다(Bernstein, 1961).

가정의 물리적 환경으로 다양한 종류의 책이나 교육적인 놀잇감 등은 유아의 언어발달에 영향을 준다. TV나 비디오, 컴퓨터 등의 미디어가 언어발달에 긍정적 영향을 준다는 보고도 있으나 시각과 청각에 과도하게 집중된 자극이 일방적으로 장시간 제공되면 언어를 비롯한 다른 발달 영역에 부정적인 결과를 초래할 수 있다.

유아 언어발달에는 전자 장난감보다 그림책이 좋아(조선일보, 2015. 12. 24)

생후 10~16개월 영아들(26명)에게 3가지 종류의 장난감을 주고 노는 동안 언어 상호작용을 관찰하였다.

- **전자 장난감** : 유아용 노트북, 버튼을 누르면 말하고, 노래하고 불이 들어오는 장난감 (동물농장 등)
- **전통적 장난감** : 나무 블록 퍼즐, 도형 블록, 고무 블록 등
- **보드북** : 잘 찢어지지 않도록 두껍고 딱딱한 재질의 종이로 만든 그림책(어린이용 그림책, 5권)

연구결과는 다음과 같았다.

- 전자 장난감을 가지고 노는 동안에는 전통적 장난감을 가지고 놀 때보다 부모가 말을 적게 했다.
- 전통적 장난감을 가지고 놀 때보다 부모와 자녀 사이에 주고받는 말이 줄어들었다.
- 전자 장난감을 가지고 노는 영아는 말이 적고 내용을 설명하는 단어를 덜 썼다.
- 전자 장난감을 가지고 노는 영아들이 언어의 양과 질이 떨어졌다.
- 부모와 자녀가 서로 말을 주고받는 빈도수가 가장 높은 경우는 보드북을 가지고 놀 때였다.

연구를 진행한 소사 박사는, "영아가 전자 장난감에만 너무 몰입한 나머지 부모를 비롯한 주위 사람과 말을 주고받는 기회가 줄어든다."고 분석했고, "영아들이 그림책을 보는 것이 언어발달에 가장 효과가 크다는 사실을 보여준다."고 설명했다.

출처: 미국 노던에리조나 대학 아동말 · 언어연구실(Child Speech and Language Lab)이 미국의사협회(American Medical Association) 학술지 '소아과학'(Pediatrics)에 발표.

(2) 유아교육기관의 환경

유아교육기관에서 영유아는 가정 다음으로 가장 많은 시간을 보내며, 교육적 영향을 받는다. 유아교육기관에서의 교사, 또래, 물리적 환경 및 활동 등은 언어발달과 관련이 매우 높다.

교사의 언어적 상호작용은 영유아의 언어발달에 중요한 역할을 한다. 교사의 언어 형태에 따라 유아들의 행동은 달라진다. 교사는 부드럽고 잘 조절된 음성으로 상호작용해야 한다. 또한 편안한 환경의 제공과 좋은 관계 형성, 바람직한 언어 사용의 모델 등 그 역할이 다각적으로 이루어져야 한다.

또래와의 상호작용은 의사소통 능력을 향상시킨다. 의사표현 방법과 관심 있는 분야가 비슷하여 의사소통이 다양한 방법으로 이루어지면서 적극적인 상호작용을 하게 된다. 읽기에서도 우수한 또래는 모델 역할을 하여 도움을 준다. 또래에게 읽기의 기회를 제공하면 동기가 부여되어 읽기 능력이 향상된다.

물리적 환경은 언어발달을 자극하는 중요한 요인이다. 참여도를 높이고 상호작용을 자극하는 도서와 교구가 갖추어져야 하며 여러 상황과 역할을 표상해 볼 수 있는 소품이 제공되어야 한다.

또래, 교사와 언어상호작용

4. 지도방법

1) 영아기 언어지도

영아의 언어교육은 형식적인 교육을 통해서 배울 수 있는 것이 아니라 일상적인 생활 속에서 자연스럽게 이루어진다. 다양한 의사소통 경험과 언어활동을 할 수 있도록 환경을 조성해 주어 영아가 듣고 말하는 것이 즐거운 일임을 느끼게 해야 한다. 또래와 자주 의사소통할 수 있는 기회를 마련하는 것도 효과적이다. 교사는 개개인의 월령과 발달 수준을 고려하여 지도하는 것이 매우 중요하다.

의사소통능력을 원만하게 신장시키기 위해서는 다음과 같은 지도방법이 고려되어야 한다(Wittmer & Petersen, 2006; 윤복희, 2013 재인용).

① 편안한 환경과 좋은 관계를 형성한다. 영아는 안전하다고 느끼고, 자신을 잘 받아주고, 인정해 주는 사람과 의사소통을 활발히 한다. 교사는 편안하고 자유롭게 의사소통할 수 있는 환경을 조성해야 하고 애정을 갖고 민감하게 반응해 주어야 한다.

② 다양한 방법으로 영아의 의사소통에 반응한다. 영아는 말을 배우기 이전에도 자신의 생각과 느낌을 울음, 표정, 몸짓 등과 같은 비언어적인 방법으로 다양하게 표현한다. 교사는 영아가 표현하고자 하는 의미를 상황과 맥락을 고려하여 이해하고 적절히 반응해 주어야 한다.

③ 풍부하게, 자주, 확장하여 말한다. 영아가 표현할 수 있는 어휘들은 제한적이므로 교사는 다양한 어휘를 자주 들려주어야 한다. 영아가 하는 말이 바르지 않아도 교사는 즉각적으로 수정하지 말고 자연스럽게 바른 언어로 확장해서 스스로 바로 잡을 수 있도록 반복해 발성해 준다.

④ 교사와 영아의 행동을 정확히 서술해준다. 교사는 영아가 행동하는 것들에 대해 말로 표현해 주면 영아는 말과 행동의 관계를 알게 된다. 6~7개월경 영아의 행동을 서술할 때는 아빠, 엄마, 맘마, 까까, 야옹과 같은 간단한 단어를 반복해서 들려주는 것이 좋으나 이후에는 다양한 언어를 구사해 주는 것이 언어발달에 더 효과적이다.

⑤ 영아와 주고받으며 대화한다. 교사는 영아가 말을 못하더라도 일방적으로 말을 계속하는 것보다 주고받을 수 있도록 한다. 영아가 표현하는 비언어적 의사소통의 기회를 제공하면서 기다려 주어야 한다. 또한 영아가 말하는 동안 집중해서 듣는 모습을 보여준다면 영아 역시 바르게 듣는 태도를 배우게 될 것이다.

⑥ 다양한 경험과 놀이활동에 참여하도록 기회를 제공한다. 영아는 오감을 통한 직접적인 경험과 놀이에 즐겁게 참여하면서 많은 것을 배운다. 언어 역시 다양한 경험과 놀이를 통해 자연스럽게 학습되도록 영아가 좋아하는 책 읽어주기, 손유희, 까꿍놀이 등 즐기며 표현할 수 있는 기회를 제공한다. 경험을 통해 새로운 단어나 문장을 접하는 기회가 많아질 때 언어발달이 촉진된다.

2) 유아기 언어지도

유아의 언어발달은 일상적인 생활 속에서 듣기, 말하기, 읽기, 쓰기 영역이 통합적으로 이루어져야 한다. 그러므로 언어지도는 언어체계를 가르치려 하기보다는 말과 글의 통합적인 사용에 중점을 두어, 언어 사용에 대한 필요성과 자신감, 그리고 즐거움을 느끼도록 한다. 특히, 읽기와 쓰기는 다른 영역과 서로 연관지어서 경험하게 하고, 흥미를 갖도록 준비 활동에 중점을 두면서 이루어지게 한다. 교사는 연령을 기준으로 모든 유아가 동시에 같은 활동을 하는 것을 지양하고 유아의 발달 수준을 고려한 개별적 활동을 제공할 수 있어야 한다.

(1) 듣기

언어발달과정에서 가장 먼저 습득되는 영역이 '듣기'이다. 듣기능력은 말하기와 읽기, 그리고 쓰기와도 밀접한 관계가 있으므로 유아기부터 좋은 듣기 습관을 형성시키는 것이 중요하다. 듣기 지도에서 가장 중요한 것은 공감적 듣기의 태도를 갖도록 하는 것이다.

유아의 듣기 발달을 위한 지도방법은 다음과 같다.

① 부모나 교사가 집중해서 끝까지 듣는 좋은 모델이 되어야 한다. 유아가 말할 때 눈을 바라보며 고개 끄덕이기, 미소 짓기와 같은 표정과 함께, "응~", "정말?", "그래.", "그렇지!", "그랬구나." 등의 적절한 언어적 반응을 통한 듣기의 좋은 모델이 되어야 한다.

② 다양한 소리를 듣고 변별하는 활동을 많이 한다. 신체에서 나는 소리, 동물이나 자연의 소리, 생활도구의 소리, 리듬과 멜로디가 있는 음악 등 흥미 있어 하는 소리를 직접 듣거나 녹음해서 듣기, 혹은 소리 만들어보기 등 다양한 듣기의 기회를 갖는다. 친구 목소리를 녹음하여 누구의 목소리인지 맞추어보는 게임도 흥미 있는 활동이다.

③ 동화나 동시, 동요 듣기 등 다양한 문학적 경험을 많이 한다. 재미있는 내용의 동화를 그림자동화, 손가락동화, 막대동화, 자석 동화 등 다양한 방법으로 들려주고, 반복적 운율의 동시나 동요를 통해 듣기를 즐기면서 집중할 수 있게 한다.

④ 개별이나 소집단 구성으로 집중해서 들을 수 있도록 한다. 유아들은 대집단 활동에서는 이야기를 집중해서 듣기가 어렵다.

⑤ 이해하기 쉽게 핵심내용을 간단하고 명료하게 말한다. 긴 설명이 필요한 경우 요약해서 다시 말하고, 내용을 이해했는지 질문을 통하여 확인한다. 특히 3세는 집중시간이 짧고 다른 사람의 입장이나 감정을 이해하기 어렵다는 점을 감안하여야 한다.

⑥ 사전 경험을 주제로 말하고 듣도록 한다. 사전 경험이 있는 이야기는 이해가 잘 되므로 함께 활동을 한 후 서로 나누는 것도 효과적이다.

⑦ 듣기에 집중할 수 있도록 환경을 조성한다. 소음이나 유아의 주의를 끄는 물건이 없도록 교실의 환경을 구성한다.

(2) 말하기

말하기는 일상생활에서 자연스럽게 이루어지는 대화를 통해서 발달한다. 그러므로 말하기 지도는 일과 속에서 자연스럽게 질문하고 답할 수 있는 기회를 최대한 제공하는 것이 중요하다. 유아들이 말하는 것에 귀를 기울이고 즐겁게 경청해 주며, 유아들의 질문에 적극적으로 상호작용하는 것이 필요하다. 말하기 지도에서 반드시 전제되어야 하는 것은 잘 들어주는 태도를 보여주는 것이다. 말하기와 듣기는 동전의 양면처럼 구분할 수 없는 영역이기 때문이다.

유아의 말하기 발달을 위한 지도방법은 다음과 같다.

① 유아가 관심 있는 주제로 이야기하여 스스로 말하고 싶은 욕구를 갖게 한다. '좋아하는 물건 친구들에게 소개하기' 등과 같이 유아가 선택한 주제로 이야기 하게 하는 것이 효과적이다. 교사가 주로 말하고 유아에게는 조용히 집중할 것을 요구하는 것은 말하기에 대한 흥미를 떨어뜨린다.

② 유아가 편한 마음으로 말할 수 있도록 수용적인 분위기를 조성한다. "이야기가 재미있구나, 더 이야기 해줘." 라는 식으로 자신의 말을 흥미 있게 들어 주는 사람이 있다는 느낌을 갖게 하여 말하는 자신감과 즐거움을 갖도록 한다.

③ '예'/'아니오'나 '단답식' 대답을 하는 종결식 질문(Close-Ended Question)과 '너의 생각은?', '너의 느낌은?'과 같은 개방식 질문(Open-Ended Question)을 적절히 사용한다. 개방적이고 확산적인 질문으로 유아가 정답에 구애받지 않고 다양한 생각을 말할 수 있도록 한다.

④ 유아가 잘못된 발음이나 표현을 할 때 직접적인 교정보다는 자연스럽게 바른 표현을 들려준다. 유아가 "천챙님~"하고 부를 때, "천챙님이 아니야, 선생님 해봐.", "다시 정확히 말해봐."라고 하면, 지나친 의식으로 역효과가 나거나 아예 말을 하지 않으려고 한다.

"응~, 선생님 불렀어?"라고 자연스럽게 익히도록 한다.

⑤ 유아가 한 말이 이해되지 않을 때는 정리된 문장이나 질문의 형태로 다시 말해 준다. "…란 말이지?"와 같이 내용을 확인하는 질문을 하여 유아가 구체적으로 정리하여 말할 수 있도록 돕는다.

⑥ "안녕하세요?", "고맙습니다.", "미안해." 등과 같은 사회적 언어를 자주 표현하도록 한다. 이를 통해 또래 및 타인과의 관계를 원활히 하여 사회성 발달을 도울 수 있다.

⑦ 말수가 적다고 발달이 늦은 것은 아니다. 더 신중하게 이야기하려는 성향이 있는 유아들이 많으므로 적극적인 관찰이 필요하다.

(3) 읽기

유아의 읽기는 생활 속에서 필요성을 알고, 글을 읽는 활동 자체에서 즐거움을 느끼게 하는 것이 중요하다. 읽기를 통해 얻은 정보를 활용할 수 있도록 해주어야 한다. 읽기 지도에서 무엇보다 우선 되어야 하는 것은 부모와 교사가 본보기가 되어야 한다는 점이다.

유아의 읽기 지도는 준비 활동 중심으로 이루어지며 지도방법은 다음과 같다.

① 일상적인 생활 속에서 읽기의 필요성을 알도록 한다. 유아 물건의 이름, 과자나 장난감의 이름, 간식 이름, 간판의 글자, 편지 등에 관심을 갖고 함께 읽어본다.

② 다양하고 흥미로운 읽기 자료를 제공 한다. 다양한 종류의 동화책, 글자블록, 퍼즐 등의 놀이를 통해 흥미를 갖도록 한다. 또한 유아 자신이나 친구들이 직접 쓴 자료들을 적극적으로 활용한다.

③ 준비된 유아에 대하여 개별적으로 실시한다. 교사는 다양한 대소집단 활동으로 유아들의 수준에 맞게 지도해야 하고, 또래 간의 상호작용으로 서로 가르치고 배울 수 있는 활동을 제공한다.

④ 정확하게 읽기보다는 전체적인 문장 속에서 내용을 이해하도록 한다. 읽은 내용에 대한 상호작용을 통해 이해가 충분히 이루어지도록 한다.

⑤ 교사나 부모와 함께 동화나 동시, 노랫말 등 흥미롭게 읽는 경험을 풍부하게 한다. 잠자리에 들기 전에 읽어 주는 시간을 지속적으로 갖도록 한다.

⑥ 시각적 · 청각적 변별력의 발달을 돕는 활동을 한다. 모양, 크기, 색깔에 따라 분류하기, 같은 모양이나 글자 짝짓기, 글자모양 차이점 찾기 및 물건이나 악기를 이용한 같은 소리 찾기 등의 활동을 한다.

⑦ 왼쪽에서 오른쪽으로의 방향감을 갖도록 한다. 글씨가 쓰여져 있는 방향이 왼쪽에서 오른쪽으로 진행이 되기 때문에 방향감을 갖도록 손가락으로 글자를 짚어가며 읽어주는 것이 좋다.

(4) 쓰기

유아기는 자신의 느낌과 생각을 글로 표현하는 과정을 즐겨야 하는 시기이다. 다른 사람의 쓰기 행동을 관찰하고 모방하면서 말과 글의 관계를 자연스럽게 익힐 수 있어야 한다. 때문에 유아의 일상과 관련된 쓰기가 부담 없이 이루어질 수 있도록 분위기를 조성해 주어야 한다.

유아의 쓰기 지도는 준비 활동 중심으로 이루어지며 지도방법은 다음과 같다.

① 쓰고자 하는 욕구와 글의 내용 중심으로 즐거운 활동이 되어야 한다. 맞춤법이나 획순, 띄어쓰기 중심의 반복적인 글자 쓰기를 피하고 흥미로운 활동을 중심으로 자연스럽게 익힐 수 있도록 해야 한다.

② 일상생활에서 자연스럽게 이루어지도록 글씨 쓰는 과정을 보여 주고 함께 읽어본다. 유아의 그림에 제목이나 이야기 내용 써주기, 역할놀이에서 간판이나 필요한 물건 이름 쓰기 등 자신의 생각을 글자로 옮길 수 있도록 유도한다.

③ 쓰기 과정에서 나타나는 특징을 이해하고 자연스럽게 지도한다. 유아는 방향 감각과 시각적 기억력이 제한되어 반대 방향으로 쓰는 현상이 나타난다. 직접적인 교정보다 바르게 쓴 것을 보고 차이를 찾아내어 스스로 발견하도록 한다.

④ 다양한 쓰기 자료와 도구를 제공하여 충분히 탐색하고 바르게 사용할 수 있도록 한다. 줄 없는 다양한 크기와 재질의 종이, 색연필, 사인펜, 4B연필, 파스텔, 화이트보드, 모래 글자판, 자석판, 비닐과 매직 펜, 컴퓨터, 프린트기 등을 제공한다.

⑤ 눈과 손의 협응 및 연필을 쥐고 움직일 수 있는 소근육 활동을 한다. 그림 그리기, 손가락 그림, 퍼즐 맞추기, 구슬 꿰기, 점토 놀이, 선대로 오리기, 목공 놀이 등의 활동을 한다.

⑥ 비슷한 선이나 모양, 글자를 베끼는 행동이 나타나면 과정을 격려해 주어야 한다. 이때 유아가 표현한 것을 의미 있는 글로써 표현해 주고 읽어 주는 것이 중요하다.

퍼즐 놀이

선 그리기

선따라 오리기

문자 지도는 즐겁게!

유아의 글자 지도에 있어서 가장 바람직한 방법은 일상생활 속에서 능동적으로 습득하게 하는 것이다. 글자를 익혀가는 것이 새로운 세상을 만나는 즐거움이라는 것을 유아가 느낄 수 있어야 한다. '유아 초기 읽기지도를 위한 어머니 참여 프로그램의 효과'(김옥분, 1994)에서 어머니들에게 10주 동안 다음 두 가지 활동을 하도록 하였다.

유아가 궁금해하는 글자를 카드에 쓴 후 '카드 따먹기' 또는 '낱말카드 빨리 찾기' 등 유아가 좋아하는 게임을 하도록 하였다. 또한 발달 수준이 고려된 쉬운 책을 선정하여 매일 일정한 시간을 정해 놓고 규칙적으로 읽어 주도록 하였다. 10주 동안의 과정을 마친 후 어머니들의 공통된 대답은 "처음에는 직접적으로 글자를 쓰게 하는 것보다 많은 시간이 소비되는 것 같아 불안했고 조바심이 났는데 차츰 프로그램이 진행되면서 아이들이 원하는 것을 할 때 효과가 크다는 것을 깨달았다."라고 했다. 오히려 어머니가 생각할 때 어려운 글자조차도 아이가 궁금해하면서 호기심으로 선택한 글자는 쉽게 익혔으며 기억을 잘하더라고 했다. 어머니들의 문자 지도에 대한 반응은 구체적으로 다음과 같았다.

- 억지로 해서는 안 되고 배우고자 하는 욕구가 있을 때 잘 배운다. 부모의 생각을 일방적으로 강요하는 것보다 자녀가 원하는 것이 무엇인가를 먼저 알아보는 것이 중요하다.
- 학습방법이 중요함을 알게 되었다. 한글을 'ㄱ, ㄴ, ㄷ, …가, 나, 다, …' 식으로 자 · 모음이나 낱낱의 글자로 가르치려 할 때는 "너무 어렵다", "팔이 아프다"하면서 거부반응을 강하게 표현했는데, 차츰 쉽게 느끼며 즐겁게 익혀 나갔다.
- 책 읽기가 즐거운 일이라는 것을 느끼게 하는 것과 책은 그림의 색, 글자 수, 내용을 유아의 수준에 맞게 선택해야 한다.

이 프로그램에 참여한 만 5세 영이는 영국에서 살다가 와서 한글을 전혀 알지 못하여 어머니는 걱정이 많았다. 또래들이 글자를 읽고 쓰는 것을 보면 더욱 불안하고 조바심이 났다고 했다. 너무 걱정이 되어 공부하라고 야단도 쳐보았고 바둑판 노트에 '가, 나, 다….' 를 쓰게도 하였는 데 그때마다 아이는

"KOREA LETTER는 너무 어려워" 한다든지 "팔 아파, 팔 잡아줘."라는 등 불평을 했다고 한다. 한글을 직접 가르쳐도 늦을 것 같은 불안감이 있으나 선생님을 믿고 난이도에 따라 분류된 책들을 한 권씩 꾸준히 읽어 주었다.

그러던 어느 날 '까마귀와 물병'이라는 책을 읽어 줄 때 듣기만 하는 것이 아니라 내용과 관련하여 여러 가지 것을 물어왔다고 한다. 그중 글자와 관계된 것은 아이가 부르는 대로 카드에 받아 주고 있는데 갑자기 "엄마, '옳지'에서 '오' 밑에 받침이 두 개 있는데 맞게 쓴 거야?"라고 물어왔다. "책을 한 번 펴볼까?"하며 살펴보게 하였더니 큰 소리로 "맞네! 엄마가 맞게 썼네, '오' 밑에 두 개 써도 되네."하며 즐거워했고 영이는 그 낱말 외에도 받침이 둘 있는 글자를 찾아보며 스스로 익혔다고 한다. 어머니는 "억지로 해서는 안 되고 배우고자 하는 욕구가 있을 때 잘 배운다는 것을 느꼈다"라고 했다.

출처: 김옥분(2005)

5. 언어발달 촉진활동

영유아의 언어발달을 촉진하는 활동은 월령별로 개인차가 크게 나므로 각 개인의 발달 수준을 고려하여 일상의 행동과 상호작용이 이루어지도록 이끌어 주어야 한다.

♣ 활동 1 우유를 먹어요(대상 연령 0~8개월)

◈ 활동목표 : 기본적인 욕구에 대한 행동과 느낌을 소리로 표현할 수 있다.
편안한 분위기에서 우유를 먹으며 정서적으로 안정감을 느낀다.

◈ 활동자료 : 젖병

◈ 활동방법

1. 영아가 배고프면 울거나 칭얼거리기, 짜증 등으로 표현을 한다.
   "ㅇㅇ야, 배고프지? 우유 줄게. 잠깐만 기다려"
   "맛있고 고소한 우유 먹자."
   "배가 많이 고팠구나, 아주 잘 먹네, 꿀꺽꿀꺽~"
2. 영아는 배가 부르면 우유병을 혀로 밀어내거나 먹지 않고 딴청을 부린다.
   "ㅇㅇ야, 맛있게 먹었어?"
   "먹으니까 이제 배부르지?"
   "기분도 좋아졌어?"
3. 어깨에 기대 안고 등을 부드럽게 쓰다듬거나 가볍게 두드려 트림을 시켜준다.
   "ㅇㅇ우유도 잘 먹었으니, 이제 트림을 하자."
   "토닥~ 토닥~ 토닥~ 토닥~"
   "아이 시원해, 트림도 잘하네!"
4. 차츰 영아가 수유 시 젖병을 잡고 먹으려고 한다.
   "ㅇㅇ가 잡고 먹을 수 있어?"
   "선생님이 조금만 도와줄게."
   "와~ 두 손으로 꼭 잡았네."
   "ㅇㅇ가 이제 혼자서도 먹을 수 있어!"

• 주의점 : 편안한 분위기에서 영아를 안고 바라보면서 수유한다.
수유는 일정한 장소에서 실시하여 정서적 안정감을 갖도록 한다.

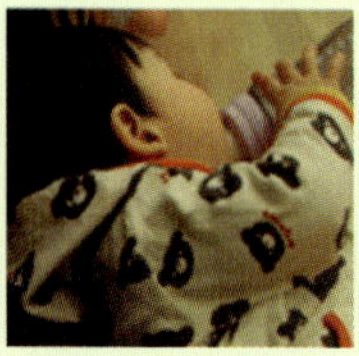

♣ 활동 2 숟가락을 사용해요(대상 연령 12~18개월)

◈ 활동목표 : 음식과 사용하는 도구 관련 어휘를 모방하고 사용한다.
스스로 숟가락을 사용할 수 있다.

◈ 활동자료 : 숟가락, 음식

◈ 활동방법

1. 음악을 들려주며, 간식 시간임을 알려준다.
   "간식 시간이야. 의자에 앉아서 맛있게 먹자."
2. 음식의 냄새, 색깔, 맛 등에 대해 충분히 탐색한다.
   "무슨 음식인지 냄새를 맡아보자.", "음~ 달콤한 냄새가 나는데 무엇일까?"
   "무슨 색깔이지?", "맞아, 색깔이 노란 호박죽이다!"
   "맛있겠다. 먹어보자~", "음~ 맛있다. 냠냠 먹자."
3. 숟가락을 사용하여 스스로 먹는 것에 대해 이야기한다.
   "호박죽을 숟가락으로 혼자 먹어볼까?"
   "ㅇㅇ는 혼자서 숟가락을 사용할 수 있네."
4. 교사가 즐겁게 먹는 모습을 보여준다.
   "선생님도 맛있게 먹어야겠다."
   "음~ 정말 달콤하고 부드럽고 맛있다~!"
5. 그릇과 숟가락을 함께 정리하도록 한다.
   "다 먹었으니 정리할까?"
   "그릇은 그릇끼리, 숟가락은 숟가락끼리 정리하자."

• 주의점 : 식사시간에는 일정한 음악을 틀어주어 먹는 시간임을 알게 하고 편안함을 느끼도록 한다.

♣ 활동 3 소꿉놀이(대상 연령 2세)

◈ 활동목표 : 일상생활에서 사용하는 그릇들을 탐색한다.
식사도구들의 이름과 사용하는 방법을 익힌다.

◈ 활동자료 : 소꿉그릇(컵, 접시, 주전자, 숟가락, 포크 등), 음식 모형들

◈ 활동방법

1. 그릇들을 탐색한다.
"○○야, 이것은 무엇일까?", "○○는 컵을 잡았네."
"그럼, 이것은 무엇일까?", "이번에는 숟가락을 잡았네."
"컵도 있고, 숟가락도 있고… 음식 먹을 수 있는 그릇들이 많이 있네."
2. 그릇들의 사용하는 방법을 흉내 낸다.
"○○는 무얼 먹을까?", "컵으로 물을 마실까? 아니면 숟가락으로 맘마 먹을까?"
"그래, 쭈르르~~ 주전자로 물을 따르자.", "꿀꺽 꿀꺽, 아이 시원해.", "○○도 쭈욱~ 다 마셨네."
"이번에는 뭘 먹을까?", "그래 숟가락으로 음식을 먹자.", "냠냠, 맛있다.", "○○도 냠냠 먹자."
"많이 먹었네. 배가 부르다. 그렇지?"
3. 그릇들을 제자리에 정리한다.
"그럼 그릇들을 제자리에 정리할까?"
"우와~ 모두 제자리에 정리되었네. 깨끗해졌구나."

• 주의점 : 영아들이 평소에 사용하는 그릇들 중심으로 준비하고 차츰 종류를 늘려 나간다.
영아들은 흉내 내는 것이 아니라 실제로 입에 넣고 빠는 경우가 많으므로 자주 세척한다.

♣ 활동 4 뽀득뽀득 손을 씻어요(대상 연령 만 2~3세)

◈ 활동목표 : 신체 부분의 명칭을 열거할 수 있다.
올바른 방법으로 손을 씻으며 즐거움을 느낀다.

◈ 활동자료 : 거품비누, 수건, 적당한 온도의 물

◈ 활동방법

1.언제 손을 씻어야 하는지 이야기 한다.
"이제 밥 먹을 시간이니까 손 씻으러 갈까?"
"손에 더러운 것이 묻으니까 씻고 싶지? 선생님과 같이 씻으러 가자."

2. 물에 대해 충분히 탐색하여 흥미를 느끼도록 한다.
"물이 졸졸졸 나오네. 콸콸 쏟아지기도 하네."(물의 강약 조절)
"물을 손바닥으로 받아보자."
"어이쿠, 물이 얼굴에 튀었네."

3. 거품비누를 손바닥에 놓은 후 탐색한다.
"하얀 거품이 뽀글뽀글 ㅇㅇ손바닥에 있네."
"손바닥끼리 비벼보자, 쓱쓱 싹싹~",
"손등도 비벼보자, 쓱쓱 싹싹~"
"손가락도 깍지를 껴보자, 쓱쓱 싹싹~"
"느낌이 어때?"
"쓱쓱 싹싹~미끌미끌~, 재미있지?"

4. 손에 묻은 거품을 물로 헹군다.
"거품아, 안녕~", "손에 거품이 모두 없어졌네."
"ㅇㅇ 손이 이제 더 깨끗해졌어, 기분이 좋지?"

5. 손을 수건에 닦는다.
"손을 깨끗이 씻었으니까 어디에 닦아야 하지?"

• 주의점 : 물의 온도에 유의하며, 손 씻기 관련 그림이나 사진(같은 반 영아의 사진이 좋음)을 보며 이야기할 수 있도록 한다.
'인형 씻기기' 놀이를 제공하여 씻기 활동과 관련된 언어적 표현이 나타나도록 상호작용한다.

♣ 활동 5 반죽놀이(대상 연령 3~4세)

◈ 활동목표 : 반죽을 주무르며 눈과 손의 협응으로 소근육을 조절한다.
반죽으로 여러 가지 음식 모양을 만들 수 있다.

◈ 활동자료 : 밀가루 반죽, 점토 판, 밀대

◈ 활동방법

1. 밀가루 반죽을 탐색한다.
   "이것은 무엇일까?", "무엇으로 만들었을까?", "색깔은?"
   "느낌이 어때?", "말랑말랑 하구나.", "물렁물렁해?", "끈적끈적해?"
   "재미있게 표현하는구나."
2. 영아들이 원하는 방법으로 다양하게 만든다.
   "밀가루 반죽으로 어떻게 할 수 있어?", "주물주물 마음대로 주물러 보자."
   "손바닥으로 비빌 수도 있구나.", "주먹으로 쿵쿵 두드릴 수도 있네."
   "○○는 국수처럼 길게 만들고, △△는 구슬처럼 동그랗게 만들고."
   "서로 모양이 다르구나.", "○○는 무슨 모양이야?"
   "넓게 만들려면 어떻게 해야 할까?", "밀대로 밀 수도 있구나!", "칼로 자를 수도 있네."
   "△△는 무엇을 만들고 있어?", "빵을 만들고 있어?", "맛있겠다. 선생님도 먹고 싶다."
3. 반죽과 도구들을 제자리에 정리한다.
   "재미있었어?", "반죽은 반죽끼리 모아볼까?", "모두 합쳐졌네."
   "그럼 그릇들도 같은 것끼리 모아보자."
   "잘했어. 손 씻으러 가자."

• 주의점 : 영아들은 모양을 만드는 것보다는 마음껏 손으로 주무르는 과정을 즐기도록 한다.
차츰 칼, 가위, 찍기틀 등을 제공하여 썰기, 자르기, 찍기 활동을 할 수 있도록 한다.
4세 이상의 유아들은 직접 밀가루 점토 만들기를 하여 그 과정을 즐길 수 있다.

회상: 용어정리

- **강화**(Reinforcement): 반응의 강도가 증가하도록 유도하는 어떤 자극이나 사건을 의미하는 것으로 정적 강화(Positive Reinforcement)와 부정적 강화(Negative Reinforcement)로 분류
- **언어습득 장치**(Language Acquisition Device): 인간이 선천적으로 가지고 태어나는 것으로, 외부로부터 받은 언어 정보를 처리하고 규칙을 만들어 문법적 문장을 이해하여 산출하도록 하는 장치
- **자기중심적 언어**(Egocentric Speech): 타인을 향하여 말하는 것이 아니며, 듣는 사람이 이해할 수 있도록 표현되지도 않는 비사회적 형태의 혼잣말로 반복, 독백, 집단 독백이 있음
- **반복 언어**: 유아기의 자기중심적인 언어로 상대에게 뜻을 전달하려는 목적 없이 반복해서 말하는 것
- **독백**: 유아기의 자기중심적인 언어로 자신의 말을 들어 주는 상대의 존재 여부와 관계없이 소리 내어 혼잣말을 하는 것
- **집단적 독백**: 유아기의 자기중심적인 언어로 유아들끼리 말을 하지만 자신의 관심영역에 대해서만 이야기 하는 것
- **사회화된 언어**(Socialized Speech): 유아가 다른 사람의 관점을 이해할 수 있게 되어, 언어도 자기중심적 특성을 벗어나 사회적 언어로 변화되어 정보교환, 비판, 명령, 요구 등의 언어 형태가 나타나고 의사소통이 가능
- **과잉확장**(Over Extension): 일어문 시기에 단어를 적절히 사용하지 못하는 현상으로 특정 대상을 가리키는 단어를 다른 대상에까지 확대하여 사용하는 것. 예를 들어 네발 달린 짐승은 모두 '멍멍이'라고 부름
- **과잉축소**(Under Extension): 일어문 시기에 단어를 적절히 사용하지 못하는 현상으로 여러 대상을 가리키는 단어를 특정 대상에게만 사용하는 현상. 예를 들어 자신의 동생에게만 '아기'라는 말을 사용하는 것
- **전보문장**(Telegraphic Speech): 핵심적인 단어만을 사용하는 전보와 같이 단어 몇 개만 사용하여 의사를 표현하는 형태
- **내적 언어**(Inner Speech): 사고를 위해 소리 내지 않고 자신에게 하는 말
- **외적 언어**(External Speech): 타인에게 소리 내어 하는 말
- **해독**(Decoding): 활자를 음성언어나 음성언어에 해당되는 것으로 전환하는 것
- **독해**(Comprehension): 글을 해독한 후 자신이 가진 지식과 상황적 맥락을 연결 지어 글의

의미를 이해하는 것

- **창안적 글자**(Invented Writing): 임시(Temporary) 글자라고도 하며 유아가 표준화된 글자를 쓰지 못할 때 글자를 나름대로 만들어 쓴 글자
- **과잉 일반화 현상**(Over Generalization): 3세경의 유아가 문법을 적용하는 초기 과정에 새로 알게 된 규칙을 과거에 들었던 언어로 확대 적용하는 현상. 주격의 받침이 있느냐 없느냐에 따라 조사가 '가', 또는 '이'가 되는데, 유아가 주로 말하는 단어에 '가'가 붙는 것을 알고 일반화하여 '가'를 붙이는 것
- **정교한 어법**(Elaborated Code): 문장이 복잡하고 유아에게 직접적으로 관련된 내용을 담고 있으며 구체적인 정보를 제시하는 언어 형태
- **제한적 어법**(Restricted Code): 문장이 짧고 단순하며 개념이나 정보가 제시되지 않는 언어 형태

회상: 내용정리

1. 다음 빈칸에 알맞은 단어를 넣어보세요.

1) 반응의 강도가 증가하도록 유도하는 어떤 자극이나 사건을 (   )라 하고 (   )와 (   )로 분류된다.
2) 인간이 선천적으로 가지고 태어난 것으로 외부로부터 받은 언어 정보를 처리하고 규칙을 만들어 언어를 이해하고 산출하도록 하는 장치를 (   )라고 한다.
3) 타인을 향하여 말하는 것이 아니며, 듣는 사람이 이해할 수 있도록 표현되지도 않는 비사회적 형태의 혼잣말을 (   )언어라고 하고 반복, (   ), (   )의 형태로 나타난다.
4) 유아가 다른 사람의 관점을 이해할 수 있게 되어, 언어도 자기중심적 특성을 벗어나 정보교환, 비판, 명령, 요구 등의 언어 형태가 나타나며 의사소통이 가능한 것을 (   )언어라고 한다.
5) 일어문 시기에 단어를 적절히 사용하지 못하는 현상으로 특정 대상을 가리키는 단어를 다른 대상에까지 확대하여 사용하는 것을 (   ) 현상이라 한다.
6) 일어문 시기에 단어를 적절히 사용하지 못하는 현상으로 여러 대상을 가리키는 단어를 특정

대상에게만 사용하는 것을 (   ) 현상이라 한다.

7) 유아가 핵심적인 단어 몇 개만 사용하여 의사를 표현하는 것을 (   ) 문장이라 한다.

2. 다음 문장을 읽고 O, X로 답해보세요.

1) 언어는 후천적인 경험과 훈련에 의해 강화, 습득된다는 이론은 행동주의이다. (   )
2) 유아는 선천적 언어 습득 능력을 타고난다고 보는 이론은 상호작용 주의이다. (   )
3) 행동주의 이론의 대표적인 학자는 스키너와 반두라이다. (   )
4) 반두라는 언어발달을 조작적 조건의 원리인 자극과 반응의 관계로 보았다. (   )
5) 스키너는 관찰학습과 모방학습을 주장하며 모델링의 중요성을 강조하였다. (   )
6) 행동주의 이론은 학습 원리인 자극과 반응, 강화, 관찰, 모방, 모델링 등을 강조하였다. (   )
7) 반두라는 언어 습득에서 타인의 경험을 통한 대리학습이 가능하다고 하였다. (   )
8) 행동주의 이론은 언어발달에서 성인과의 상호작용의 중요성을 강조하였다. (   )
9) 생득주의의 대표적인 학자는 촘스키와 비고츠키가 있다. (   )
10) 비고츠키는 인간은 선천적으로 언어 습득장치(LAD)를 가지고 태어난다고 주장한다. (   )
11) 르네버그는 언어발달이 성장환경과 상관없이 성숙과 관련된다고 보았다. (   )
12) 유아기에 언어 획득의 결정적인 시기를 강조한 것은 생득주의 이론이다. (   )
13) 피아제는 인지적 수준과 환경 간의 상호작용으로 언어발달이 이루어진다고 주장한다. (   )
14) 촘스키는 근접발달지대(ZPD)에서 성인이나 유능한 또래와의 상호작용은 발달을 촉진한다고 하였다. (   )
15) 영아들이 단순한 모방에서 벗어나 능동적으로 규칙을 만들어 내는 것을 과규칙화 현상이라 한다. (   )

토 의

1. 영유아기에 나타나는 과잉일반화(과규칙화) 현상의 예를 2가지 들어 보시오.

2. 교사가 영유아의 ZPD를 인식하며 언어발달을 도울 수 있는 상호작용의 예를 작성해 보세요.

3. 폐쇄적인 질문과 개방적인 질문이 필요한 상황을 2개씩 설정하고 설명하세요.

4. 읽기 발달이 빠른 유아가 가질 수 있는 장·단점에 대해 생각해보고 서로 비교해 보세요.

5. 언어의 발달과 쉼 없이 내뱉는 수다와의 관련성 여부에 대해서 생각해보고 서로 비교해 보세요.

Chapter

5. 정서·사회성 발달

1. 정서발달
2. 자아개념발달
3. 성역할 발달
4. 도덕성 발달
5. 공격성 발달
6. 정서·사회성 발달 관련 요인
7. 정서·사회성 발달 촉진활동

- 회상: 용어정리, 내용정리

'가장 명백한 지혜의 징표는 항상 유쾌하게 지내는 것이다.'
The most obvious sign of wisdom will always pleasantly spend.

-미셸 드 몽테뉴-

'사회 안에서 사회의 일부분으로서의 개인을 완성시키자.'
Complete train individuals as part of society within society. -존 듀이-

영유아기 정서발달은 유아의 생존과 사회성 및 인지발달과 밀접한 관련이 있다. 태어날 때 기본 정서는 개인의 기질과 양육환경의 영향으로 분화되며 발달하는데 이 장에서는 정서발달의 과정과 정서의 역할, 기질, 애착, 정서 지능에 대해 먼저 알아보고자 한다. 이어서 영유아의 사회성 발달과 관련하여 자아개념, 성역할, 도덕성, 공격성, 또래관계에 대해 알아본 후, 정서·사회성 발달 관련 요인과 촉진활동의 예를 살펴보기로 한다.

학습목표

1. 영유아기 정서·사회성 발달에 대해 설명할 수 있다.
2. 정서·사회성 발달 특성에 기초하여 영유아의 행동을 이해하고 도울 수 있다.
3. 영유아의 정서·사회성 발달을 촉진하는 활동을 탐색하고 창안하는 태도를 가진다.

• 참고 동영상 •

- 만족지연 '마시멜로 테스트'
- 기질 실험
- 애착 '낯선 상황' 실험, 전통 육아의 비밀(포대기)
- 정서지능
- 유아의 자아개념발달
- 유아의 성역할 발달
- 콜버그의 도덕성 발달
- 공격성 발달

1. 정서발달

1) 정서의 개념

정서(Emotion)의 어원은 라틴어 'Movere(움직이다)'에 접두어 'E(…로부터)'가 붙어 '움직여 나가다'의 뜻을 가지고 있다(조성연 외, 2010). 정서는 생리학적, 지능적, 행동주의적 관점에 따라 다르게 정의되고 있으나, 인간이 내면으로 느끼는 어떤 것으로 '생리적이고 행동적인 변화를 수반하는 개인의 경험에 대한 주관적인 반응'을 말한다(Pappalia, Olds, & Feldman, 2006). 영아는 태어나면서부터 각자 정서를 느끼는 대상이나 사건, 그리고 정서를 느끼는 정도나 빈도에서 차이를 보이는데 선천적인 기질과 출생 후 경험하는 다양한 환경과의 상호작용에 의한 결과이다.

2) 정서의 구분

정서를 구분하는 기준은 학자마다 다른데, 영아기 정서발달의 초기 연구자인 브리지스(Bridges, 1930)와 에크만(Ekman, 1999), 다마지오(Damasio, 1999), 파팔리아 외(Pappalia, Olds, & Feldman, 2000), 그리고 플루칙(Plutchik, 2001)의 견해를 정리하면 〈표 5-1〉과 같다.

〈표 5-1〉 정서의 구분

학자이름	정서의 종류
브리지스(Bridges)	1차 정서: 기쁨, 분노, 공포, 호기심 등
	2차 정서: 당황, 수치심, 죄책감, 질투, 자긍심 등
에크만(Ekman)	기본 정서: 기쁨, 슬픔, 분노, 공포, 놀람, 혐오
다마지오(Damasio)	기본적 정서: 기쁨, 슬픔, 두려움, 화남(분노), 놀람, 불쾌함
	사회적 정서: 당황, 질투, 죄책감, 자랑스러움 등
	내면적 정서: 행복, 불행, 평온, 긴장, 피곤, 열정, 기대, 공포 등
파팔리아 외 (Pappalia, Olds, & Feldman)	1차 정서: 흥미, 만족, 괴로움
	분화된 정서: 기쁨, 놀람, 슬픔, 혐오, 분노, 두려움
플루칙(Plutchik)	기본 정서: 두려움, 놀람, 슬픔, 혐오, 화남, 예기(또는 기대), 기쁨, 수용
	3차원적 정서구조모형: 강도, 유사성, 양극성의 세 가지 차원을 도입하여 수십 개의 정서가 생김

특히 플루칙(Plutchik, 2001)은 8가지 기본 정서를 제시하고 이들이 서로 연합하여 새롭고 다양한 정서를 형성한다고 제안했다. 8가지 기본 정서에는 두려움(Tear), 놀람(Surprise), 슬픔(Sadness), 혐오(Disgust), 화남(Anger), 예기(기대, Anticipation), 기쁨(Joy), 수용(Acceptance)이 포함되며, 이는 [그림 5-1]과 같다. 그는 여덟 가지 기본 정서를 토대로 강도, 유사성, 양극성의 세 가지 차원을 도입하여 3차원 구조를 가진 정서구조모형을 제시했다.

[그림 5-1] 플루칙의 여덟 가지 기본 정서

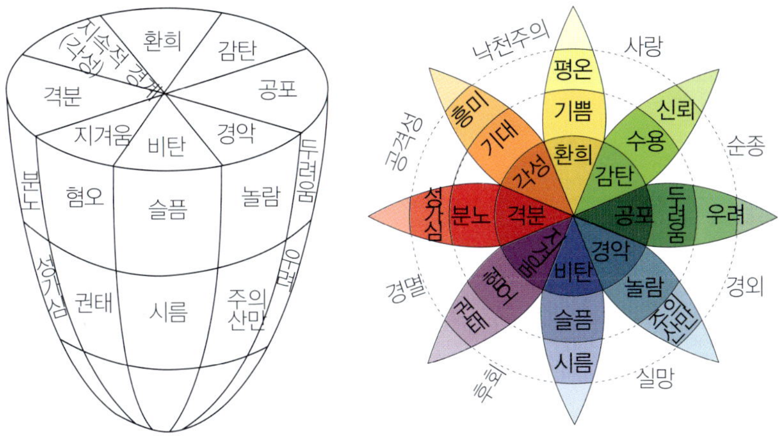

그림 5-2 플루칙의 3차원적 정서구조모형과 전개도

[그림 5-2]에서 보면 첫 번째 차원인 강도에서, 슬픔의 경우 약한 강도의 정서에는 시름(Pensiveness)이 있고 상대적으로 강한 강도의 정서로는 비탄(Grief)이 있다. 두 번째 차원은 유사성인데, 플루칙은 3차원적 정서구조모형에서 중간 수준의 강도 차원에 해당하는 횡단면을 포착하여 전개도를 제시했다. 전개도를 보면 서로 인접해있는 정서는 멀리 떨어진 정서보다 더 유사하며 양극에는 서로 반대되는 정서가 배치된다. 두려움과 놀람은 상이한 정서이나 서로 유사하며, 놀람은 기쁨보다는 슬픔과 더 유사한 특성을 갖는다. 세 번째 차원은 양극성으로 서로 반대되는 개념의 정서가 있는데 이는 기쁨과 슬픔, 수용과 혐오 같은 것이다.

또 둘 이상의 정서가 합쳐지면 새로운 제3의 정서가 생기는 데 기쁨과 수용을 섞으면 사랑이라는 혼합 정서가 생기고, 혐오와 화남(분노)을 섞으면 경멸과 같은 혼합 정서가 생긴다. 플루칙에 의하면 인간의 기본 정서는 8개이지만 전체 정서는 수십 개에 이를 정도로 많아진다. 여기에 둘 이상의 정서를 서로 다른 강도로 혼합하면 훨씬 더 많은 개수의 정서 단어가 만들어진다. 즉, 인간이 가질 수 있는 정서와 이를 표현할 수 있는 정서 단어는 무궁무진하다고 제안한다.

3) 정서의 발달

영유아기 정서표현의 특징은 네 가지로 정리할 수 있다(김상림 외, 2014).

첫째, 유아의 정서는 일시적이다. 유아의 정서는 대개의 경우 2~3분 지속되다가 종식되곤 한다.

둘째, 유아의 정서표현은 강렬하다. 유아의 정서적 반응은 강하게 폭발하는 돌발적 특징을 보인다.

셋째, 유아의 정서표현은 빈도가 높다. 유아는 정서를 자주 표출하며 정서 상태의 지속 시간이 짧고 강렬하다.

넷째, 유아의 정서는 쉽게 변화한다. 유아는 한 정서에서 다른 정서로 쉽게 전환하는 특성을 갖는다.

유아기는 어휘력과 인지능력이 발달하고 또래를 포함한 타인과 상호작용하는 범위가 확장되면서 정서 표현과 더불어 정서를 이해하는 능력이 급속히 증가하는 시기이다. 유아의 정서이해능력의 발달은 다섯 가지 특징을 보인다(정옥분, 2012; 조형숙 외, 2013).

첫째, 유아는 슬픔과 같은 부정적 정서보다 기쁨이나 좋음, 즐거움, 행복과 같은 긍정적 정서를 더 쉽게 이해한다.

둘째, 유아는 3~4세경이 되면 기쁨, 슬픔, 분노, 놀람 등과 같은 단순한 정서를 유발하는 원인이나 상황에 대해 이해할 수 있다.

셋째, 유아는 점차 맥락과 정서, 정서와 행동 간의 관련성을 인식해나간다.

넷째, 유아기가 되면 슬퍼하거나 속상해하는 타인의 모습을 보고 부정적인 정서를 없애주는 방법을 모색하거나 행동으로 표현할 수 있다.

다섯째, 유아는 기쁜 표정과 슬픈 표정을 구별할 수 있지만, 슬픈 일이 있는데 기쁜 표정을 짓거나 기쁜 일이 있는데 울거나 슬픈 표정을 지을 경우 혼란을 느낀다.

유아는 연령의 증가와 함께 자신의 정서를 조절하는 능력을 발달시켜간다. 정서조절(Emotional Regulation)은 자극에 의해 발생된 정서적인 반응을 스스로 적절한 방식으로 조절하고 변화시킬 수 있는 능력을 의미한다. 정서조절의 중요한 측면은 '좌절에 대한 참을성(Tolerance for Frustration)'이다. 좌절상황을 참는 능력은 2세경에 나타나기 시작하여 유아기에 점차 증가한다(Bridges & Grolnick, 1995).

좌절에 대한 참을성은 만족지연(Delay of Gratification)과 연관된다. 만족지연이란 현재의 즉각적인 보상을 스스로 지연시켜 미래에 더 큰 보상을 위해 인내하는 것을 의미한다. 유아기에는 만족지연 능력도 향상되는데, 여기에는 자신의 부정적인 정서를 통제하는 능력과 함께 좌절에 수반되는 긴장을 감소시키는 전략의 습득이 포함된다.

이와 관련하여 '마시멜로 실험' 사례가 있다. 이는 1966년 미국 스탠퍼드대학의 미셸 박사가 4~5세 유아 653명을 대상으로 한 유명한 실험이다. 그는 마시멜로를 하나씩 주면서 "지금 당장 먹지 않고 15분을 기다리면 하나를 더 주겠다."라고 약속했고 유아들은 고민에 빠졌다. 결국 대부분의 유아들은 실험자가 나가자마자 1분도 채 안 되어 마시멜로를 먹어치운 반면, 15%는 다양한 방법을 동원하면서 눈앞에 보이는 마시멜로를 먹고 싶은 유혹을 참아냈다. 그들은 과자에 코를 대고 냄새를 맡으며 맛을 상상하거나, 손으로 눈을 가리거나 노래를 부르면서 딴청을 부리거나, 과자의 유혹을 떨쳐버리려 뒤돌아 앉거나, 과자로부터 되도록 멀리 떨어져 이리저리 돌아다니는 등 어린 연령임에도 불구하고 자신만의 방법으로 끝까지 먹고 싶은 유혹을 참아냈다.

그리고 15년 뒤 미셸 박사가 실험 대상이었던 유아의 청소년기를 추적 관찰한 결과, [그림 5-3]과 같이 먹고 싶은 유혹을 참고 견딘 아이들이 그렇지 못한 아이들보다 교우관계가 원만하고 높은 SAT(미국 대학수능시험) 성적을 얻는 등 가정과 학교에서 훨씬 우수한 능력을 보였다(Lehrer, 2009).

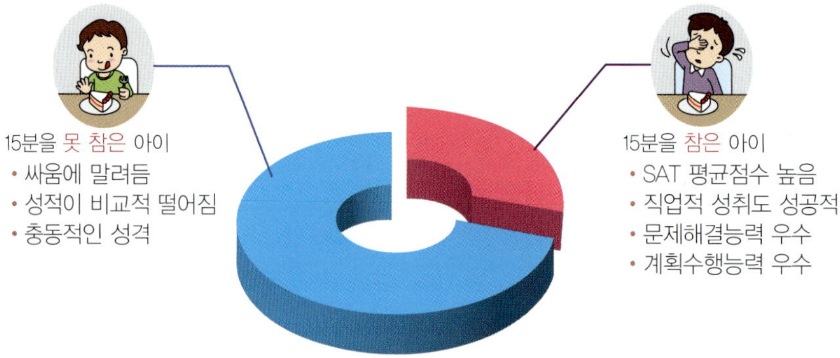

그림 5-3 마시멜로 실험 결과

4) 정서의 역할

정서는 다음의 네 가지 측면에서 유아의 생존과 발달의 전 영역에 중요한 영향을 미친다.

첫째, 영유아의 정서 표현은 양육자로부터 보살핌을 받을 수 있는 도구가 되어 양육자의 실질적인 보살핌을 이끌어낸다. 즉 영유아는 배가 고플 때 우는 행동으로 자신의 정서를 표현하여 양육자가 자신의 문제를 해결하게 한다(안라리, 2005).

둘째, 정서는 행동을 조직하고 통제하는 동기가 된다. 영유아가 지닌 정서는 특정 자극에 대해 특정한 행동을 하도록 하는 동기를 부여한다. 예를 들면 어떤 과제를 성공적으로 해결하여 만족감을 경험한 유아는 지속적으로 그 과제에 참여하고자 하지만, 과제에서 실패를 반복하여 좌절감을 경험한 유아는 그러한 부정적인 정서로 인하여 그 과제에 참여하는 것을 포기할 수도 있다. 이와 마찬가지로 분노는 그 대상을 향한 공격 행동의 동기가 되고, 공포는 회피행동에 동기를 부여한다(Termine & Izard, 1988; 박찬옥 외, 2012 재인용).

셋째, 정서는 유아의 사회적 능력과 밀접한 관련이 있다. 정서는 타인과의 상호작용을 유발하는 요인이자 사회적 관계를 형성, 유지, 변화시키는 동인으로 작용한다. 만 3-5세 유아의 정서 표현은 유아의 사회적 능력 및 또래수용도와 밀접하게 관련되며(Coie & Dodge, 1998; 박찬옥 외, 2012 재인용), 특히 유아의 정서조절 전략은 사회적 관계를 맺고 유지하는데 중요한 역할을 한다. 사회적으로 유능한 유아는 자신의 정서를 명확하고 상황에 맞게 적절한 수준으로 표현함으로써 다른 사람들과 긍정적인 상호작용을 하는 반면, 사회적 지식이나 기술이 부족한 유아는 부정적인 정서를 잘 조절하지 못하며, 그 결과 원만한 대인관계를 형성하지 못하는 것으로 나타났다(노서연, 2003).

넷째, 정서는 영유아의 인지발달에 영향을 미친다. 정신의 고차적 기원인 지능, 도덕성, 자아감 기저에는 정서가 있다(Beaty, 2001;박찬옥 외 2012 재인용). 즉, 정서는 유아기 정신발달의 각 단계에 필수적이며 정서적 변화 없이는 유아의 지적, 도덕적, 사회적 발달이 원활하게 이루어지기 어렵다. 가령 유아가 어떤 자극에 대해 특별한 흥미와 강한 관심을 가질수록 자극에 대한 주의 집중 및 기억 정도가 높아지는 것과 같이, 정서는 인지발달의 중요한 토대이자 동인으로 작용한다.

정서발달이 유아기의 발달과 적응에 중요한 영향을 미침에도 불구하고 교육현장에서 정서교육에 우선순위를 두는 것은 쉽지 않다. 그러나 부모와 교사는 일상생활에서 유아가 자신의 정서를 자유롭고 정확하게 표현하며, 자신과 타인의 정서를 이해하고, 상황에 적합하게 정서를 조절할 수 있는 능력을 기르도록 지원해야 한다.

5) 기질

기질(Temperament)은 개인의 특성적 요소로 상황에 대한 접근과 반응양식을 말한다. 인간은 각기 다른 기질적 특성을 가지고 태어나는데, 이러한 개인차는 선천적으로 타고나는 기본적인 생물학적 특성의 차이 때문이다(Kagan, 1998). 그러나 동시에 사회 · 문화적 영향을 받기도 하는데, 특히 부모의 양육태도와 같은 생애 초기의 환경적 경험은 기질의 변화를 야기하기도 한다(Pappalia, Olds, & Feldman, 2000).

기질의 유형을 구분하는 준거는 대개 활동수준, 자극민감성, 긍정적 정서, 공포와 좌절, 진정능력, 행동억제, 집중능력, 적응능력 등을 바탕으로 한다(조복희, 2007).

유아의 기질은 세 가지 유형으로 분류된다. 즉, 유아의 정서가 얼마나 긍정적인지 그리고 새로운 환경에 얼마나 적응하는지에 따라 순한 유아(Easy Child), 까다로운 유아(Difficult Child), 느리게 반응하는 유아(Slow-to-Warm-up Child)로 구분할 수 있다(Thomas & Chess, 1977;1984). 이들의 특징은 〈표 5-2〉와 같으며, 순한 기질의 유아는 전체 유아의 약 40%, 까다로운 기질의 유아는 약 10%, 느리게 반응하는 기질은 약 15%, 그리고 전체 유아 중 35%는 위의 세 가지 유형으로 분류되지 않고 여러 유형의 특성을 복합적으로 나타내는 미분류형에 속한다(Thomas & Chess, 1977).

〈표 5-2〉 기질의 세 가지 유형

구분	순한 유아	까다로운 유아	느리게 반응하는 유아
식습관과 수면습관	규칙적	불규칙적	어느 정도 규칙적
변화 및 낯선 이에 대한 반응	새로운 환경과 낯선 이에 대해 잘 적응함	느리게 받아들이고 낯선 이에 대해 두려움을 표현함	처음에는 보통 정도의 부정적 반응을 보이며, 반복적인 노출을 통해 점차 잘 적응함
좌절에 대한 반응	어느 정도 보채지만 곧 수용함	짜증을 부리거나 혹은 위축됨	부정적 반응을 보이나 결국 회복됨
정서	대개 긍정적이며, 강도는 보통 정도	부정적이고 강렬하며 빈번한 경향이 있음	다소 강렬하며, 긍정적 부정적 정서를 모두 보임

출처: 도현심 외(2011)

기질에 대한 연구는 단순히 유아의 정서적 반응 특성을 이해하는 것에 끝나지 않는다. 즉 연구들은 타고난 기질을 바탕으로 바람직한 발달과 적응을 이룰 수 있는 방법을 모색하였는데 이를 '조화적합성(Goodness-of-Fit)'으로 설명한다. 조화적합성이란 유아의 기질과 그들이 다루어야 하는 환경적 요구 및 구속 사이의 조화를 의미한다. 이러한 측면에서 부모는 유아의 타고난 기질을 파악하고 그에 맞는 양육 태도와 행동을 일관성 있게 보여줘야 한다. 순한 유아는 억압적인 훈육을 받아도 참는 경우가 많아 스트레스를 받을 수 있다. 따라서 순한 기질의 유아가 특별한 감정을 드러내지 않더라도 민감하게 반응해준다면 유아는 스스로 보다 적극적인 행동을 할 수 있게 된다. 까다로운 유아는 다양하고 무리한 요구에 억압적인 훈육방식을 사용하기 쉽기 때문에 반복적인 통제의 경험으로 인해 청소년기 이후에 문제행동을 보일 가능성이 높아진다. 따라서 까다로운 유아의 특성을 억누르기보다는 인내심을 가지고 공감해주고 스스로 옳고 그른 행동을 선택할 수 있도록 해야 한다. 느린 유아는 인내심을 가지고 기다려 주지 못하는 경우 양육이 어렵다고 여긴다. 즉 양육자가 실망하여 관심을 갖지 않아서 느린 유아가 더욱 위축되고 발달과업을 제대로 이루지 못할 수 있다. 따라서 느린 유아의 양육자는 아이가 어디가 모자란 것이 아님을 이해하고 느긋하게 기다려 주어야 한다. 이처럼 기질은 유전의 영향을 받아 타고난 요인이지만, 부모나 교사가 유아의 기질에 대한 기본적인 지식을 습득하고 개별 유아의 기질을 제대로 파악하여 이에 적합하게 반응하는 것이 더욱 중요하다(이사라 외, 2013).

6) 애착

애착(Attachment)이란 영아와 주 양육자 간의 상호적이고 지속적인 정서적 유대를 의미한다(Bowlby, 1969, 1973, 1989). 보호자와 영아의 관계에서 애착의 발달은 서로 깊은 애정적 연결을 만들어주기 때문에 매우 중요하다.

보울비의 애착 이론을 기초로 에인스워스(Mary Ainsworth)는 10~24개월 영아를 대상으로 '낯선 상황(Strage Situation) 실험'을 통해 어머니와 영아의 애착을 유형화하였다. 낯선 상황의 실험 절차는 각 3분으로 구성된 총 여덟 개의 에피소드로 이루어져 있다. 실험장면에서 평가자는 낯선 이에 대한 영아의 반응과 분리 시의 반응, 그리고 어머니와 재결합 시 영아의 반응을 주요 기준으로 삼아 개별 영아의 애착 정도를 평가한다. 영아의 애착 유형은 낯선 상황 실험을 통해 안정애착, 회피애착, 저항애착, 비조직적 애착 네 가지로 분류된다(Ainsworth et al., 1978; Main & Solomon, 1986). 이는 〈표 5-3〉과 같다.

〈표 5-3〉 애착의 유형: 낯선 상황 실험 결과

구분	비율	내용
안정애착	65%	• 낯선 곳에서 주 양육자를 안전기지로 활용하여 활발한 탐색활동을 보임 • 주 양육자와 분리 시 불안해 하는 등의 부정적인 반응을 덜 보임 • 재결합 시에는 주 양육자를 매우 반갑게 맞이함
회피애착	20%	• 주 양육자와 친밀한 상호작용을 별로 보이지 않음 • 주 양육자와 분리 시 울거나 보채지 않으며, 낯선 이에게도 주 양육자와 비슷하게 행동함 • 재결합 시 돌아온 주 양육자를 피하거나 덜 반가워하며 맞이함
저항애착	10%	• 낯선 곳에서 주 양육자 주변을 맴돌며 탐색활동을 거의 하지 않음. 낯선 이에 대해 경계하는 모습을 보임 • 주 양육자와 분리 시 울고 보채며 양육자를 찾음 • 재결합 시 주 양육자에게 화를 내고 공격적으로 저항하는 행동을 보이며 쉽게 달래지지 않음
비조직적 애착	5~10%	• 낯선 곳에서 주 양육자나 낯선 이에게 분류하기 어려운 다양한 반응을 보임 • 매우 두려워하고 관심갖기도 하는 등 모순된 행동을 보임

출처: 이사라 외(2013)

7) 정서 지능

행복, 애정, 기쁨, 슬픔, 두려움, 분노, 질투 등 다양하고도 미묘한 정서는 이성에 커다란 영향을 미치므로, 지능의 범위 안에 정서를 포함시키는 정서지능의 개념이 대두되었다.

(1) 정서지능 개념의 발달과정

메이어와 살로베이(Mayer & Salovey, 1997)는 정서지능(Emotional Intelligence)이란 '정서를 정확하게 지각하여 평가하고 표현하는 능력, 정서의 사고 촉진능력, 정서 및 정서와 관련된 지식을 이해할 수 있는 능력'을 포함한다고 하였다. 정서지능은 1990년 메이어와 살로베이가 처음 언급한 이후, 골만(Goldman, 1995)과 후기 메이어와 살로베이(1997)의 주장으로 이어지는 데(정희영 외, 2014 재인용), 이 과정에서 달라진 개념을 정리하면 〈표 5-4〉와 같다.

〈표 5-4〉 정서지능 개념의 발달과정

<table>
<tr><th>구분</th><th colspan="3">살로베이와 메이어(1990)</th><th>골만(1995)</th><th>살로베이와 메이어(1997)</th></tr>
<tr><td rowspan="10">정서 지능의 개념</td><td rowspan="2">정서조절</td><td colspan="2">① 자아</td><td rowspan="2">② 감정조절
⑤ 대인관계 능력</td><td rowspan="2">④ 정서 조절</td></tr>
<tr><td colspan="2">② 타인</td></tr>
<tr><td rowspan="4">정서의 활용</td><td colspan="2">③ 융통성</td><td rowspan="4">③ 자기 동기화</td><td rowspan="4">③ 정서적 지식의 활용
② 정서에 의한 사고촉진</td></tr>
<tr><td colspan="2">④ 창의적 사고</td></tr>
<tr><td colspan="2">⑤ 주의 집중</td></tr>
<tr><td colspan="2">⑥ 동기화</td></tr>
<tr><td rowspan="4">정서의 평가와 표현</td><td rowspan="2">자아</td><td>⑦ 언어적</td><td rowspan="4">① 정서인식능력
④ 감정이입</td><td rowspan="4">① 정서의 인식과 표현</td></tr>
<tr><td>⑧ 비언어적</td></tr>
<tr><td rowspan="2">타인</td><td>⑨ 비언어적 인식</td></tr>
<tr><td>⑩ 감정이입</td></tr>
</table>

〈표 5-4〉에서 보면 초기 메이어와 살로베이(Mayer & Salovey, 1990)는 정서지능을 세 가지 영역으로 나누고 있다. 즉 정서 조절, 정서의 활용, 정서의 인식과 표현이 그것인데, 이는 다시 총 10개의 내용으로 제시된다.

이후 골만(Goldman, 1995)은 정서지능의 체계를 대중적인 용어로 설명하면서, 정서지능은 정서인식능력, 감정조절능력, 자기 동기화, 감정이입, 대인관계능력의 5개의 영역으로 구성된다고 하였다(김진아, 2012). 정서인식은 자신의 감정에 집중하여 진정한 감정을 읽고 이해하는 능력이고, 감정조절은 정서를 상황에 맞게 조절하는 것이며, 자기 동기화는 목표 달성을 위해 일시적 만족이나 충동을 억제하는 능력이고, 감정이입은 다른 사람의 감정 상태를 읽고, 공감하는 것이며, 대인관계 능력은 다른 사람의 감정을 효과적으로 관리하는 능력이다.

이어서 메이어와 살로베이(Mayer & Salovey, 1997)는 그들의 초기개념을 기초로 정서지능을 재 정의하여 네 가지 영역으로 분류하였는데 그 내용은 〈표 5-5〉와 같다. 이는 정서를 정확히 평가하고 표현하는 '정서의 인식과 표현', 감정에 접근하고 사고를 촉진시킬 수 있는 '정서에 의한 사고 촉진', 정서 및 정서와 관련된 지식을 이해하는 '정서적 지식의 활용' 그리고 정서적·지적 성장을 도모하기 위해 정서를 조절하는 '정서조절' 영역을 포함하고 있다.

〈표 5-5〉 메이어와 살로베이(1997)의 정서지능 모형

영역		수준
영역 I 정서의 인식과 표현	수준 1 수준 2 수준 3 수준 4	• 자신의 정서를 정확하게 인식하기 • 타인의 정서를 이해하기 • 정서를 정확히 표현하고 그 정서와 관련된 욕구를 표현하기 • 표현된 정서를 구별하기
영역 II 정서에 의한 사고 촉진	수준 1 수준 2 수준 3 수준 4	• 정서를 사용하여 중요한 정보에 주의 집중함으로써 사고의 우선순위를 결정하기 • 생생한 정서를 불러일으키는 것과 관련된 판단이나 기억하기 • 정서를 좀 더 효율적으로 세련된 정서와 사고에 도움을 줄 수 있도록 활용하기 • 정서 상태에 따라 다른 문제 해결 접근하기
영역 III 정서적 지식의 활용	수준 1 수준 2 수준 3 수준 4	• 정서 간의 관계를 이해하고 명명하기 • 정서가 전달하는 의미 이해하기 • 복잡하고 복합적인 정서를 이해하여 활용하기 • 정서의 전환에 대한 변화 양상을 추론하기
영역IV 정서조절	수준 1 수준 2 수준 3 수준 4	• 정서에 대해 개방적으로 수용하기 • 정서의 유익성과 실용성을 반영하여 그 정서를 지속시키거나 그 정서에서 벗어나기 • 자신과 타인의 관계 속에서 정서를 반영적으로 점검하기 • 정서가 전달하는 정보를 축소, 과장, 왜곡하지 않고 자신과 타인에 대한 정서를 관리 조절하기

출처: 김진아(2012)

(2) 정서지능에 영향을 주는 요인과 성인의 역할

정서지능의 발달은 생물학적으로 이미 결정된 부분과 유아가 성장해가는 과정에서 겪게 되는 사회 문화적 영향을 통해 이루어진다. 생애 초기의 생득적인 정서반응으로부터 자신과 타인의 정서를 이해하고, 사회적으로 적합한 수준으로 정서를 조절하고 표현할 수 있게 되기까지 부모, 형제, 또래, 교사, 이웃 등 다양한 인간관계 경험과 정서적 자극은 유아의 정서지능 발달에 중요한 영향을 미친다(박화윤·안라

리, 2006). 유아기의 정서지능 발달은 이후의 정서발달에 영향을 미치기 때문에 중요하다. 많은 의학자, 심리학자들은 유아기에 부정적인 정서가 습득될 경우 청년기, 성인기에 안정된 정서발달을 이루지 못하고 결국은 여러 비행행동과 범죄행위가 나타날 수 있다고 심각하게 우려한다(김진아, 2012). 정서지능은 성인이 된 이후에도 학습이 가능하지만 유아기 경험이 결정적이며, 특히 생후 3~4세까지는 학습이 어느 때보다 빨리 이루어지고 정서발달의 토대가 된다(Goldman, 1995).

그러므로 유아의 정서지능 발달을 돕기 위해 부모나 교사는 유아들의 정서 특징을 잘 파악하고 정서적으로 안정된 환경을 제공해주어야 한다. 무엇보다 부모, 교사를 포함한 어른들의 지지와 따뜻한 분위기에서의 상호작용이 중요하다.

유아의 정서발달을 돕기 위한 성인의 역할은 다음과 같다(문미옥 외, 2006).

첫째, 긍정적인 분위기를 조성해주고 유아의 정서에 대해 유아가 직접 말할 수 있도록 도와주어야 한다.

둘째, 유아들이 다른 사람에게 정서를 표현하도록 도와주고 부정적 정서는 조절할 수 있도록 해야 한다.

셋째, 적절한 정서 반응의 모델을 보여주는 것도 유아의 정서지능 발달을 도울 수 있다.

넷째, 정서를 일으키는 신념을 변화시켜 유아 스스로 문제 해결을 할 수 있도록 도와주고 어려움이 있을 때 참고 견디는 능력을 길러주어야 한다.

다섯째, 유아를 꾸짖거나, 유아의 정서를 너무 빨리 나누려고 서두르거나, 이야기하도록 강요하거나, 두려운 상황에 직면하도록 강요하는 것은 유아의 정서 지능 발달을 저해하므로 피해야 한다.

2. 자아개념발달

1) 자아개념의 정의

자아개념(Self Concept)이란 영유아가 '나'의 신체, 행동, 능력에 대해 가지는 태도와 신념, 그리고 상황에 대한 모든 지각과 환경과의 상호작용을 통해 형성되는 경험의 총체를 의미한다. 이는 영아기부터 형성되기 시작하며 연령과 경험의 증가로 분화되는데, 생득적인 것이라기보다는 타인과의 상호작용 경험을 통해 형성되는 것으로 본다(박찬옥 외, 2012).

자아개념은 자신의 신체적 특징이나 성향에서부터 집단 내에서의 자아에 대한 인지적 표상을 포함하는 자아인식(Self-Awareness), 자아인지(Self-Cognition)와 같은 인지적 요소와 자아에 대한 태도를 의미하는 자아존중감(Self-Esteem)과 같은 정의적 요소를 포함한다.

2) 자아개념의 발달과정

왓슨(Watson, 1994)은 생후 3~4개월 영아는 자기와 타인을 구별하게 되고, 15~18개월경이면 타인과 분리되는 자기에 대한 관념을 가지게 되며, 약 21~24개월경이면 신체적 자아상이 형성됨으로써 나름대로의 자아에 대한 개념을 갖게 된다고 하였다(김정희 외, 2014). 3~5세 유아는 자신과 타인을 성별이나 나이와 같은 범주에 따라 구분할 수 있으며, 자신의 신체적 특징('나는 키가 작다')과 개인적인 기호('나는 과일을 좋아해')나 소유물('내 블록이에요'), 일상생활의 행동('나는 일찍 자요') 등의 구체적인 특성을 통해 자신을 인식하고 표현한다. 반면 심리적인 특성에 의한 자아인식은 좀 더 늦게 나타난다. 유아는 '편안하다', '열심히 노력한다', '사교적이다' 등과 같이 내면적인 심리적 특성으로 자신을 인식하고 기술하는 데에는 어려움을 보인다. 이후 초등학교 학령기가 되면 아동은 "나는 친구들에게 인기가 많아요", "나는 부지런해요"와 같이 자신의 특성, 가치, 신념 등의 내재적이고 심리적인 특성을 중심으로 자아를 인식하고 표현할 수 있다(김상림 외, 2014).

자아존중감(Self-Esteem)이란 자기 자신의 가치, 능력, 특성에 대한 자아 평가이다. 유아는 2세경에 식사하기, 대소변 가리기, 옷 입기 등의 자조 기술을 성공적으로 수행하면서 자신의 능력에 대한 신뢰감을 형성하기 시작하는데, 이것이 자아존중감의 기초가 된다. 3~4세에는 스스로 하고자 하는 것을 설정하고 다양한 시도를 통해 문제를 해결해 나가면서 자신에 대한 성취감을 갖는다. 유아기에 형성되는 자아존중감은 개인의 전 생애에 걸쳐 지속적으로 자신감을 부여하고 자기 유능감을 유지하는데 큰 영향을 준다(김정희 외, 2014). 유아는 자신의 능력을 긍정적으로 인식하며 과대평가하는 경향이 있으며, 또 일생을 놓고 볼 때 유아기에는 타 시기에 비해 상대적으로 높은 자아존중감을 나타낸다. 이는 타인들이 자신을 좋아해 주기를 바라며 모든 면에서 잘 했으면 하는 유아의 욕구가 표출된 것으로 해석할 수 있는 한편 인지발달의 한계로 자신의 바람과 실질적인 자기 능력의 구분이 어려우며, 자아의 여러 측면을 통합할 수 없기 때문이기도 하다(김상림 외, 2014). 이를 정리하면 〈표 5-6〉과 같다.

〈표 5-6〉 자아개념의 발달 과정

구분	3~4개월	15~18개월	2세	3~5세
자아인식, 자아인지	• 자기와 타인 구별	• 타인과 분리되는 자기에 대한 관념 보유	• 신체적 자아상 형성	• 성별, 나이에 따라 자신과 타인을 구분 • 자신의 신체적 특징, 개인적인 기호나 소유물, 일상생활의 행동 등의 구체적인 특성을 통해 자신을 인식
자아 존중감			• 식사하기, 대소변 가리기, 옷 입기 등의 자조 기술을 성공적으로 수행하면서 자신의 능력에 대한 신뢰감 형성 • 이것이 자아존중감의 기초가 됨	• 스스로 하고자 하는 것을 설정 • 다양한 시도를 통해 문제를 해결해 나가면서 자신에 대한 성취감 형성

3) 자아개념발달에 영향을 미치는 요인

유아기 자아개념발달에 영향을 미치는 요인은 다음과 같다(김상림 외, 2014).

첫째, 지적 능력 및 과제 성취도로, 과제에 대한 성취도가 높은 유아는 긍정적인 자아개념을 형성한다. 그러나 유아기에는 객관적인 능력에 대한 평가보다는 과정에 대한 긍정적인 피드백과 발전에 대한 만족감이 자아개념발달에 더 큰 영향을 미친다.

둘째, 부모의 양육태도로, 부모가 자녀 양육에 있어서 많은 칭찬과 격려를 제공하며 자녀를 존중하는 언어와 행동을 사용할 때 유아의 자아존중감은 긍정적으로 발달한다(윤선영·정혜숙, 2010).

셋째, 교사와의 상호작용으로, 교사가 유아에 대해 높은 기대감과 신뢰를 가지고 더 많은 선택의 기회를 줄 때 유아의 자아존중감이 향상된다(손미정, 2007).

넷째, 또래와의 상호작용으로, 연령이 증가할수록 자아개념에 대한 또래의 영향력은 커지며, 또래로부터 인기 있으며 긍정적으로 인정받는 유아의 자아존중감이 높다.

3. 성역할발달

1) 성역할의 개념과 발달 단계

성역할(Gender Role)이란 개인이 속한 문화권에서 남성 또는 여성에게 적합하다고 여겨지는 일련의 태도와 행동을 말한다(김정희 외, 2014). 성역할을 학습하는 과정을 성유형화(Sex Typing)라고 하는 데, 유아는 자신의 성에 따른 역할(예를 들면, 여아는 친절, 순종적, 의존적, 고분고분하기; 남아는 지배적, 능동적, 공격적, 신중함이 기대 됨)을 인식하고 이에 적합하게 행동하고자 하는 경향은 사회화과정에서 매우 중요하다. 성 유형화의 기초는 가정에서 이루어지며 동성의 부모와 동일시하려는 심리적 과정에서 진행된다고 할 수 있다.

성역할 발달에 대한 이론은 생물학적, 정신분석학적, 학습 이론적, 인지발달적 관점이 있는데 여기서는 인지발달적 관점에서 콜버그(Lawrence Kohlberg, 1976)의 이론에 대해 알아보고자 한다. 콜버그는 성역할 습득도 유기체 내의 변화와 함께 환경과의 상호작용에 의한 인지 능력의 발달과정을 통해 자연적으로 이루어진다고 보았다. 그는 유아의 성역할 발달과정을 3단계로 제시하였다.

1단계는 성 정체성(Gender Identity) 시기로, 2세 반을 전후하여 유아는 자신의 성을 명명할 수 있고 다른 사람을 남녀로 정확하게 구별할 수 있지만 성이란 불변의 속성임을 이해하지 못한다. 2단계는 성 안정성(Gender Stability) 시기로 유아가 5~6세경이 되면 자신의 성은 시간이 흘러도 변하지 않으며 남아는 성장하여 남자 어른이 되고 여아는 여자 어른이 됨을 안다. 3단계는 성 항상성(Gender Constancy) 시기로 7~8세에 유아는 머리모양, 옷 모양, 또는 행동이 달라지더라도 성은 언제든지 같은 성으로 불변한다는 것을 안다. 이는 〈표 5-7〉과 같다.

〈표 5-7〉 콜버그의 성역할 발달 단계

성 정체성(2~4세경)	성 안정성(5~6세경)	성 항상성(7~8세 이후)
외모나 옷으로 성별을 구별하고, 자신을 남녀로 구분하는 시기	시간이 지나도 성은 변하지 않고 일생동안 같은 성을 갖게 됨을 이해하는 시기	머리, 옷이 바뀌거나 시간과 상황의 변화와도 무관하게 성은 바뀌지 않음을 아는 시기

2) 성역할 초월이론과 양성성

전통적인 성역할에 대한 고정관념인 성 정형화(Gender Stereotyped)에서 벗어나 성별에 따른 역할을 재 정의하여 성차별의 근원을 제거하려는 성역할 초월이론이 대두하였다. 헤프너 등(Hefner et al., 1975)은 성역할 미분화, 성역할 양극화, 성역할 초월의 세 단계로 성역할 발달과정을 제시하였는데, 이는 〈표 5-8〉과 같다.

〈표 5-8〉 헤프너의 성역할 발달 단계

성역할 미분화 단계	성역할 양극화 단계	성역할 초월 단계
성역할이나 성유형화된 행동패턴에 대해 개념을 형성하지 못함	자신의 행동을 성역할 고정관념에 반드시 맞추려고 노력함	성역할 고정관념에서 벗어나 상황에 적절하며 적응적인 행동을 할 수 있음

전통적 성역할 모델은 남성성과 여성성을 단일 차원으로 간주하여 개인의 역할을 배타적으로 구분하였으나, 벰(Bem, 1981)은 남성성과 여성성의 두 가지 차원에 따른 성역할 지향 모형을 사용하여 심리적 양성성(Psychological Androgyny)이라는 새로운 개념을 제안했다. 양성성을 뜻하는 'Androgyny'는 그리스어에 어원을 두고 있는데, 남성을 일컫는 'andro'와 여성을 일컫는 'gyn'의 합성어이다. 즉 양성성은 하나의 유기체 내에 남성적 특성과 여성적 특성이 함께 존재하는 것을 의미한다. 양성성 관련 연구들은 양성적 성역할 정체감을 가진 사람들은 자신감과 자존심이 강하며 상황에 대한 적응력이 높고 변화하는 사회적 요구에 융통성 있게 적응한다고 하였다. 양성성과 긍정적인 성격과의 관련성은 높으며, 이와 반대로 전형적인 남성성만 강하거나 여성성만 강하게 보이는 사람들은 심리적으로 건강한 모습과는 거리가 있다고 한다. 이에 성역할 발달의 목표는 엄격하게 성유형화된 정체감을 획득하는 것이 아니라, 성에 상관없이 남성적 특성(행위 주체성)과 여성적 특성(친교)이 적절한 균형을 이루도록 하는 것이다(김정희 외, 2014).

4. 도덕성 발달

1) 도덕성의 개념

도덕성(Morality)이란 인간이 자신과 타인의 행위에 대해 선악을 구별하고 사회생활에서 요구되는 규범, 규칙 등을 수행하여 선행과 정의를 실천하려는 심리 성향을 말한다. 도덕성의 발달은 어떤 측면을 강조하느냐에 따라 정신분석이론, 행동주의 이론, 인지발달 이론의 관점이 있다. 정신분석이론에서는 도덕성의 정서적 측면을 중시하여 유아가 내면화한 도덕 기준을 위반했을 때 죄책감이나 수치심 같은 부정적 정서를 느끼는 경험을 통해 도덕성이 발달한다고 본다. 행동주의 이론에서는 도덕성이 다른 행동과 마찬가지로 모방과 강화에 의해 학습되므로 부모나 주변의 어른들이 규칙과 일관된 행동을 하고 규칙을 명확히 설명해주어야 유아의 도덕성도 발달된다고 보는 입장이다. 인지발달 이론에서는 도덕성의 인지적 측면에 근거하여 유아의 사고방식이 성숙하면서 도덕성이 발달한다고 본다.

2) 콜버그의 도덕성 발달 단계

콜버그(Lawrence Kohlberg, 1976)는 피아제가 유아를 관찰하며 도덕성을 3단계(전도덕, 타율적 도덕, 자율적 도덕)로 제시한 것을 더 세분화하여 3수준 7단계로 제시하였다. 콜버그는 9가지의 도덕적 갈등상황을 제시하여 이 상황에서 주인공의 행동을 어떻게 생각하며, 왜 그렇게 생각하는지의 이유를 추론하게 하여 도덕성 발달단계를 구분하였다. 이 중 가장 유명한 도덕적 갈등 상황이 아래의 하인즈 딜레마(Heinz Dilemma)이다.

> 유럽에서 한 여인이 희귀한 암에 걸려 죽음 직전에 와 있었다. 의사는 그 여인을 살릴 수 있는 방법은 동네에 사는 약사가 개발한 신약을 먹는 것이라고 하였다. 약사는 약을 제조할 때 든 비용을 고려하여 제조비용의 10배를 약 값으로 불렀다. 그 약의 재료인 라듐 값이 200불이었는데 한 번 투여하는데도 2,000불을 요구했다. 여인의 남편인 하인즈는 돈을 빌리기 위해 아는 사람 모두를 찾아다녔으나 약 값의 절반인 1,000불밖에 구하지 못했다. 하인즈는 약사에게 아내가 죽어가고 있으니 약 값을 깎아주거나 나중에 약 값을 갚도록 해달라고 부탁했다. 그러나 약사는 "안됩니다. 내가 이 약을 개발했고 나는 이 약으로 돈을 벌겁니다."라고 했다. 하인즈는 절망했고 아내를 위해 그 약을 훔쳤다.

위 딜레마에 대해 여러 가지 질문을 하면서(하인즈는 약을 훔쳐야만 했을까?, 하인즈는 약을 훔쳤기 때문에 벌을 받아야만 하는가?, 약사는 터무니없이 비싼 약 값을 요구할 수 있는 것일까? 등), 이 상황에 대한 도덕적 판단과 그 이유에 대한 설명을 함께 분석하여 콜버그가 설정한 도덕성 발달 단계는 〈표 5-9〉와 같다.

〈표 5-9〉 콜버그의 도덕성 발달 단계(3수준 7단계)

<table>
<tr><th colspan="6">전도덕기(전 인습 수준)</th></tr>
<tr><th colspan="3">1단계(3~7세)</th><th colspan="3">2단계(8~11세)</th></tr>
<tr><td colspan="3">주관화-복종과 처벌지향</td><td colspan="3">상대화-상대적 쾌락주의 지향</td></tr>
<tr><td colspan="3">• 하인즈가 약을 훔치는 것은 벌을 받게 되기 때문에 잘못이라 판단한다.
• 벌과 권위에 대한 복종이 도덕적 행위의 동기가 된다.</td><td colspan="3">• 약을 훔쳐서라도 하인즈는 자기 아내를 살려야한다고 판단한다.
• 자신이나 타인의 욕구충족이 우선적 동기가 된다.</td></tr>
<tr><th colspan="6">타율적 도덕기(인습 수준)</th></tr>
<tr><th colspan="3">3단계(12~17세)</th><th colspan="3">4단계(18~25세)</th></tr>
<tr><td colspan="3">객체화-대인 간 조화와 착한 아이 지향</td><td colspan="3">사회화-사회질서와 권위 지향</td></tr>
<tr><td colspan="3">• 약을 훔치는 행위는 약사의 권리를 침해할 뿐 아니라 남에게 해를 끼치는 행동이므로 옳지 못하다고 판단한다.
• 대인관계 및 타인의 승인을 중시한다.</td><td colspan="3">• 법은 어떤 경우에도 지켜져야 하므로 하인즈의 행위는 옳지 못하다고 판단한다.
• 권위 유지적 법률과 질서지향 법적 권위를 지향하여 사회질서를 중시한다.</td></tr>
<tr><th colspan="6">자율적 도덕기(후 인습 수준)</th></tr>
<tr><th colspan="2">5단계(25세 이상)</th><th colspan="2">6단계</th><th colspan="2">7단계</th></tr>
<tr><td colspan="2">일반화-민주적 법률 지향</td><td colspan="2">궁극화-보편적 윤리적 원리 지향</td><td colspan="2">우주적 영생 지향</td></tr>
<tr><td colspan="2">• 하인즈가 약국에 무단침입한 것은 잘못된 행위이나 인명을 구하기 위한 일이므로 용서해야 한다고 판단한다.
• 개인의 권리를 존중하고 사회 전체가 인정하는 기준을 준수한다.</td><td colspan="2">• 인간 생명과 관계된 문제로서 이는 무엇보다도 우선하여 생각해야 한다고 본다.
• 스스로 택한 도덕적 원리나 양심의 결단에 따른다(소수만 도달).</td><td colspan="2">• 도덕 문제는 도덕이나 삶 자체가 문제가 아니라 우주적 질서와 통합된 우주원리로 본다.
• 다수를 위한 최선, 생명의 신성함, 인간 성장의 조성 등이 우주적인 원리에 속한다.</td></tr>
</table>

여기서 유아기는 전도덕기(전인습 수준)의 1단계에 해당하는 시기이므로, 부모나 주변 어른들이 사회적 규칙과 일관성 있게 행동하는 모범을 보여 바람직한 도덕성이 내재화되도록 해야 할 것이다.

5. 공격성발달

1) 공격성의 개념

공격성(Aggression)이란 의도적으로 타인이나 타인의 소유물에 대해 위해를 가하는 부정적 행동을 말한다. 공격성은 타인에게 위해를 가할 목적으로 행해지는 적대적 공격성(Hostile Aggression)과 자신의 목적을 성취하기 위한 수단으로 타인에게 위해를 가하는 도구적 공격성(Instrumental Aggression)의 두 가지로 나누어진다(Shaffer, 1999). 즉 도구적 공격성은 목적 성취를 위한 도구로서 공격성을 행하지만, 적대적 공격성은 타인에 대한 공격성 자체가 목적이다. 나이가 어릴수록 도구적 공격성이 많이 나타나며 나이가 들수록 적대적 공격성이 증가한다.

공격성은 각 이론의 관점에 따라 다르게 해석되는 데, 동물행동학자들은 공격성이 동물과 인간에 내재된 투쟁본능이며 동물 진화에 있어 공격성은 생존을 위한 중요한 수단이 된다고 하였다. 정신분석이론에서 프로이드는 공격행동을 죽음의 본능이 외부로 표출되어 타인에게 전가되어 나타나는 것으로 보았다. 학습이론가들은 강화와 모방을 통해 공격성이 학습된다고 주장하였고, 사회학습이론가들은 모델의 공격적 행동을 관찰하거나 모방함으로써 학습된다고 하였다. 사회인지이론가들은 공격적인 유아는 사회적 정보처리과정에 결함이 있기 때문에 공격적으로 행동한다고 보았다(김정희 외, 2014).

2) 공격성의 발달

Maccoby(1988)에 의하면 생후 2세경부터 공격성이 나타나는데 2세 반부터 3세경에는 때리고 차는 것과 같은 분명한 신체적 공격성이 나타나며, 3세에서 5세 사이에는 이러한 신체적 공격성은 감소하고 놀리거나 욕하는 것과 같은 언어적 공격성이 증가한다. 공격성의 형태가 신체적 공격에서 언어적 공격으로 바뀌는 이유는 언어 사용 기술이 발달함과 동시에 신체적 공격을 바라지 않는 부모나 성인의 기대, 사회적 규제 등에 따르게 되기 때문이다. 또한 3세에서부터 6세경에는 자신의 목적 달성을 위한 도구적 공격성이 많이 나타나지만 6세 이후에는 타인에게 해를 가하는 것 자체가 목적인 적대적 공격성이 보다 더 자주 나타난다고 한다. 휴스만(Huesman)과 그의 동료들(1984)은 22년간의 종단적 연구에서 8세에 다른 유아에 비해 더 공격적이었던 유아들이 30세에도 여전히 더 공격적이라는 것을 밝혔다.

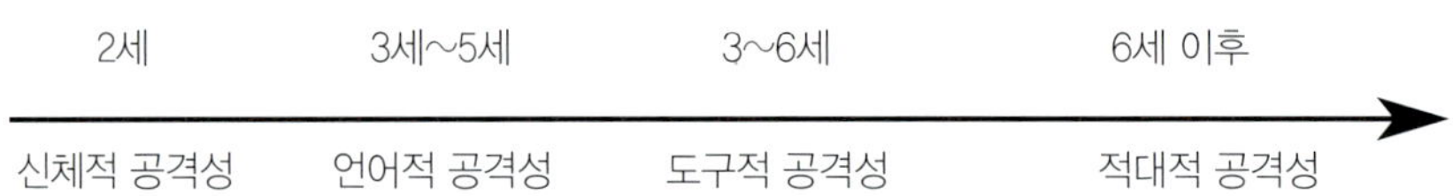

그림 5-4 공격성의 발달

3) 공격성에 영향을 미치는 요인과 지도

공격성 발달에 영향을 미치는 요인에는 먼저 생리학적 요인으로, 세로토닌의 기능 감소와 같은 신경전달물질의 배출 정도 또는 신경계 활동의 차이가 공격성과 관련이 있다고 한다. 또는 까다로운 기질이나 신경학적으로 손상 받은 주의력 결핍장애 등도 공격성과 관련이 있다(Coie & Dodge, 1998). 그리고 생태학적 사회적 요인으로 빈곤은 공격성을 증가시킬 가능성이 크다(Patterson, 1995). 즉 빈곤한 계층의 부모들은 심리적으로 스트레스를 받고, 이러한 부모들은 아동을 양육하는 데 있어 비 일관적이고 엄격한 통제방식을 사용함으로써 유아의 공격성을 증가시킨다고 보았다. 부모의 권위주의적 양육 방식, 공격성에 대해 허용적 태도를 취하는 부모들은 유아들을 더 공격적으로 행동하게 만든다고 한다(Olweus, 1980). 이외에도 쉽게 접할 수 있는 TV, 영화 같은 대중매체도 공격성에 영향을 미친다. 공격적인 프로그램을 많이 본 유아가 그렇지 않은 프로그램을 본 유아보다 공격적 행동을 더 많이 모방한다는 연구들이 많다(Park & Salby, 1983). 또한 욕구불만이나 좌절감을 불러일으키는 환경, 예를 들면 비좁은 활동 공간이나 제한된 놀잇감, 총, 칼 같은 공격적인 놀잇감의 잦은 노출도 공격성을 초래할 가능성이 높다고 한다.

유아의 공격성에 대한 예방 및 지도방법은 공격성을 유발하는 요인이 어디에 있는지를 파악하여 개선하는 것이 바람직하다. 즉 생리적 호르몬이나 신경계 장애의 문제라면 의학적 조치를 취하고, 부모의 양육 방식 때문이라면 부모가 상담을 받아볼 수 있게 하며, 유아의 좌절 상황을 감소시키기 위해 충분한 놀잇감이나 활동 공간을 제공해주는 것도 방법이 될 수 있다. 또한 공격성을 예방하기 위하여 일상생활에서 유아의 내면에 억압된 분노와 스트레스를 풀 수 있는 건전한 놀이를 제공하고, 평소 공격적 행동보다는 대화나 협상 타협, 협력을 통해 문제를 해결하며, 공격적인 TV나 멀티미디어 프로그램에 노출되는 것을 방지하는 노력이 필요하다.

6. 정서·사회성 발달 관련 요인

유아의 정서·사회성 발달 관련 요인을 브론펜브레너(Urie Bronfenbrenner)의 생태체계 이론에 근거한 사회적 맥락으로 설명할 수 있다. 여기서는 유아의 정서·사회성 발달수준과 개인차를 만드는 요인으로 연령, 성, 지능과 같은 개인적 요인과 부모의 양육 방식, 사회·경제적 계층, 또래와의 관계와 같은 환경적 요인으로 살펴보고자 한다.

1) 연령, 성, 지능

누구나 해당 연령에 이르면 일정한 정서(기질, 애착, 정서지능)·사회성(자아개념, 성역할, 도덕성, 공격성 등) 발달 단계에 도달하는 것은 아니지만, 연령은 대체적인 발달의 흐름을 파악할 수 있는 기준이 된다. 성에 따른 정서·사회성 발달의 차이에 대한 연구들은 서로 일치하고 있지 않거나 상반된 결과가 있으므로 일반적으로 성별이 정서·사회성 발달에 영향을 준다고 언급할 수는 없다. 지능은 정서·사회성 발달과 정적인 상관관계를 가진다고 볼 수 있다. 그러나 지능만을 정서·사회성 발달의 요인이라고 볼 수는 없다.

2) 부모의 양육 방식

부모의 애정적·자율적 양육 방식은 유아의 정서·사회성 발달에 긍정적 영향을 준다. 바움린드(Diana Baumrind)는 유아교육기관에 다니는 유아들의 행동 특성을 분류하여 이들 부모들의 양육형태를 비교하였다. 그 결과 바움린드는 온정성 및 훈육, 성숙에 대한 기대수준, 규칙의 명확성, 부모-자녀 간의 의사소통 등의 차원에서 부모의 양육 방식을 네 가지 유형으로 언급하였는데 이는 [그림 5-5]와 같다.

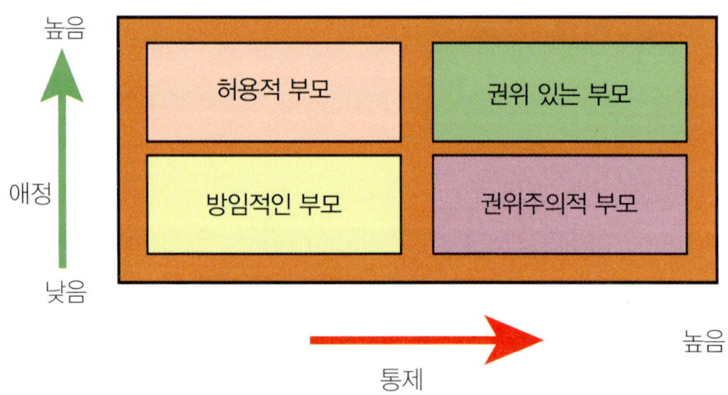

그림 5-5 바움린드의 부모의 양육 방식

첫째, 권위 있는(민주적인) 양육 방식을 가진 부모들은 유아들을 애정과 수용으로 대하며 많은 정보를 제공하고 합리적인 이유를 대면서 자녀의 행동을 통제하였다. 이러한 부모의 유아들은 유능하고 독립적이고 현실적이며, 자신을 통제할 줄 알았다.

둘째, 권위주의적(독재적인) 양육 방식을 가진 부모들은 자녀에 대한 애정과 동정심이 적고 양육에 있어 융통성이 없으며 자녀들과 원활한 의사소통을 하지 못하고 합리적 통제방법을 효과적으로 사용하지 못하였다. 그리고 권위적인 행동을 하며 부모가 내린 결정이나 규칙을 유아가 절대적으로 준수하도록 강요하며 매우 성숙된 행동을 요구한다. 이러한 부모의 유아들은 자기를 통제하는 능력이 보통 정도이고 쉽게 불안정해지며, 퇴행적이고 신뢰심이 적고, 또래집단에 흥미가 없는 것으로 나타났다.

셋째, 허용적인 양육 방식을 가진 부모들은 매사를 자녀가 원하는 대로 하게 하고, 자녀에게 전적인 자유를 주며 분명한 규칙을 제시하지 않는다. 이러한 부모의 유아들은 자제력이 부족하고 자기중심적, 충동적, 지배적인 행동을 하기 때문에 매우 미숙하고 사회적 책임감도 낮다.

넷째, 방임적인 양육 방식을 가진 부모들은 자녀양육에 관심도 적고 애정도 부족하여 자녀의 요구를 무시하거나 거부하고 유아의 결정이나 생각에 무심하다. 이러한 부모의 유아들은 자존감이 낮고, 자아통제력이나 자기조절능력이 매우 떨어지며, 학업능력과 사회적 능력도 낮으며 반사회적으로 비행을 저지를 가능성이 높다.

이에 부모가 유아의 행동기준에 대해 확고하고 일관된 생각을 갖고 행동 통제를 하되 따뜻하고 애정이 풍부하며 유아의 의견을 존중하면, 유아는 능력 있고 사교적이며 자립적인 사람으로 성장할 수 있음을 알 수 있다.

3) 사회·경제적 계층

사회·경제적 계층과 부모의 학력이 유아의 정서· 사회성 발달에 영향을 미친다는 연구들이 있다. 중류계층의 어머니가 민주적인 방식을 취했을 때 유아의 도덕성 발달수준이 높았고, 독재적인 경우 도덕적으로 미성숙함이 나타났다. 부모의 학력이 높고 가정의 사회경제적 지위가 높을수록 유아의 도덕성 발달 수준이 높게 나타났다는 연구들이 있다(박영미, 1985).

4) 또래의 역할

여러 사회학습이론가들과 인지발달 이론가들은 또래가 유아의 정서·사회성 발달에 영향을 미친다고 밝혀왔다. 피아제는 유아의 도덕성은 부모보다 또래의 영향을 더 받는다고 하였으며, 집단활동에 많이 참여하는 유아, 또래와 밀접한 관련이 있는 유아, 또래집단 내에서 지명도가 높은 유아가 성숙된 도덕성 수준을 보인다고 하였다.

7. 정서· 사회성 발달 촉진활동

여기서는 일상생활에서 쉽고 자연스럽게 영유아의 정서 사회성 발달을 지원하는 활동의 예를 살펴보고자 한다.

♣ 활동 1 나뭇잎 찢기(대상 연령 1세)

◈ 활동목표 : 나뭇잎을 찢으며 스트레스를 해소한다.
나뭇잎을 붙인 작품을 감상하며 자신과 타인의 생각을 인식한다.

◈ 활동자료 : 나뭇잎, 접착시트지

◈ 활동방법

1. 실외에서 나뭇잎을 수집한다.
   "○○이는 어떤 나뭇잎을 주웠어? 크기는? 모양은? 색은?"
   "이 나뭇잎으로 무엇을 할까? 교실에 가자."
2. 바닥에 앉아 수집해온 나뭇잎을 손으로 탐색하고 작게 찢는다.
   "나뭇잎을 살펴보자. 만지니 느낌이 어때? 작은 크기로 찢어볼까?"
   "찢으니 기분이 어때? 소리는?"
3. 찢은 나뭇잎을 접착시트지에 붙인다.
   (시트지를 제시하며) "이것은 무엇일까? 만져봐. 어때? "
   "여기에 나뭇잎을 붙여볼까?"
   "나뭇잎이 없는 곳을 찾아 붙이도록 하자."
4. 완성된 시트지를 전시해놓고 감상한다.
   "작품을 보니 기분이 어때?"

♣ 활동 2 '노래, 마라카스, 춤'(대상 연령 2세)

◈ 활동목표 : 노래를 들으며 그 느낌을 몸으로 표현한다.
마라카스를 흔들고 춤을 추며 즐거운 기분을 느낀다.

◈ 활동자료 : 노래(동물원 등), 동물모자, 마라카스, 마이크

◈ 활동방법

1. 노래를 들으며 느낌에 대해 이야기 나눈다.
   "어떤 노래일까?", "그래, 동물원이라는 노래야. 음악과 함께 몸을 움직여볼까?"
2. 노래에 나오는 동물을 흉내 내어본다.
   "송아지는 어떻게 생겼어?, 어떻게 울어?, 어떻게 걸을까?, 흉내 내어 보자."

3. 음악과 함께 마라카스를 자유롭게 흔들거나 노래를 따라 부르며 춤을 춘다.
   "자, 음악을 들으며 마라카스를 흔들어보자. 크게, 작게."
   "마라카스를 흔들며 춤을 출 수 있어?"
   "와, 신나게 잘하는구나. 마이크로 노래를 부르며 춤도 춰보자."

4. 자료를 제자리에 정리하고 휴식을 취하며 모여앉아서 기분이 어땠는지 평가한다.

♣ 활동 3 '꽃 물 들이기'(대상 연령 3~4세)

◈ 활동목표 : 자연물의 상태 변화 전과 후의 차이를 비교한다.
꽃을 접하며 심미감을 느낀다.

◈ 활동자료 : 꽃(철쭉, 민들레, 팬지 등), 빈 용기, 비닐이나 깔개, 둥근(나무 또는 플라스틱) 망치, 하얀 손수건, 물티슈

◈ 활동방법

1. 실외에 나가 꽃을 탐색하고 필요한 만큼 딴다.
   (자연은 잘 보존해야 하지만, 필요할 때는 이용할 수 있다는 것에 대해 사전에 이야기를 나눈다.)
   "꽃을 보니 기분이 어때?"
   "꽃물 들일 손수건을 만들기 위해 필요한 만큼만 따서 그릇에 담자."
   "나뭇잎을 따도 돼. 나뭇잎은 어떤 색이 나올까?"
2. 깔개 위에 따 온 꽃과 나뭇잎을 늘어놓고 탐색한 후, 하나씩 떼어 자기의 생각대로 배열한다.
   "자기가 따온 것들을 자세히 살펴보자."
   "만져보자. 느낌이 어때?–색은?–냄새는?–이것으로 무엇을 하지?"
   "어떤 색깔과 모양이 나올지를 생각하며 하나씩 떼어 놓자."
3. 망치 사용 시 주의점에 대해 이야기 나누고, 꽃잎 위에 손수건을 덮은 후 두드린다.
   "(망치를 제시하며) 이것은 무엇일까? 어떻게 사용해야 할까?"
   "여기 꽃 위에 손수건을 덮어보자. 손으로 눌러봐. 어떻게 되었지?"
   "망치로 두드려보자."
4. 망치를 약하게, 세게 두드리며 손수건에 생기는 색과 모양을 관찰한다.
   "손수건에 어떤 무늬가 생기고 있어? 망치를 약하게, 세게 두드려보자."
   "어떻게 되었어? 왜 이렇게 되는 것일까?"

5. 꽃물이 든 손수건을 살펴보며 자기의 생각과 느낌을 이야기한다.
   "○○는 손수건에 어떤 무늬가 생겼는지 소개해줄래?"
   "어떤 색과 모양이 만들어졌어? 어떤 것들이 그런 색을 만들었을까?"

♣ 활동 4 '꽃다발을 만들어 엄마께 선물해요'(대상 연령 4~5세)

◈ 활동목표 : 다양한 꽃을 탐색한다.
꽃다발을 만들어 부모님께 선물한다.

◈ 활동자료 : 꽃을 담을 바구니, 자연식물(들꽃, 풀꽃, 잎새들), 돗자리, 작은 화훼가위, 리본 끈, 레이스

꽃을 담는 바구니

자연식물(들꽃, 풀꽃, 이파리)

◈ 활동 방법 :

1. 실외에서 필요한 만큼 꽃이나 나뭇잎, 가지 등을 채집한다.

2. 꽃과 잎새 등을 리본 끈으로 묶어서 꽃다발을 완성한다.

3. 집으로 가져가서 부모님께 꽃다발을 선물한다. 선물하면서 부모님께 어떤 말을 할지 이야기 나눈다.

• 유의점: 꽃을 채집 할 때 벌에 쏘이거나 억센 풀에 손을 베이지 않도록 유의한다.

♣ 활동 5 집 구성하기(대상 연령 4~5세)

◈ 활동목표 : 자연물을 이용하여 자신의 생각대로 집을 구성하고 꾸민다.
자연물을 만지며 심미감을 느낀다.

◈ 활동자료 : 꽃, 나뭇가지, 나뭇잎 등

◈ 활동방법

1. 주워 온 나뭇가지, 나뭇잎, 꽃 등으로 집을 만든다.
"무엇을 하고 있어? 솔방울은 무엇을 표현한 것이니?"

2. 자기가 꾸민 집에 대해 위치와 공간 관계를 말로 표현한다.
"ㅇㅇ의 집 크기는 어때?"
"위에는 무엇이 있고, 그 아래는 무엇이니?"
"느낌은?", "안에는 무엇이 있고, 밖에는 무엇이 있니?"

회상: 용어정리

- **정서(Emotion):** 인간이 내면으로 느끼는 어떤 것으로서 '생리적이고 행동적인 변화를 수반하는 개인의 경험에 대한 주관적인 반응'
- **정서조절(Emotional Regulation):** 자극에 의해 발생된 정서적인 반응을 스스로 적절한 방식으로 조절하고 변화시킬 수 있는 능력
- **만족지연(Delay of Gratification):** 현재의 즉각적인 보상을 스스로 지연시켜 미래에 더 큰 보상을 위해 인내하는 것
- **기질(Temperament):** 개인의 특성적 요소로 상황에 대한 접근과 반응양식
- **조화적합성(Goodness-of-Fit):** 유아의 기질과 그들이 다루어야하는 환경적 요구 및 구속 사이의 조화
- **정서지능(Emotional Intelligence):** 정서를 정확하게 지각하여 평가하고 표현하는 능력, 정서의 사고 촉진능력, 정서 및 정서와 관련된 지식을 이해할 수 있는 능력
- **자아개념(Self Concept):** '나'의 신체, 행동, 능력에 대해 가지는 태도와 신념, 그리고 상황에 대한 모든 지각과 환경과의 상호작용을 통해 형성되는 경험의 총체
- **자아존중감(Self Esteem):** 자기 자신의 가치, 능력, 특성에 대한 자아평가
- **성역할(Gender Role):** 개인이 속한 문화권에서 남성 또는 여성에 적합하다고 여겨지는 일련의 태도와 행동
- **성 정체성(Gender Identity) 시기:** 자신의 성을 명명할 수 있고 다른 사람을 남녀로 정확하게 구별할 수 있으나, 성이란 불변의 속성임을 이해하지 못하는 시기
- **성 안정성(Gender Stability) 시기:** 자신의 성은 시간이 흘러도 변하지 않으며 남아는 성장하여 남자 어른이 되고 여아는 여자 어른이 됨을 아는 시기
- **성 항상성(Gender Constancy) 시기:** 머리모양, 옷 모양, 또는 행동이 달라지더라도 성은 언제든지 같은 성으로 불변한다는 것을 아는 시기
- **심리적 양성성(Psychological Androgyny):** 하나의 유기체 내에 남성적 특성과 여성적 특성이 함께 존재하는 것을 의미
- **도덕성(Morality):** 자신과 타인의 행위에 대해 선악을 구별하고 사회생활에서 요구되는 규범, 규칙 등을 행위로 수행하여 선행과 정의를 실천하려는 심리 성향
- **도구적 공격성(Instrumental Aggression):** 목적을 성취하기 위한 수단으로 타인에게 위해를 가하는 부정적 행동

회상: 내용정리

1. 다음 빈칸에 알맞은 단어를 넣어보세요.

1) 플루칙(Plutchik)은 8가지 기본정서를 두려움, (　　　), 슬픔, 혐오, 화남, 예기(기대), 기쁨, (　　　)으로 언급하며 3차원 구조를 가진 (　　　　　)모형을 제안하였다.

2) 좌절상황을 참는 능력은 (　　　)세경에 나타나기 시작하여 유아기에 점차 증가한다.

3) '마시멜로 실험'에서 당장 먹지 않고 만족지연 행동을 보인 유아는 전체 유아의 (　　　　)%이다.

4) 유아의 기질은 유아의 정서가 얼마나 긍정적인지 그리고 새로운 환경에 얼마나 적응하는지에 따라 (　　　　　), (　　　　　), (　　　　　)의 세 유형으로 구분할 수 있다.

5) 에인스워스는 (　　　　　)을 통해 개별 영아의 애착 정도를 평가하여 애착 유형을 (　　　), (　　　　), (　　　　), (　　　　)의 네 가지로 분류하였다.

6) 자아개념은 (　　　　　　), (　　　　　　)와 같은 인지적 요소와 자아에 대한 태도를 의미하는 (　　　　　　)과 같은 정의적 요소를 포함한다.

7) 콜버그는 유아의 성역할 발달 과정을 3단계로 제시하였는데, 이는 (　　　　　) 시기, (　　　　　) 시기, (　　　　　) 시기이다.

8) 헤프너 등은 (　　　　　), (　　　　　), (　　　　　)의 세 단계로 성역할 발달 과정을 제시하였다.

9) 바움린드는 부모의 양육 방식을 네 가지 유형으로 언급하였는데 이는 (　　　　) 양육 방식, (　　　　) 양육 방식, (　　　　) 양육 방식, (　　　　) 양육 방식이다.

2. 다음 문장을 읽고 O, X로 답해보세요.

1) 유아는 슬픔과 같은 부정적 정서보다 기쁨이나 좋음, 즐거움, 행복과 같은 긍정적 정서를 더 쉽게 이해한다. (　　)

2) 유아는 2세경이 되면 기쁨, 슬픔, 분노, 놀람 등과 같은 단순한 정서를 유발시키는 원인이나 상황에 대해 이해할 수 있다. (　　)

3) 부모나 교사는 일상생활에서 유아가 자신의 정서를 자유롭고 정확하게 표현하며, 자신과 타인의 정서를 이해하고, 상황에 적합하게 정서를 조절할 수 있는 능력을 기르도록 노력해야 한다. (　　)

4) 기질에서의 개인차는 선천적으로 타고나는 기본적인 생물학적 특성의 차이에만 기인한다. ( )

5) 기질은 유전의 영향을 받아 타고난 요인이지만, 부모나 교사가 유아의 기질에 대한 기본적인 지식을 습득하고 개별 유아의 기질을 제대로 파악하여 이에 적합하게 반응하는 것이 더욱 중요하다. ( )

6) '감정이입'은 목표를 향한 주의 집중, 완전함과 창의성에 대한 추구를 의미하는 능력으로써 목표달성을 위해 일시적인 만족이나 충동을 억제할 수 있는 능력을 말한다. ( )

7) 정서지능은 성인이 된 이후에도 학습이 가능하지만 유아기 경험이 결정적이며, 특히 생후 3~4세까지는 학습이 어느 때보다 빨리 이루어지고 정서발달의 토대가 된다. ( )

8) 유아는 자신의 능력을 긍정적으로 인식하며 과대평가하는 경향이 있으며, 또 일생을 놓고 볼 때 유아기에는 타 시기에 비해 상대적으로 높은 자아존중감을 나타낸다. ( )

9) 6세 이후에는 타인에게 해를 가하는 것 자체가 목적인 적대적 공격성이 보다 더 자주 나타난다. ( )

10) 성역할 발달의 목표는 엄격하게 성유형화된 정체감을 획득하는 것이 아니라, 성에 상관없이 남성적 특성(행위 주체성)과 여성적 특성(친교)의 적절한 균형을 이루는 것이어야 한다. ( )

토 의

1. 다음에 대한 의견을 작성하여 서로 비교해보세요.

1) 영유아기 정서표현의 네 가지 특징에 대해 예를 하나씩 들어보세요.

(1) 유아의 정서는 일시적이다.

(2) 유아의 정서표현은 강렬하다.

(3) 유아의 정서표현은 빈도가 높다.

(4) 유아의 정서는 쉽게 변화한다.

2. 영유아기 자아개념발달에 영향을 미치는 아래 요인과 관련하여 부모나 교사가 해야 할 역할에 대해 이야기 나누세요.

1) 지적 능력 및 과제 성취도가 높은 유아는 긍정적인 자아개념을 형성하게 된다고 하는데 어떻게 해야 할까?

2) 유아의 자아존중감을 높이기 위한 부모, 교사, 또래의 바람직한 역할은?

3. 기질의 특성이 다른 유아를 조화롭게 키우는 바람직한 양육 방식에 대해 이야기 나누세요.

1) 순한 유아

2) 까다로운 유아

3) 느리게 반응하는 유아

4. 성역할에 대한 심리적 양성성을 인정하면서 유아기의 바람직한 성 정체성의 발달을 돕는 교사의 역할을 예를 들어 설명하세요.

5. 애니메이션 영화 '인사이드 아웃'을 보고 정서의 종류와 정서 조절력에 대해 이야기 나누세요.

6. 영화 '집으로', '나의 라임 오렌지 나무', '식스 센스'를 보고 사람과 사람의 관계에 대해 이야기해보세요.

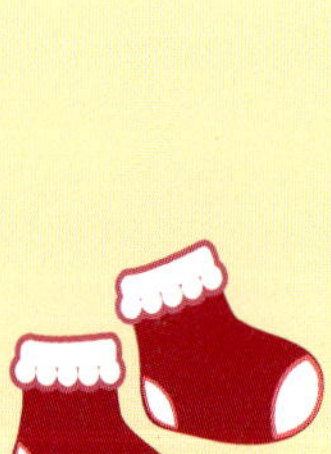

Chapter

6. 인지발달

1. 지각발달
2. 인지발달
3. 기억발달
4. 상위인지 발달
5. 지능발달
6. 창의성 발달
7. 인지발달 촉진활동

- 회상: 용어정리, 내용정리

'사람은 모두 열 살까지는 천재다.'
Until ten years old who is a genius all.

—A. 헉슬리

영유아기는 다양한 감각을 통해 세상의 정보를 수용하면서 사고의 틀을 만들어 가는 시기이다. 블룸(Bloom)은 만 17세에 측정한 지능을 100%라고 볼 때, 약 50%의 발달이 임신에서부터 4세 사이에 일어나며, 약 30%가 4~8세 사이에, 그리고 나머지 20%가 8~7세 사이에 이루어진다고 하였다. 뇌발달연구와 더불어 유아의 지적 사고과정에 대해 수많은 연구들이 행해져왔다. 이 장에서는 영아가 오 감각을 통해 주변 세상을 알아가는 지각의 발달에서부터 감각운동기와 전조작기에 걸친 인지발달과정과 특징, 정보처리 이론에 근거한 기억과 정보의 산출, 지능과 창의성의 발달, 그리고 인지발달을 촉진하는 교육활동의 실제에 대해 알아보고자 한다.

학습목표

1. 영유아기 지각과 인지발달, 기억, 상위 인지, 지능과 창의성 발달에 대해 설명할 수 있다.
2. 인지발달 특성에 기초하여 영유아의 행동을 이해하고 도울 수 있다.
3. 영유아의 인지발달을 촉진하는 활동을 탐색하고 창안하는 태도를 가진다.

• 참고 동영상 •

- 깁슨의 지각발달(시각 벼랑 실험)
- 감각운동기, 전조작기 관련 동영상(3차 순환반응, 대상연속성 등)
- 유아기 기억 전략
- 마음이론 실험
- 다중지능이론
- 창의성 발달의 비밀! 흥미제로, 쉽게 포기하는 아이(SBS 우리 아이가 달라졌어요, 2014)
- 뇌발달 연구(대뇌의 구조와 기능)

1. 지각발달

지각(Perception, 知覺)은 주변의 사건과 사물을 감각기관을 통하여 아는 일을 말한다(두산백과사전, 2015). 감각은 감각기관에 주어지는 개별적인 자극을 감수하는 것으로, 영아는 감각기관을 통해 세상으로부터 정보를 지각하여 행동을 한다. 인지발달은 먼저 감각기관을 통해 정보를 지각하여, 이를 조직하고 반응하는 도식을 형성해가면서 이루어지는 것이다.

영아기 지각을 측정하는 데 사용되는 방법으로 선호도(Preference) 측정법, 습관화(Habituation) 측정법, 뇌파 측정법, 빨기 반응 측정법이 있다(정옥분, 2012). 이를 살펴보면 〈표 6-1〉과 같다.

〈표 6-1〉 영아기 지각 측정법

구분	방법
1. 선호도 측정법 두 개 이상의 자극들 중에서 어떤 것에 더 주의를 기울이는지를 측정하는 방법	Fantz(1961)은 영아가 시각 형태를 변별할 수 있는지를 알아보기 위하여 반듯하게 눕히고 두 개 이상의 자극을 보여주었다. 장치 위에서 영아를 관찰하는 실험자는 영아가 각 형태에 주시한 시간을 기록하였는 데, 어떤 한 자극보다 더 오래 주시하면 그 자극을 더 선호하는 것으로 해석하였다.
2. 습관화 측정법 두 자극을 변별하는 능력을 알아보기 위해 영아가 한 가지 자극에 습관화될 때까지 그 자극을 계속해서 제시한 다음 다른 자극을 제시하여 영아의 반응을 측정하는 방법	이때 영아가 두 번째로 제시된 자극에 주의를 기울이거나 이전과는 다른 행동을 하면 두 자극 간의 차이를 아는 것으로 해석한다. 반면, 두 번째 자극에 대한 반응과 차이가 없으면 영아가 두 자극 간의 차이를 알지 못하는 것으로 해석한다.
3. 뇌파 측정법 자극이 제시될 때 뇌파의 변화를 측정하는 방법	예를 들어, 시각 자극은 머리 뒤쪽에, 청각 자극은 머리 양 옆에 전극을 붙이고 뇌파를 측정한다. 뇌파에 변화가 나타나면 제시된 자극을 감지하는 것이며, 뇌파에 변화가 나타나지 않으면 제시된 자극을 감지하지 못하는 것이다.

구분	방법
4. 빨기 반응 측정법 영아에게 전선으로 연결되어 있는 빠는 속도와 강도를 기록할 수 있는 고무젖꼭지를 제시하여 빨기 반응을 측정하는 방법	빠는 속도가 빠르고 강할 때만 특정 자극이 나타나기 때문에 영아가 그 자극을 흥미롭다고 생각하면 자극을 다시 접하기 위해 계속해서 빠르고 강하게 빨기 반응을 나타낼 것이다. 그러나 그 자극에 점차 흥미가 없어지면 빨기의 속도와 강도가 감소하는 데, 이 때 또 다른 새로운 자극을 제시한 결과 영아의 빨기 반응이 빨라지거나 강해지면 첫 번째 자극과 두 번째 자극을 구별하는 것으로 해석한다.

1) 시각

시각은 인간의 능력 중 출생 시 가장 미성숙한 발달상태를 보이는 감각이다. 영아기 초기에는 시각 자극에 초점을 맞추는 것이 어렵기 때문에 물체가 흐릿하게 보이다가, 3~4개월경이 되면 색 변별 능력이 성숙하여 여러 가지 색을 붉은색, 초록색, 노란색 계통으로 나눌 수 있게 된다(Teller & Bornstein, 1987).

출생 직후 신생아는 제한된 거리의 사물을 평면적으로 볼 수 있지만, 몇 개월이 지나면 깊이와 거리지각 능력이 발달함에 따라 사물을 3차원적으로 지각할 수 있게 된다. 양쪽 눈의 협응을 통해 두 눈을 사용하여 초점을 잡아 깊이와 거리를 지각할 수 있게 하는 양안시(Binocular Vision)는 약 5개월 후에 발달한다. 즉 4개월경까지 영아들은 사물에 대한 정확한 높이와 깊이 등의 지각이 불가능하다. 그러나 5개월 이후에는 양안시의 발달로 3차원적으로 사물을 정확하게 인식할 수 있게 된다. 영아기의 깊이 지각 능력에 대한 발달은 시각 절벽 실험을 통해 증명되는 데 깁슨과 왁(Gibson & Walk, 1960)이 개발한 시각 벼랑(Visual Cliff)이라는 장치는 [그림 6-1]과 같다.

[그림 6-1] 깊이 지각 실험의 시각 벼랑(Visual Cliff)

영아들의 깊이 지각능력에 대해 알아보기 위한 이 장치는 두 부분으로 나누어져 있었다. 양쪽 모두 유리판이 깔려져 있었으나 한 쪽에는 유리판 바로 아래에 바둑판 무늬의 천이 놓인 반면, 다른 쪽에는 유리판 바로 아래가 아닌 바닥에 천이 놓여졌다. 따라서 천이 유리판 바로 아래에 놓인 쪽은 얕은 면으로 보이는데 반해 바닥에 천이 놓인 쪽은 깊은 낭떠러지로 착각하도록 되어 있었다. 연구자들은 6개월에서 14개월 된 영아를 시각 벼랑의 가운데에 놓고 어머니에게 얕은 면과 깊은 면에서 영아를 부르도록 하였다. 그 결과, 기어 다닐 수 있었던 6개월 반 된 영아들은 어머니가 얕은 면에서 불렀을 때는 기어갔지만, 깊은 면에서 불렀을 때는 기어가지 못하고 울음을 터뜨렸다. 이에 대해 깁슨은 6개월 영아는 자신의 신체적 능력과 환경적 특성 사이의 적합도를 가늠할 수 있는 능력이 있다고 보았다. 이러한 적합도에 대한 지식이 영아로 하여금 주어진 상황에서 그들이 할 수 있는 것과 할 수 없는 것을 매 순간 판단하도록 한다는 것이다.

그러나 이러한 적합도 판단능력은 타고나는 것 이외에 경험에 의해서도 영향을 받는다고 한다. 즉 실험에서 같은 월령의 영아들을 비교했을 때, 기어 다니는 영아들이 기지 못하는 영아들보다 더 시각 벼랑의 깊은 면에 대해 경계심을 많이 나타냈다(Spelke & Newport, 1998). 또한, 유모차를 더 많이 타고 다닌 영아들이 그렇지 않은 영아들보다 시각 벼랑을 더 두려워하였다(Campos, Bertenthal, & Kermoian, 1992). 7개월 영아와 10개월 영아 중 높은 곳에서 내려오는 것을 주저하는 영아는 월령보다는 개별 영아의 경험, 즉 이전에 높은 곳에서 떨어졌던 경험이 있는 영아일 수 있다. 요약하면 양안시의 발달과 운동조절능력에 의존하는 깊이 지각 능력이 6개월경에 나타나지만, 이는 기어 다니거나 이동을 함으로써 획득한 경험의 영향을 받는다고 할 수 있다.

그리고 올슨과 셔만(Olson & Sherman, 1983)에 따르면 영아들은 직선보다는 곡선, 규칙적인 형태보다는 불규칙적인 형태를, 분산된 자극보다는 집중된 자극을, 그리고 비대칭적인 형태보다는 대칭적인 형태를 선호한다.

그리고 영아는 다른 여성의 얼굴보다 어머니의 얼굴을 선호한다. 9~12주가 되면 얼굴에 대한 도식을 발달시킬 뿐 아니라 친숙한 사람과 낯선 사람을 구분할 수 있으며(Shaffer, 1999), 8~10개월에는 어머니의 얼굴에서 정서 표현을 해석하여 이에 따라 반응하기 시작한다(Feinman, 1992). 생후 약 1년까지 영아의 시각 발달 특징을 정리하면 〈표 6-2〉와 같다.

〈표 6-2〉 영아기 시각의 발달

구분	시각 발달 특징
1~2개월	시각 자극에 초점을 맞추는 것이 어렵기 때문에 물체가 흐릿하게 보임 제한된 거리의 사물이 평면적으로 보임
3~4개월	여러 가지 색을 붉은색, 초록색, 노란색 계통으로 나눌 수 있게 됨 친숙한 사람과 낯선 사람 구분
6개월	양안시의 발달로 3차원적으로 사물을 정확하게 인식할 수 있게 됨 깊이 지각발달
8~10개월	어머니의 얼굴에서 정서 표현을 해석하여 이에 따라 반응하기 시작

2) 청각

영아기 초기에는 성인에 비해 더 큰 소리 자극을 필요로 하지만, 그들도 소리의 크기나 지속 시간, 방향을 구별하는 것이 가능하며 특히 사람의 목소리에 민감한 반응을 보인다. 즉 영아 주변에서 성인이 이야기를 하면 영아들은 울음을 그치고 눈을 크게 뜨고 주위를 둘러보면서 발성을 한다(Rosenthal & Rubin, 1982).

청각은 4~6개월 사이에 크게 향상되며, 매우 작은 소리를 탐지하는 능력은 아동기에 이르러서야 가능하다(Irwin, Ball, Stillman, & Rosser, 1985; 이사라 외, 2013 재인용)

3) 촉각

5~6개월 영아는 촉각으로 사물을 구별하며 새로운 촉각에 대해 더 오래 탐색한다. 스트레리 등(Streri & Pecheux, 1986)은 5개월 된 영아가 별 모양의 물체를 보지 못하는 상태에서 되풀이해서 만져보도록 습관화시켰다. 그 후 별 모양의 물체와 다른 모양의 새로운 물체를 제시하여 만져보도록 하였는데, 영아들은 새로운 모양을 탐색하는 것을 선호하였다. 또, 부스넬 등(Bushnell, Shaw & Strauss, 1985)은 6개월 된 영아에게 특정 온도일 때 특정 색깔이 나타나는 물병을 제시하였다. 그 후 온도는 같지만 색깔이 다른 물병을 주었더니 영아들은 물병을 익숙하게 다루었다. 그러나 물병의 색깔은 같지만 온도가 다른 물병을 제시하였을 때는 다른 물병인 것처럼 눈과 손으로 열심히 탐색하였다. 그러므로 6개월 된 영아들도 온도의 변화를 구분할 수 있으며, 영아의 감각에서 온도가 매우 중요한 역할을 한다고 볼 수 있다(이사라 외, 2013 재인용)

4) 감각 간 지각

감각 간 지각이란 두 가지 이상의 감각에 대한 정보를 연결시키고 통합시키는 능력을 의미한다.

시각과 청각의 감각 간 지각 능력은 신생아기에도 나타난다. 신생아들은 소리가 나는 방향으로 머리를 돌리고 쳐다본다. 이와 관련해 스펠크(Spelke, 1979)는 4개월 된 영아들에게 두 가지 필름을 동시에 보여주었다. 각 필름에서 손 인형이 음악 소리와 함께 뛰어올랐다 내려오기를 반복하였는데, 한 필름에서는 음악 소리가 손인형의 동작과 일치한 반면 또 다른 필름에서는 음악 소리와 손인형의 동작이 일치하지 않았다. 영아의 응시 반응을 측정한 결과, 영아들은 음악과 동작이 일치하는 손인형을 더 오래 쳐다보는 것으로 나타났다. 이는 영아들이 시각 정보와 청각 정보를 협응할 수 있음을 보여주는 결과이다.

촉각과 시각의 감각 간 지각 능력 또한 매우 이른 시기에 나타났다. 입을 통한 촉각과 시각 간의 감각 간 지각 연구로는 마이초프 등(Meitzoff & Bortous, 1979)의 실험을 들 수 있다. 이들은 생후 29일 된 영아들에게 부드러운 표면의 고무젖꼭지 또는 올록볼록한 혹이 있는 고무젖꼭지를 빨도록 한 다음 고무젖꼭지 모양의 스티로폼 모형을 영아가 눈으로 볼 수 있게 제시하였다. 그 결과 약 72%의 영아들이 자신이 빨았던 젖꼭지를 더 오랫동안 응시한 것으로 나타났다(정옥분, 2012 재인용).

이후 스트레리 등(Streri & Spelke, 1988)은 4개월 된 영아에게 입으로 촉감을 느끼도록 하는 대신 손으로 사물을 탐색하도록 하였다. 막대기로 연결된 두 개의 고리 또는 끈으로 연결된 고리 몇 개를 천으로 덮어서 보이지 않도록 한 다음 손으로 만지도록 하였는데, 영아가 이 자극에 습관화되어 탐색하는 것을 그만둘 때까지 만지도록 하였다. 그 후 고리들을 보여주고 영아가 어떤 고리를 응시하는지를 관찰하였다. 그 결과, 영아들은 손으로 탐색하지 않았던 낯선 고리들을 더 오래 응시함으로써 촉각과 시각을 연결할 수 있는 것으로 나타났다(이사라 외, 2013 재인용).

감각 간 지각 능력은 생후 1년 동안 다양한 경험을 통해 보다 민감해진다.

〈표 6-3〉 영아기 지각발달의 특징

구분	발달 특징
시각	• 5개월 이후의 영아들은 양안시의 발달로 3차원적으로 사물을 정확하게 인식하고, 6개월 이후 깊이 지각발달
청각	• 4~6개월 사이에 크게 향상되며, 매우 작은 소리를 탐지하는 능력은 아동기에 이르러서야 가능함
촉각	• 5개월 이후가 되면 촉각만 가지고도 사물을 구별할 수 있고, 6개월 된 영아들도 온도의 변화를 구분할 수 있으며, 영아의 감각에서 온도가 매우 중요한 역할을 함
감각 간 지각	• 두 가지 이상의 감각에 대한 정보를 연결시키고 통합시키는 능력. 영아들은 음악과 동작이 일치하는 손 인형을 더 오래 쳐다봄

2. 인지발달

2장에서 보았듯이 피아제(Jean Piaget)는 유아가 성인과는 다른 인지능력을 가지고 있으며, 외부환경과 상호작용하면서 스스로 지식을 구성해나가는 존재라고 하였다. 그는 인지발달의 단계를 4단계로 나누었는데 여기서는 감각운동기와 대상영속성, 그리고 전조작기와 개념발달에 대해 살펴보고자 한다.

1) 감각운동기(Sensorimotor Stage, 0~2세)

이 단계는 영아가 감각기관을 통해 세상을 인식하고 운동기능을 통해 반응하는 시기이다. 처음에는 생득적 반사를 통해 세상을 이해하기 시작하다가 자신이 직접 보고, 듣고, 맛보고, 냄새 맡고, 만져보아야만 자극을 이해하며, 상징적·추상적 사고는 불가능하다.

감각운동기는 반사운동기(Reflex), 1차 순환 반응기(Primary Circular Reaction), 2차 순환 반응기(Secondary Circular Reaction), 2차 순환 반응의 협응기(Coordination of Secondary Circular Reactions), 3차 순환 반응기(Tertiary Circular Reactions), 정신적 표상기(Mental Combination)라는 하위 단계로 나누어진다(Papalia, Olds, & Feldman, 2006). 이는 〈표 6-4〉와 같다.

〈표 6-4〉 감각운동기의 하위 6단계

하위단계(시기)	적응행동	예
반사운동기 (출생~1개월)	• 빨기 반사 등 타고난 반사행동	• 생후 2일부터 단지 빠는 행위 자체를 위해 빨기 시작
1차 순환 반응기 (1~4개월)	• 자신의 신체와 관련된 흥미로운 행동 반복	• 엄지 손가락 빨기(손가락 가져오는 동작 + 빠는 행위)

하위단계(시기)	적응행동	예
2차 순환 반응기 (4~8개월)	• 외부에서 흥미로운 사건들을 발견하고 이를 반복 • 단일한 결과를 얻기 위해 단일 행동 수행	• 유모차에 달려있는 인형을 다리로 차고 인형의 흔들림을 보면서 웃음
2차 순환 반응의 협응기 (8~12개월)	• 목적을 이루기 위해 의도적 행동 반복 • 하나의 결과를 얻기 위해 두 가지 분리된 행동 수행	• 장난감을 잡기 위해 장애물을 손으로 쳐서 제거한 후 장난감을 잡음(치기와 잡기의 협응)
3차 순환 반응기 (12~18개월)	• 다른 결과를 관찰하기 위해 다른 행동을 수행 • 흥미로운 결과나 문제해결을 위해 새로운 방식을 다양하게 시도	• 식탁을 주먹으로 치기, 치면 나는 소리를 다르게 듣기 위해 세게 또는 부드럽게 식탁을 침
정신적 표상기 (18~24개월)	• 상징을 사용하기 시작 • 지연된 모방(deferred imitation)이 가능 • 행동하기 전에 사고 가능	• 상자 속 구슬을 찾기 위해 상자를 뒤집거나 손가락을 상자 틈 속에 집어넣어봤지만, 찾을 수 없자 상자를 바라보며 계속 입을 벌렸다 오므렸다(생각) 하더니, 재빨리 상자를 열고 구슬을 꺼냄 • 놀이방에서 화내는 다른 영아를 본 하루 후에 화내는 행동을 흉내 냄

2) 대상영속성의 발달

영아는 8~12개월경이 되면 대상영속성(Object Permanence) 개념을 획득하는 데, 이는 사물이 눈에 보이지 않더라도 존재하고 있음을 아는 것이다(김상림 외, 2014). 즉 이 시기가 되면 눈으로 보이지 않는 비가시적 이동을 정신적으로 표상할 수 있다. 따라서 대상이 사라져도 그것이 어딘가에 존재하고 있음을 이해하고 머릿속의 표상을 통해 사라진 대상을 찾을 수 있다는 점에서 의미가 있다.

대상영속성의 발달과정은 3단계로 구분할 수 있다(이사라 외, 2013).

〈표 6-5〉 영아기 대상영속성의 발달 과정

구분	월령	발달 단계	영아의 행동 예
대상 영속성 발달 이전	0~1개월	반사기	대상이 사라지면 무시한다. 가지고 놀던 장난감을 영아가 보는 앞에서 상자 안에 넣으면, 영아는 장난감이 더 이상 존재하지 않는다고 생각하며 찾으려는 시도를 하지 않는다.
	1~4개월	1차 순환 반응기	대상이 사라진 장소를 쳐다본다.
	4~8개월	2차 순환 반응기	부분적으로 감추어진 대상을 찾아낼 수 있으나 완전히 감추어지면 찾지 못한다.
대상 영속성 발달 중	8~12개월	2차 도식 협응기	영아가 보는 앞에서 장난감을 상자(A) 안에 넣으면, 상자를 들춰 장난감을 찾으려 한다. 실험자가 상자 안에 장난감을 숨기는 행동을 반복적으로 한 후, 영아가 보는 앞에서 마지막에는 상자가 아닌 주머니(B)에 장난감을 숨길 경우에도 영아는 상자에서만 찾으려 한다.
	12~18개월	3차 순환 반응기	장난감을 상자에 숨기는 행동을 반복하다가 마지막에 영아가 보는 앞에서 주머니에 숨기면, 영아는 자신이 마지막으로 본 행동에 근거하여 주머니에서 장난감을 찾는다.
대상 영속성 획득	18~24개월	정신적 결합기	영아가 보지 않는 상황에서 장난감을 숨겨도 영아는 예전에 숨겼던 장소와 그렇지 않은 장소를 모두 포함하여 다양한 곳에서 찾으려는 시도를 한다.

피아제의 이론은 영아의 인지적 특성에 대하여 많은 것을 알려주고 있지만, 최근의 연구들은 피아제의 이론이 수정될 필요가 있음을 밝히고 있다. 그 이유는 피아제 이론이 영아가 세상에 대해 학습하는 방법을 상세하게 설명하지 못할 뿐 아니라 피아제가 생각한 것보다 영아들이 훨씬 유능하다고 여겨지기 때문이다. 예를 들어, 피아제는 감각운동기 4단계(2차도식 협응기)의 대상영속성 발달에서 AB-오류(주머니에 숨긴 공을 상자에서 찾으려 함)가 나타난다고 하였으나 AB-오류가 일관성 있게 나타나지 않거나(Corrigan, 1981), 대상을 B장소에 숨긴 후 영아가 그것을 찾으려는 시도를 하기까지의 시간 간격에 따라 영아는 다른 반응을 보이기도 한다(Diamond, 1985).

3) 전조작기

피아제(Jean Piaget)는 유아들의 인지발달과정에는 불변적 순서(Invariant Sequence)를 가진 각 단계가 있으며, 유아들은 각자 다른 속도로 이 단계들을 통과한다고 보았다. 이 중 만 3세에서부터 7세경의 유아는 사고가 잘 조직화되어 있지 않고 문제해결이 논리적이지 않기 때문에 '전'조작기라고 명명하며 그 특징을 여덟 가지로 언급하고 있다. 즉 상징적 사고, 자기중심성, 물활론, 중심화, 비가역성, 변환적 추론, 인공론, 그리고 실재론이 그것이다.

(1) 상징적 사고

감각운동기에서 전조작기로 가는 과정에서 가장 뚜렷한 차이는 유아가 상징을 사용한다는 것이다. 감각운동기 영아는 감각으로 이 세상을 지각하지만, 전조작기 유아는 감각적 단서가 없어도 머릿속으로 어떤 대상을 표상하는 것이 가능해진다. 즉 눈앞에 실제의 사람, 사물, 사건이 펼쳐지지 않아도 그것을 머리로 상상하여 행동, 언어, 그림 등으로 표상할 수 있게 된다. 이는 유아들의 놀이에서 흔히 발견되는데, 유아들은 수시로 어떤 역할·사물·장소·행동에 대해 ~인 것처럼 가장하면서 상징을 부여한다. 즉 놀이에서 유아는 인형에게 우유를 먹이는 엄마가 되기도 하고, 동화 속의 주인공이 되어 연기를 하기도 한다.

그림 6-2 유아의 상징놀이

(2) 자기중심성

자기중심성(Egocentrism)이란 유아가 세상을 자기중심으로 생각하며, 다른 사람의 생각이나 관점 그리고 감정을 자신과 동일하다고 가정하는 것을 말한다. 유아는 자신이 보고, 듣고, 만지고, 느끼는 것을 상대방도 똑같이 하고 있다고 여기며, 자신의 경험에만 비추어 현실을 지각한다.

유아의 자기중심성은 다른 사람의 관점을 수용하는 능력이 제한되어 있음을 의미하는 것으로서 이기주의와는 구별된다. 피아제 등(Piaget & Inhelder, 1969)는 [그림 6-3]과 같이 세 산 모형실험을 고안하여 유아의 자기중심성을 연구하였다. 이들은 높이와 모양이 다른 세 산의 모형을 탁자 위에 올려놓은 다음 유아에게 산 모형 주위를 걷도록 하여 여러 관점에서 산을 살펴보도록 하였다. 그 후, 유아에게 탁자의 어느 한 편에 멈춰있도록 하고 유아가 있는 곳과는 다른 위치들에 인형을 갖다 놓으면서 각각의 위치에서 인형에게는 산이 어떻게 보이는지를 그림들을 보여 주면서 그 중에서 선택하도록 하였다. 그 결과 유아들은 자신이 있는 곳에서 볼 수 있는 장면이 나타나 있는 그림들을 선택하였다. 즉 사물을 지각하는 다른 사람의 관점을 고려하지 않고 자기의 관점에 의존하는 자기중심적 경향을 보여주었다.

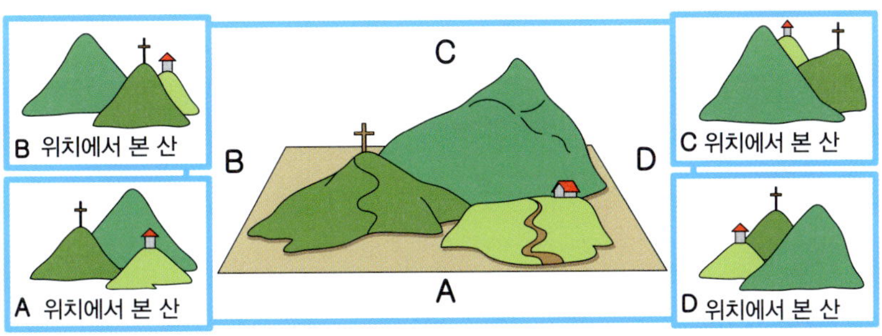

그림 6-3 세 산 모형 실험

출처: http://m.blog.naver.com/PostView.nhn?blogId=younmida&logNo=20032648688

(3) 물활론

물활론(Animism)은 무생물을 생명과 의식이 있는 존재라고 믿는 것이다. 3세 가량의 유아는 장난감이 자기처럼 살아 있다고 여기거나, 구름이 슬퍼서 울기 때문에 하늘에서 비가 내리는 것이라 생각한다. 물활론적 사고는 일상생활이나 장난감을 사용하는 유아의 놀이 행동과 언어에서 종종 발견할 수 있으며(예: 기차나 자동차를 사람으로 인식), 상상력이 풍부한 유아의 그림에서도 찾아볼 수 있다.

그림 6-4 장난감 놀이와 그림에 반영된 물활론적 사고

(4) 중심화

중심화(Centration)는 유아가 특정 상황에서 한 가지 측면에만 초점을 맞추거나 주의를 집중시킴으로써 다른 요소들을 무시하는 경향을 말한다. 유아는 사물의 지각적 속성에 근거하여 바로 그 순간에 어떻게 보이느냐에 의해 집중하는 데, 유아의 주의는 가장 현저하거나 눈에 띄는 요소에만 집중되기 때문에 이를 전환시키는 것이 어려우며 다른 정보를 고려하는 것 또한 쉽지 않다.

중심화는 외양의 변화에도 불구하고 대상의 속성은 불변한다는 보존 개념(Conservation) 과제에서 뚜렷하게 나타난다. 즉 [그림 6-5]의 액체 보존 과제에서 유아는 같은 양의 액체가 들어 있는 두 개의 동일한 컵을 보여주고 두 컵에 든 액체의 양이 같은지를 질문하면 유아들은 그렇다고 답한다. 그 후 두 컵 중에서 한 컵의 액체를 길고 좁은 컵으로 옮겨 붓고, 유아들에게 길고 좁은 컵에 들어 있는 액체의 양과 원래의 컵에 들어 있는 액체의 양이 동일한지를 질문한다. 그 결과 7세 이전의 유아들은 길고 좁은 컵에 든 액체가 더 많다고 답한다. 즉, 유아들은 모양이 바뀌어도 변하지 않는 양의 속성은 잊어버리고 지각적 판단을 하며, 그것도 높이와 넓이라는 두 가지 차원을 동시에 고려하지 못하고 높이라는 한 차원에만 집중하는 것이다. 이와 같은 전조작기 유아의 보존 개념의 결여는 수, 질량, 길이, 부피, 면적 등에 대해서도 나타난다.

그림 6-5 양의 보존 개념 실험

출처: http://cbnu-id.wikispaces.com

(5) 비가역성

비가역성(Irreversibility)이란 어떤 변화가 일어나면 이것을 머릿속에서 역방향으로 되돌려 보는 논리적 조작 능력이 습득되지 않은 상태를 말한다. 유아들은 액체에 대한 보존 과제에서 컵의 물을 다시 원래의 컵에 부으면 이전 상태로 돌아갈 수 있다는 사실을 알지 못한다. 피아제(Piaget, 1972)는 "너에게 여동생이 있니?"라고 물었을 때 "그렇다."라고 대답한 유아가 "너의 여동생에겐 언니가 있니?"라고 물었을 때는 자신의 입장과 동생의 입장을 바꾸어 생각하지 못한 채 "없다."라고 대답하는 예를 제시하였다. 이 시기 유아는 숫자를 거꾸로 세거나, 왔던 길을 되돌아가는 등의 역사고를 하기가 어렵다.

그림 6-6 가역적 사고 과제

(6) 변환적 추론

변환적 추론(Transductive Inference)은 서로 무관한 두 가지 사건이 시간과 공간이 밀접하다는 이유로 인과관계가 있는 것으로 연결지어 생각하는 것을 말한다. 피아제(Piaget, 1972)는 항상 낮잠을 자던 딸이 하루는 낮잠을 자지 않았는데 "낮잠을 자지 않았으니까 낮이 아니에요."라고 말함으로써 낮잠과 낮을 원인과 결과처럼 관련지어 생각한 것을 변환적 추론의 예로 제시하였다. 새 옷을 입고 할머니 댁에 간 것을 기억하는 유아가 어느 날 새 옷을 입히자 할머니 댁에 가는 날이냐고 묻거나, [그림 6-7]처럼 두 사과의 관계에 대해 "초록 사과가 부끄러워 얼굴이 빨개져서 빨간 사과가 되었다."고 하는 예를 들 수 있다.

[그림 6-7] **변환적 추론 과제**

(7) 인공론

인공론(Artificialism)은 자연물과 자연적인 현상이 인간의 목적에 의해 인간이 창조하였다고 추측하는 경향을 말한다. 유아들은 밤은 사람이 잠을 잘 수 있게 하려고 만든 것이며, 달은 해가 졌을 때 깜깜한 길을 밝게 비추기 위해 만들어졌다고 믿는다.

(8) 실재론

실재론(Realism)이란 마음속으로 생각하는 것과 같은 심리적 현상이 객관적이고 구체적으로 존재한다고 생각하는 경향이다. 유아들은 꿈에서 일어난 일이 실제로 일어날 것이라고 믿는다.

4) 개념발달

유아기에는 여러 가지 개념을 학습하게 된다. 사물과 사건의 기본적인 인과관계에 대해서도 알게 되며, 항목들을 다양한 기준에 따라 분류, 포함관계, 서열, 이행 추론하는 능력이 생기기 시작한다.

(1) 분류

전조작기 유아들은 사물들을 색, 모양, 크기, 길이 등의 범주로 묶는 분류(Classification) 능력이 대체로 부족하다. 즉 하나의 속성에 따라 사물을 범주화하는 단순분류는 어느 정도 가능하지만, 두 개 이상의 속성에 따라 범주화될 수 있는 사물들을 제시하면 유아는 사물들의 속성을 일관성 있게 활용하여 범주화하지 못한다.

예를 들면 [그림 6-8]과 같이 크기·색·모양이 다른 조각을 주면서 비슷한 것끼리 묶으라고 하였을 때, 2세 반에서 4세 반 유아는 분류를 하기 보다는 여러 모양들을 이용하여 나름대로의 형태로 만들었다. 그리고 4세 반에서 7세 유아는 분류 기준을 이것저것 바꿔가면서 어떤 조각들은 크기에 따라, 어떤 조각들은 색깔이나 모양에 따라 분류하였다. 7~8세에 이르러서야 크기·색깔·모양 범주들을 동시에 사용하여 크고 빨간 동그라미, 작고 하얀 세모, 크고 빨간 네모 등으로 분류하는 것이 가능해진다(Papalia et al., 2006).

[그림 6-8] 분류 과제

(2) 포함관계

포함관계(Inclusion Relations)는 상위유목과 하위유목, 즉 전체와 부분의 관계를 이해하는 능력을 말하는데 유아기에는 전체와 부분 중 어느 한 가지에만 초점을 맞추는 경향이 있어 둘 간의 관련성을 잘 파악하지 못한다.

피아제는 유아들에게 16송이의 꽃을 보여주었는 데 이 중 분홍색 꽃은 12송이, 흰색 꽃은 4송이였다[그림 6-9]. 유아들에게 "분홍색 꽃이 많니? 아니면 꽃이 많니?"라고 물어본 결과 유아들은 분홍색 꽃이 더 많다고 자신 있게 답하였다. 이 같은 결과는 유아들이 꽃이라는 상위유목이 분홍색 꽃과 흰색 꽃이라는 하위유목들을 포함한다는 사실을 이해하지 못함을 보여준다. 유아들은 색의 지각적 속성에만 집중하는 경향을 나타냈으며, 전체로부터 부분들을 또는 그 반대로 부분들에서 전체로 가역해서 생각하는 능력이 결여되어 있었다(Berk, 2006).

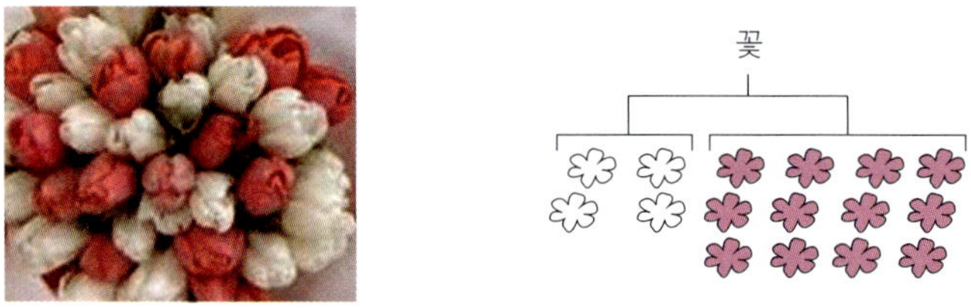

그림 6-9

(3) 서열

서열(Seriation)은 사물을 증가하거나 감소하는 순서대로 배열하는 능력을 말한다. 유아에게 길이가 조금씩 다른 나무 막대기를 제시하고 길이가 짧은 것부터 차례대로 나열하도록 하면 처음에는 전혀 하지 못한다. 그 다음에는 막대기 몇 개는 순서대로 놓지만 막대기 전체를 하나의 서열로 통일시키지는 못하는 단계에 이른다. 그 다음 단계에서는 많은 시행착오를 거쳐서야 서열을 완성하게 된다. 완전한 서열화는 구체적 조작기에 이르러서야 가능한데, 구체적 조작기 아동은 전체 막대기 중에서 가장 작은 것을 먼저 골라내고 그 후 나머지 중에서 가장 작은 것을 골라내는 방식으로 과제를 수행한다(최경숙, 2000).

(4) 이행 추론

이행 추론(Transitive Inference)이란 두 개념 또는 두 사물 간의 관계를 다른 개념이나 다른 사물과의 관계로부터 추론하는 것을 말한다. 예를 들어, 유아들은 [그림 6-10]과 같이 A 막대가 B 막대 보다 길고, B 막대가 C 막대 보다 길다는 정보로부터 A 막대가 C 막대 보다 길다는 것을 추론하는 능력이 부족하다(Berk, 2013).

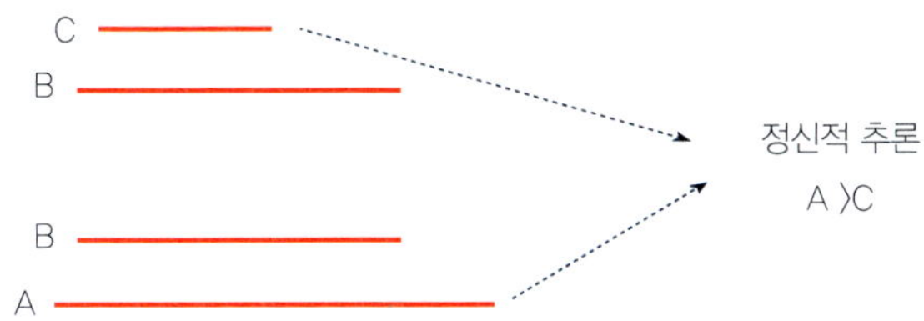

[그림 6-10] 이행추론 과제

3. 기억발달

1) 기억의 과정

기억의 과정은 정보처리 모형 외에 다양한 논쟁이 있다. 일반적으로 기억의 과정은 자극을 기억 부호로 형성하는 부호화(Coding) 과정, 부호화된 정보를 기억 속에 유지하는 저장(Storage) 과정, 그리고 기억 저장고에서 정보를 재생하는 인출(Retrieval) 과정으로 나뉜다(1장 발달이론 중 정보처리 이론 65쪽 그림 참조). 그리고 후에 저장된 정보를 끄집어내는 과정이 인출 과정으로 이는 재인(Recognition)과 재생 또는 회상(Recall) 과정으로 구분된다. 재인이란 현재 지각하거나 생각하고 있는 어떤 것을 이전에 경험한 것과 동일하게 또는 비슷한 것으로 확인하는 정도의 인출이다. 이 때 현재의 경험 속에 있는 어떤 것이 인출을 보조하는 단서역할을 한다. 반면에 재생은 과거에 경험한 어떤 것이 현재의 경험 속에는 없는 상태에서 스스로 인출, 생성해보는 것이다. 즉, 재생은 현재와 관련되는 외적 자극이 없어도 인출이 가능하다(김정희 외, 2014).

2) 기억의 발달

(1) 기억용량의 발달

뇌가 발달하는 과정에서 기억용량의 역할이 연구되어 왔다. 뇌의 발달과 함께 기억용량이 증대된다는 주장도 있지만, 일부 학자들은 유아들이 성인과 같은 능력을 가지고 있다고 하면서 발달에 따라 기본 용량이 변하는 것은 아니라고 한다. 숫자를 기억하는 경우의 예를 들면 5세 유아는 숫자 4개 정도(2467)를 기억할 수 있고, 12세가량의 아동은 6~7개(2467354), 대학생은 약 8개(24673548)의 숫자를 기억한다. 그런데 더 많은 숫자를 제시했을 때(246735489125) 그 수를 기억하는 것은 기억용량이 커서라기보다는, 작은 수로 끊어서 덩어리(Chunk)로 세는 기억 전략을 사용하여 세기 때문으로 볼 수 있다.

(2) 기억 전략의 발달

우리가 접하는 정보는 단기기억에서 장기기억으로 전이되어야 오랫동안 기억되는데, 이러한 전이는 자동적으로 일어나는 것이 아니라, 여러 가지 전략을 사용하여 노력할 때 가능해진다. 기억 전략(Memory Strategy)은 정보를 기억 저장고에 저장하거나, 저장된 것을 인출하기 위해 사용하는 의도적 활동으로, 성인이 가장 빈번히 사용하는 시연, 조직화, 정교화 전략이 아동을 대상으로 연구되고 있다.

① 시연전략(Rehearsal Strategy) : 이는 기억해야 할 대상이나 정보를 눈으로 여러 번 봐 두거나, 말로 되풀이해서 머릿속에 반복하여 기억하는 전략이다. 연령이 증가할수록 자발적인 시연 전략의 사용이 증가하는 데, 시연 전략을 사용하는 아동들이 재생을 더 잘한다. 플라벨(Flavell, 1976)은 5~10세 아동들에게 7장의 그림을 제시하고 그중 세 가지를 지적하면서 지적한 순서대로 기억하도록 했다. 그다음 15초 동

안 그림을 감추고 아동들의 시연 과정을 관찰했다. 그 결과 입술을 움직이면서 입으로 시연하는 아동들이 더 정확히 기억했다. 그리고 이 연구에서 5세 유아는 10% 정도, 7세 아동은 60% 정도, 10세 아동은 85% 정도가 시연 전략을 사용했다. 취학 전후 아동의 재생기억능력이 저조한 것은 시연 전략을 사용할 수 있는 잠재적인 능력은 있으나 스스로 시연 전략을 사용하는 데 실패하기 때문이다.

② 조직화 전략(Organizational Strategy) : 이는 자료들이 갖고 있는 의미 있는 관계성을 파악하고 이에 따라 재조직, 재구성하여 기억하는 전략이다. 이를 위해서 유아들은 범주적 구조와 언어적 명칭을 점차 늘려간다. 피아제는 전조작기(4~7세)의 유아가 유목-포함 관계를 사용할 수 없다고 보았으나 기억 전략 사용 관련 연구들은 피아제가 유아의 인지능력을 과소평가했다고 주장한다. 또한 비고츠키는 부모나 교사가 유아가 기억 전략을 보다 적절하고 효과적으로 사용하도록 도와주면 기억 과제 수행이 향상될 수 있다고 하였다.

③ 정교화 전략(Elaborational Strategy) : 기억 자료에 새로운 정보를 첨가하여 보다 의미를 부여하여 기억하는 전략이다. 즉 기억해야 할 항목들을 연결하는 심상을 형성하고 항목들을 연결하여 어떤 문장을 만듦으로써 항목들 간의 내적 연합을 형성하는 것이다.

(3) 유아기 기억발달의 특징

① 지식의 양적, 질적 발달

개인이 보유하고 있는 지식의 양과 지식 표상의 구조적인 특성은 재생 기억(Recall)의 양과 패턴에 영향을 준다. 지와 쾌스케(Chi & Koeske, 1983)는 유아들에게 공룡 이름을 재생하도록 했을 때 공룡에 대한 지식의 양과 구조는 재생에 영향을 주는 반면, 기억 전략은 별다른 영향을 주지 않는다고 보고하였다. 이는 지식이 재생에 있어 중요한 역할을 한다는 것을 입증했다. 즉 개인에게 아무런 의미가 없는 자극, 개인의 지식 구조와 잘 부합하지 않는 자극은 정보를 저장하고 인출하기가 어렵지만, 위계적으로 표상된 지식은 관련 지식의 활성화를 촉진해준다는 것이다. 또한, 문화적으로 친숙한 상황에 대한 기억 과제가 제시되었을 경우, 같은 문화권의 아동이 그 과제를 더 잘 수행했다는 연구 결과는 기억 과정에 사회문화적 환경의 영향을 증명해준다.

② 재인 기억과 재생 기억

저장된 정보를 인출하는 과정에서 유아는 재인(Recognition) 기억을 먼저 사용한다. 재인이란 현재 지각하거나 생각하고 있는 어떤 것을 이전에 경험한 것과 동일하게 또는 비슷한 것으로 확인하는 정도의 자동적 인출이다. 생후 5~6개월 영아들은 이미 익숙한 것보다 새로운 자극을 더 오랫동안 응시한다(Fagan, 1974)는 연구는 영아들이 이미 익숙한 항목을 기억하고 있다는 증거이다. 약 4세가 되면 재인기억은 매우 정확해진다. 4세 유아들은 이전에 본 그림을 새로운 그림과 변별할 수 있는 정확도가 90% 정도 된다(Brown & Campione, 1972).

재생 또는 회상(Recall) 기억은 과거에 경험한 어떤 것이 현재의 경험 속에는 없는 상태에서 스스로 인출, 생성해보는 것이다. 재생 기억은 재인기억보다 다소 늦게 생후 1년 이후에 나타난다. 유아들은 3-4세까지도 재인보다 재생을 훨씬 어려워하며 아주 불완전한 상태이나, 연령이 증가하면서 재인보다 재생 기억이 훨씬 더 큰 진전을 보인다.

(4) 상위 기억의 발달

상위 기억(초 기억: Meta Memory)은 기억의 한 유형으로 기억에 대한 여러 가지 지식이나 인식을 말한다. 즉 기억 전략들을 언제, 어떻게, 왜 사용하는 것이 유용한지에 관한 실제적인 지식들과 기억의 저장과 인출에 관한 정보를 포함하여 기억에 대한 인지적 통합과 조정 과정이 상위 기억이다.

상위 기억은 약 2세경부터 나타난다. 이 시기의 유아들에게 장난감이 숨겨진 장소를 잘 기억해두라고 지시하면, 장난감을 옮기는 과정을 유심히 살핀다. 이러한 행동은 무엇인가를 기억하기 위해서는 유의해서 잘 봐야 한다는 사실을 유아가 이해하고 있음을 나타낸다. 그러나 기억하기 위해 노력해야 한다는 사실에 대한 이해는 이후 미미한 진전을 보이다가 4세에서 11세 사이에 크게 향상된다. 크루쯔 등(Kreutzer et al., 1975)의 연구에 의하면 4세 유아들은 기억할 항목을 오래 살펴볼수록 더 잘 기억할 수 있다는 사실과, 한 번 암기했던 과제는 새로 암기하는 과제보다 더 잘 기억할 수 있다는 사실을 이해하고 있었다. 7세 이후에는 의미 있게 조직화된 항목이 기억하기 쉽다는 것과 조직화 전략이 시연보다 더 효과적인 전략임을 알게 된다.

4. 상위 인지발달

1) 상위 인지의 개념과 마음이론

상위 인지(Meta-Cognition)란 자신이 알고 있는 것에 대해 아는 것과 인지를 조절하는 것(Brown, 1982)을 말한다. 이는 인지에 대한 지식적 측면, 즉 자신의 인지적 활동에 대한 지식과 인식(Flavell, 1985), 그리고 인지과정을 스스로 통제하고 조정하는 경험적 측면 두 가지를 포함한다.

웰만(Wellman, H. M. 1983)은 상위 인지란 자신의 정신 상태와 과정에 대한 인식이라고 보며, 유아들이 자신의 정신세계에 대해 어떻게 알고 있는지를 '마음의 이론(Theory of Mind)'에서 밝히고 있다. 웰만(2011)은 유아들이 3세경부터 자신의 마음이 어떤 기능을 가지고 있음을 믿고 있다고 본다. 예를 들면 3, 4세경의 유아들에게 샐리가 바구니에 공을 넣어두고 나간 후, 앤이 바구니의 공을 상자에 옮겨 담는 이야기를 들려준다. 다시 돌아온 샐리는 공을 어디에서 찾으려고 하는지에 관해 물었을 때, 유아들은 샐리가 바구니에서 공을 찾을 것으로 생각한다. 즉 유아들은 공의 위치에 대해 자신이 알고 있는 신념(공은 상자 안에 있다.)과 이야기 속의 주인공이 가진 신념(공은 바구니 안에 있다.)을 구별하지 못한다.

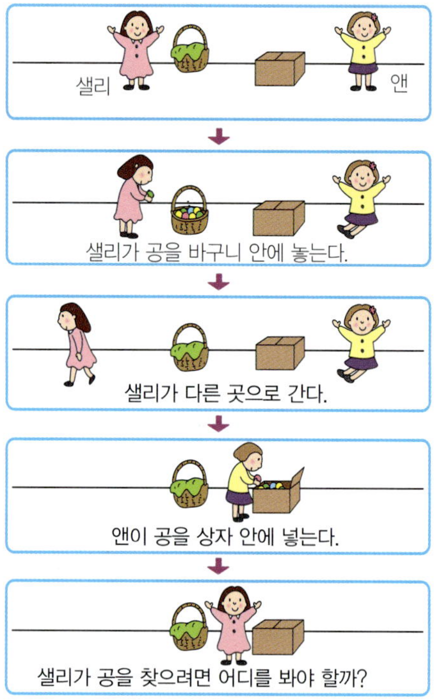

그림 6-11 웰만의 마음이론 실험

유아는 어떤 사람의 특정 행동은 바로 그 사람의 내적 신념과 욕구에 기초하여 행해지는 것이라고 믿는다. 이러한 신념에 의해 유아는 타인의 신념과 행동, 그리고 행동의 결과가 어떻게 될 것인가 하는 기대도 하게 된다. 또 유아는 점차 자신의 신념과 욕구, 그리고 타인의 신념과 욕구 간의 관계를 이해하게 된다. 만약 이러한 관계를 잘못 이해한다면, 자신과 타인의 욕구를 정확하게 판단하는 능력이 없어진다.

타인의 신념과 행동을 이해하는 것이 처음에는 어렵지만, 성장하면서 사고와 실재 간의 구별에 대한 지식이 점차 명료해진다. 그래서 마음속에 있는 사물과 실세계에 있는 사물의 차이를 이해하게 된다. 또 어떤 사물에 대해 알려면 그것을 직접 보아야 한다는 것을 이해하며, 아무리 가까이 있어도 그것을 보지 않고서는 그 사물에 대한 정확한 지식을 가질 수 없다는 것을 안다. 그리고 어떤 사물에 대한 지적 심상은 실세계에 존재하는 어떤 것을 표상한 것이라는 것도 알게 되는 것이다.

2) 상위 인지의 발달

상위 인지의 상위(Meta)라는 접두어는 인지과정보다 더 수준이 높다는 의미가 아니라, 과제 수행 과정에서 적절한 전략을 적용하기 위해 신중하게 생각하는 행동으로 '반성적 과정'이 내포된 의미이다. 상위 인지는 유아기에서 아동기를 거치는 인지발달과정과 함께 점차 형성된다. 이는 인지에 대한 지식적 측면(자신과 타인에 관한 지식, 과제에 관한 지식, 전략에 관한 지식 포함)과 인지적 과정을 스스로 통제하는 자기조정의 경험적 측면을 모두 포함한다.

상위 인지 능력이 유아기와 아동기를 거치며 발달해가는 것을 입증한 연구들이 있다. 4세 유아들도 사물 목록이 긴 것과 짧은 것 중 긴 목록이 짧은 목록보다 기억하기 어렵고, 어려운 과제는 노력하면 성공할 수 있다는 것을 알고 있다(Bukatko & Daehler, 1998). 또 유치원생과 1학년 아동은 잊어버린 것을 다시 학습할 때는 처음 할 때보다 더 쉽다는 것과 잘 알고 있는 사물이나 지각적으로 분명하게 알 수 있는 사물을 기억하기가 더 쉽고, 기억해야 할 양이 늘어날수록 기억하기 어렵다는 것을 알고 있었다. 그리고 자신의 기억 수행을 도와줄 수 있는 외적 자원을 활용하기 위해, 다음 날 준비물을 머리맡에 두고 잔다든가 어머니에게 도움을 요청한다든가 하는 전략에 대해서도 알고 시행할 수 있다.

상위 인지 능력은 과제성취에도 영향을 미치는 것으로 밝혀지고 있다. 즉 학업 우수아와 부진아, 또 특정 분야의 전문가와 초보자 간에 상위 인지에 차이가 있다고 알려져 있다.

상위 인지의 발달을 도와주기 위한 훈련 방법으로 인지전략에 관한 지식 습득에 초점을 두는 방법과 상위 인지의 자기 조정 능력을 훈련하는 방법이 활용되고 있다. 실제로 학습자에게 인지전략에 대한 구체적 지식을 제공했을 때, 문제 해결 과정을 스스로 계획, 점검, 평가하는 자기조정 기술을 가르쳤을 때 모두 상위 인지 수준이 향상될 뿐만 아니라 과제 수행능력도 향상되었다(박영태, 1989; 정숙경, 1988; Borkowski et al., 1986; Kurz & Borkowski, 1987).

5. 지능발달

1) 지능에 대한 개념

지능은 인지발달의 정도를 나타내는 지표로, 일반적으로 논리적 추론 능력, 언어적 유창성, 문제해결능력, 효율적인 학습능력, 포괄적인 지적 능력을 포함하지만, 이에 대한 견해는 학자마다 다르다. 여기서는 심리측정적 접근, 정보처리적 접근, 다중지능이론의 주장을 살펴보고자 한다.

(1) 심리측정적 접근

심리측정적 접근은 지능의 구성요인을 분석하고, 이들 요인에 기초하여 지적 능력을 수량화하고 이를 비교함으로써 개인차를 진단하는데 주된 관심이 있다. 그래서 체계적이고 수량적으로 지능의 측정을 시도함으로써 표준화된 지능검사를 발전시켰다. 여기서는 단일요인 모형, 양(Two) 요인 모형, 다(多) 요인 모형, 구조 모형, 위계 모형에 대해 알아보기로 한다.

① 단일요인 모형

비네(Alfred Binet)와 사이먼(Theodore Simon)은 지능이 단일요인으로 이루어졌다고 보고, 1904년 지체학생을 선별해내기 위한 검사를 개발하였다. 여기에는 수업에 필요한 능력들(주의 집중, 지각, 기억, 수학적 사고, 언어적 이해 등)을 측정하는 과제가 포함되었다. 그리고 1908년 개정한 Binet-Simon 검사에서는 모든 항목에 3~13세의 연령 등급을 매김으로써 정신연령(Mental Age)의 개념을 사용하였다.

② 양(Two)요인 모형

스피어만(Charles Spearman)은 지능이 일반 요인(General Mental Factors: G요인-대부분의 인지 과제 수행에 필요한 능력)과 특수 요인(Specific Mental Factors : S요인-특정 과제 수행에 필요한 능력)의 두 가지 인자로 구성되어 있다고 주장하였다.

③ 다(多)요인 모형

서스톤(Lonis Leon Thurstone)은 스피어만의 일반 요인(G요인)이 7개의 하위요인(언어 이해력, 언어 유창성, 수리력, 공간지각능력, 지각속도, 추리력기억)으로 구성되어 있다고 하였다. 카텔(Raymond B. Cattell)과 호른(John L. Horn)은 일반 지능이 유동성 지능(Fluid Intelligence: GF–생물학적으로 영향을 받는 지능으로 생애 초기에 급속하게 향상되나 성인기 이후에는 쇠퇴함)과 결정성 지능(Crystallized Intelligence: GC– 환경, 문화, 경험의 영향을 받는 지능으로 전 생애에 걸쳐 지속적으로 증가하나 환경의 질에 따라 차이가 남)의 두 가지 차원으로 구분된다고 보았다.

④ 지능구조 모형

길포드(Joy P. Guilford, 1967, 1985)는 서스톤의 견해를 확장하여 지능이 다차원적인 요인으로 구성되어 있다는 점을 강조하면서 지능구조 모형(Structure of Intellect: SOI)을 제안하였다. 이는 정보의 종류인 내용영역 차원, 수행되는 인지활동 차원, 인지활동으로 생성된 결과 차원 등 3개의 차원으로 구분된다. 이 3개의 차원은 다시 내용 5개(시각, 청각, 상징, 의미, 행동), 인지활동 6개(인지, 기억부호화, 기억 파지, 확산적 생성, 수렴적 생성, 평가), 결과 6개(단위, 유목, 관계, 체계, 변환, 함축)의 조합으로 이루어짐으로써 지능은 결국 180개(5*6*6)의 기본정신능력으로 구성된다고 주장하였다. 이는 [그림 6–12]와 같다.

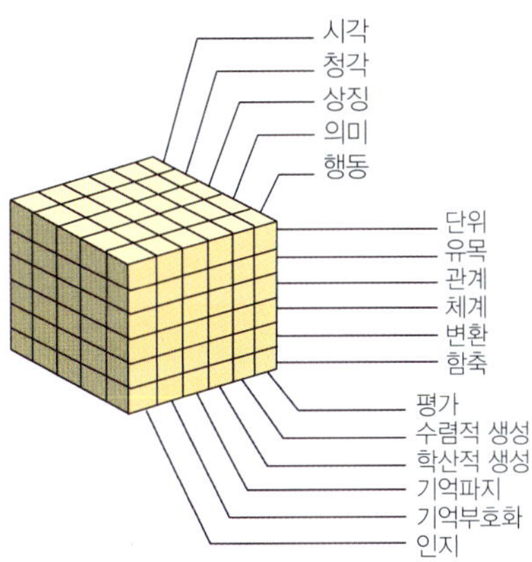

그림 6–12 길포드의 지능구조모형

⑤ 위계 모형

이는 지능의 구성요인이 서로 동등한 위치에 있지 않고 한 요인이 다른 요인을 통합한다고 보는 견해이다. 캐롤(John B. Carroll)은 3계층 모형(Three-Stratum Theory of Intelligence)을 주장하며, 지능의 구조는 3개 층으로 이루어진 피라미드와 같다고 하였다. 맨 위는 일반지능 G, 두 번째 층에는 특정한 인지 수행을 돕는 8개의 광범위한 지능요인, 그리고 세 번째 층에는 실제 수행에 관련된 구체적인 능력요인들이 자리한다고 하였다(Carroll, 1997).

(2) 정보처리적 접근

이는 지능을 정보가 투입, 처리, 산출되는 인지과정으로 보는 견해로 대표적인 학자는 스턴버그(Robert J. Sternberg, 1985)이다. 그는 심리측정적 접근이 검사에 대한 답의 정확성만으로 지능을 측정함을 비판하고 인지적 활동 과정에서의 정보처리능력을 함께 측정해야 한다고 주장했다.

스턴버그는 삶에서의 성공을 가능하게 하는 지능을 강조하면서 '성공지능'이라는 용어를 제시하였다. 그는 지능의 구성요소를 세 가지로 언급하였다.

첫째, 분석적 지능은 지적인 행동의 기초가 되는 정보처리 관련 요인으로 분석, 판단, 평가, 비교, 대조를 포함하는데 지식과 책략의 습득 및 적용, 상위 인지의 획득 및 활용, 자기조절 등의 능력을 말하며 스턴버그의 요소하위이론에서 강조되었다.

둘째, 창의적 지능은 경험을 통해 새로운 것을 창조, 발명, 발견, 상상, 탐색하는 능력으로 새로운 문제해결능력과 정보처리기술 등의 자동화 능력을 포함한다. 그는 창의적 지능을 경험하위이론에서 강조하였다.

셋째, 실제적 지능은 실제 상황에서 맥락적 요인을 고려해 실행할 수 있는 지능을 말하는데, 상황하위이론에서 강조하였다.

스턴버그의 삼원이론은 [그림 6-13]과 같다.

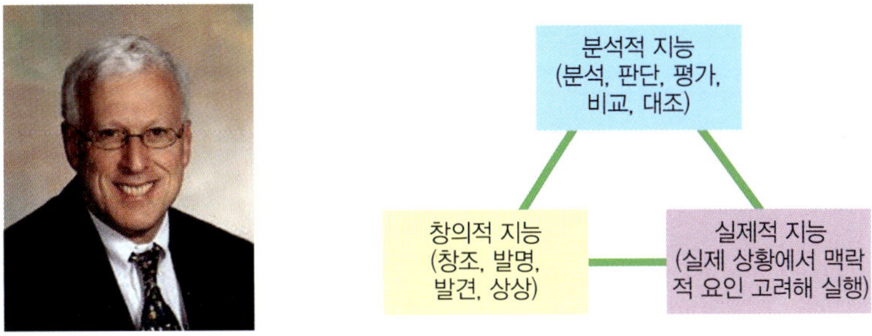

그림 6-13 스턴버그의 삼원이론

(3) 다중지능이론

가드너(Howard Gardner)는 기존의 지능이론이 언어적 지능과 논리·수학적 지능만을 지나치게 강조하여 이 외의 지능이 우수한 유아들의 능력을 제대로 인정해주지 못했거나 계발해주지 못했다고 비판하였다. 그는 '정신의 구조: 다중지능이론(Frames of Mind: The Theory of Multiple Intelligence)'이라는 저서를 통해 인간의 지적 능력은 서로 독립적이고 상이한 일곱 가지(이후에 여덟, 아홉 가지로 보완됨) 유형으로 구성되며 이러한 능력들의 상대적 중요성은 동일하다고 주장하였다. 가드너는 사회의 각 전문분야에서 성공한 사람들의 지능을 분석하여, 이들은 그 직업이 요구하는 특정 지능을 우수하게 갖추고 있다는 경험적 자료를 함께 제시했는데 이는 〈표 6-6〉과 같다(Gardner, 2006).

〈표 6-6〉 가드너의 다중지능(아홉 가지)

구분	내용	직업
언어지능 (Linguistic Intelligence)	말과 글로 세상과 소통, 이해, 표현하는 능력으로 모국어나 외국어를 잘 하거나, 글로 잘 묘사하는 능력	언어학자, 문학가, 시인, 아나운서, 언론인, 정치가, 연설가 등
논리수학지능 (Logical-Mathemetical Intelligence)	숫자, 기호, 규칙, 명제 등을 잘 익히고 만들어내며, 논리적 사고력과 추리력을 발휘하여 문제를 해결하는 능력	수학자, 과학자, 물리학자, 통계학자, 의사, 회계사, 수학 및 과학 교사 등
음악지능 (Musical Intelligence)	소리, 리듬, 멜로디, 화음과 같은 음악적 상징체계에 소질과 적성, 민감성이 뛰어난 사람의 능력	연주가, 성악가, 작곡가, 지휘자, 음악평론가, 가수 등

구분	내용	직업
신체운동지능 (Bodily-Kinesthetic Intelligence)	춤, 운동 등 신체활동에서 자신의 신체를 세련되게 통제하거나 사물을 조작하기 위해 자신의 신체를 사용하는 능력	무용가, 운동선수, 연기자, 물리치료사, 경호인, 산악인 등
공간지능 (Spatial Intelligence)	도형, 그림, 지도, 입체설계 등의 상징체계를 지각하고 이를 변형하거나 수정, 또는 시각적 경험을 재창조하는 능력	조각가, 화가, 건축설계사, 디자이너, 치과의사, 운전기사 등
개인 간 지능 (Interpersonal Intelligence)	타인의 기분, 동기, 의도 등을 지각, 구분하고, 상대의 얼굴이나 몸짓 등으로 동기를 읽을 수 있는 민감성 등 포함	정치가, 가선사업가, 사회복지사, 정신과의사, 간호사, 컨설턴트 등
개인 내 지능 (Intrapersonal Intelligence)	자신에 대한 정확한 이해와 상황에 따른 감정, 욕구, 의도 등의 모든 정서 상태를 조절하고 관리하는 능력	작가, 철학자, 심리학자, 상담자 등
자연 지능 (Naturalist Intelligence)	생물체를 포함한 자연현상에 대해 잘 규정하고 분류하는 능력	생물학자, 환경론자
영성적 지능 (Spiritual Intelligence)	삶의 의미, 죽음과 인간존재에 관련된 문제에 대해 예민성이 높고 사색하는 능력	순교자, 수도승 등

가드너는 지능을 이해하는 혁신적인 방법과 적절한 교육의 방향을 제시하여, 개개 유아의 지능을 가르치고 평가하는 교육과정인 '프로젝트 스펙트럼(Project Spectrum, 2007)'을 개발하여 적용하고 있다. 이는 개별 유아는 하나 이상의 영역에서 강점을 계발할 수 있는 잠재력이 있다는 전제에서 출발하여, 발달하고 있는 지능영역은 강화하고 부족한 지능영역은 보완하는 것을 핵심으로 한다. 이 스펙트럼 프로젝트에서는 다중지능의 영역과 관련된 과제를 제시하고 평가한 후, 학부모에게 스펙트럼 보고서와 함께 '학부모 매뉴얼'을 제공하여 아이만의 강점과 약점에 적합한 여러 가지 경험과 신뢰할만한 평가 실시 방법을 제안한다(Gardner, 2006).

가드너의 다중지능이론은 이후 정서지능이론의 탄생에 기여하였다. 1990년대 살로베이(Peter Salovey), 메이어(John D. Mayer), 골먼(Daniel Goleman)이 제안한 정서지능은 가드너의 다중지능 중에서 자신의 감정을 인식할 수 있는 능력인 개인 내 지능과 타인의 감정을 읽고 감정이입을 할 수 있는 개인 간 지능과 관련이 있다(문용린, 2011). 정서지능은 성공과 행복을 결정짓는 핵심능력으로 자신과 타인의 정서를 정확하게 이해하고 자신의 정서를 적절하게 활용하며 건강하고 긍정적인 방향으로 관리하고 조절하는 능력으로 정서발달의 주요 요인으로 다루이지고 있다(곽윤정 외, 2013).

2) 지능검사

유아기의 인지발달을 측정하기 위한 표준화된 지능검사는 평균점수 100을 기준으로 정규분포곡선을 그리도록 고안되어 있다. 가장 널리 사용되는 유아기 지능검사로 Stanford-Binet 검사와 Wechsler(WISC-Ⅲ) 검사, 그리고 Kaufman(K-ABC) 아동용 지능검사가 있다.

이를 살펴보면 〈표 6-7〉과 같다.

〈표 6-7〉 지능검사 유형

구분	개발자(연도)	대상	측정 내용
Stnford -Binet 검사	Terman(1916)	2세~성인	4가지 지적 기능(언어추론, 추상/시각 추론, 양적 추론, 단기기억)
Wechsler (WISC-Ⅲ) 검사	Wechsler(1991)	6~16세	피 검사자의 언어능력에 덜 의존, 언어이해, 지각조직, 주의 집중, 처리속도 포함
Kaufman (K-ABC) 검사	Alan Kaufman (1983), (문수백, 변창진, 1997)	2~12세	다섯 가지 척도(순차처리, 동시처리, 인지처리과정, 습득도, 비언어성)

3) 유아기 지능의 발달

지능은 유전에 의해 결정된다는 주장(Jensen은 지능의 유전율이 80%라고 함)과 함께 환경에 의해 극복된다(Skeels, 1966)는 주장이 공존한다. 일반적으로 지능은 연령이 증가할수록 양적으로 증가하여 20세 정도가 되면 그 정점에 이르고, 그 후 정체된 현상을 계속 유지하다가 노화와 함께 감소하는 것으로 알려져 있다(정옥분, 2012).

지능발달의 결정적 시기를 주장한 블룸(B.S. Bloom)은 만 17세에 측정한 지능을 100%라고 볼 때, 약 50%의 발달이 임신에서부터 4세 사이에 일어나며, 약 30%가 4~8세 사이에, 그리고 나머지 20%가 8~17세 사이에 이루어진다고 하였다.

특히 영아의 감각 경험은 뉴런의 크기와 연결 구조에 영향을 미친다. 따라서 지적·사회적 자극이 풍부한 환경에서 성장한 영아와 자극이 결핍된 환경에서 자란 영아의 뇌를 비교하면 뇌의 구조와 무게에서 상당한 차이가 나타난다(Cottlieb, 1991; 이사라 외, 2013 재인용). 뇌발달 연구자들은 유아기에 고도의 정신활동을 담당하는 대뇌피질을 이루는 부분인 전두엽, 두정엽, 후두엽이 골고루 발달한다고 하였다. 그리고 좌우 뇌를 연결하는 뇌량(Cowwrpus Callosum)은 전두엽부터 후두엽 쪽으로 이동하면서 발달하는 경향이 있는데, 만 3세에서 6세경의 유아는 앞 쪽 뇌량의 성장률의 60~80%에 달한다고 한다. 신경세포의 회로는 만 3세까지 일생을 통해서 가장 활발하게 발달한다. 그러므로 이 시기에는 어느 한 쪽으로 편중된 단 기간의 일방적 자극보다는 오감을 통한 지속적이고 통합적인 경험이 지능 발달에 좋은 영향을 미친다는 것에 유의할 필요가 있다(서유헌, 2009).

6. 창의성 발달

1) 창의성의 정의와 구성요소

일반적으로 창의성이란 지금까지 없었던 새로운 것을 만들어 내거나 기발한 것을 생각해내는 능력으로 창의력, 창조성, 고등정신능력, 문제해결능력, 확산적 사고, 수평적 사고 등과 유사한 의미로 사용되고 있다. 동양과 서양에서의 연구 결과, 창의성은 비합리적이고 공상적이며 망상적인 상상력의 산물이 아니라, 이미 기존하는 지식을 발판으로 하여 그것에 새로운 것을 더해나갈 때 생기는 것으로 알려져 있다.

창의성을 구성하는 요소는 사고의 기능적 측면과 성향적 측면으로 구분하는데, 공통적으로 언급되고 있는 내용을 살펴보면 다음과 같다(Torrance, 1979; Kagan, 1983; 임선하, 1995).

먼저, 창의적 사고의 기능으로 민감성, 유창성, 융통성, 독창성, 정교성의 다섯 가지가 있다. 첫째, 민감성은 주변 환경에 대해 예민한 관심을 보이고 일상적인 사물이나 상황이더라도 적극적으로 생각하고 반응하는 능력이다. 둘째, 유창성은 주어진 자극에 대해 제한된 시간 내에 얼마나 많은 양의 사고 변화를 보일 수 있는지, 즉 아이디어의 풍부함과 관련된 양적 능력이다. 셋째, 융통성은 주어진 문제를 해결하기 위해 한 가지 방법에 집착하지 않고 시각 자체를 변환시켜 다양한 해결책을 찾아내는 능력이다. 넷째, 독창성은 기존의 것에서 탈피하여 참신하고 독특한 아이디어를 산출하는 능려이다. 다섯째, 정교성은 사물을 정교하게 관찰함으로써 남들이 보지 못하는 면을 파악하여 심층적인 아이디어를 만들어내며 기존의 생각이나 산물을 치밀하게 구성하고 생각을 보다 구체화하는 능력이다.

다음으로 창의적 사고의 성향은 자발성, 독자성, 집착성, 호기심으로 네 가지 요소로 언급된다. 첫째, 자발성은 어떤 문제가 발생했을 때 그것에 대해 아이디어를 자발적으로 산출하려는 성향이다. 둘째, 독자성은 자신이 생각해 낸 아이디어에 대한 가치를 인정하고 다른 사람들의 평가에 구애하지 않으려는 성향이나 태도이다. 셋째, 집착성은 문제를 해결하기 위해 가능한 한 다양한 정보를 수집하고 문제가 해결될 때까지 끈질기게 물고 늘어지는 성향이다. 넷째, 호기심은 주변의 사물이나 상황에 대해서 '왜 그럴까?' 또는 '무슨 일일까?' 하며 끊임없이 질문을 제기하는 성향이다.

위에서 언급한 창의적 사고의 기능과 성향 외에도 연구자들은 창의성을 환경 및 복합적인 차원에서 인지적·개인적 특성, 사회적 맥락 및 사회·문화적 환경 등의 여러 가지 요인들과 관련 있다고 한다.

〈표 6-8〉 창의성의 구성 요소

구분	구성 요소	내용
창의적 사고의 기능	민감성	예민한 관심, 적극적으로 생각하고 반응
	유창성	아이디어의 풍부함
	융통성	시각 자체를 변환시켜 다양한 해결책을 찾아냄
	독창성	독특한 아이디어 산출
	정교성	심층적, 치밀한 아이디어, 생각을 보다 구체화함
창의적 사고의 성향	자발성	아이디어를 자발적으로 산출하려는 성향
	독자성	자기 아이디어에 대한 가치 인정, 다른 사람들의 평가에 구애하지 않으려는 성향
	집착성	끈질기게 물고 늘어지는 성향
	호기심	끊임없이 질문을 제기하는 성향

2) 창의성 발달과 교육

유아는 원래 창의적인 존재로, 앤드류(Andrew)는 3세에서 4.5세 사이에, 버톤(Burton)은 4세에서 4.5세 사이에 창의적 상상력이 최고조로 높게 나타난다고 하였다(Burton, 1971; 김정희 외, 2014 재인용). 그러나 유아의 창의성이 5세경을 지나면서 감퇴하기 시작하는데 이는 경직된 학교제도, 교육과정 운영, 사회문화 및 인적 요인의 영향 때문으로 보고 있다. 토란스(Torrance, 1979)와 미이커(Meeker, 1978)는 성장 후에도 창의성을 유지하기 위해서는 창의성 개발의 최적기인 유아기에 교육현장에서 상상력을 자극하고 풍부하게 해주며 생각할 수 있는 시간을 충분히 허락하고 이를 창의적으로 표현할 수 있도록 격려해주어야 한다고 권고하였다.

연구들은 창의성이 적절한 훈련에 의해 증진될 수 있다고 한다(Parnes, 1975; Torrance, 1988). 그리고 지난 50여년간 창의성과 지능의 관계에 대한 연구결과들은 일반적으로 창의성과 지능 간의 상관은 낮다고 밝히고 있다. 즉 창의성 검사 점수가 높은 유아들이 반드시 IQ가 높은 것으로 나타나지는 않아 창의성과 지능은 서로 독립적인 특성임을 시사한다(Kagan, 1983). 그러나 창의성이 높은 사람이 평균

지능 이하를 보이는 경우는 거의 없으며, 지능이 높을수록 창의성의 범위가 넓고 지능이 낮으면 창의성의 범위도 좁다. 그래서 창의성은 오히려 인지능력과 관계가 있는 것으로 본다. 즉 창의성이 높은 사람은 인지복잡성(Cognitive Complexity)을 선호하며, 인지 융통성(Cognitive Flexibility)의 폭이 크고 자유로우며, 외부세계 뿐만 아니라 자아에 대해서도 감수성이 높은 지각적 개방성(Perceptual Openness)을 가지고 있다(Dellas & Gaier, 1970). 따라서 창의성을 높이기 위해서는 어떤 과제 또는 교과와 관련된 다양한 지식을 습득해야 하며, 더불어 인지전략 훈련도 필요하다고 볼 수 있다(이사라 외, 2013 재인용).

유아의 창의성을 키워주기 위한 요인들 중에 가장 중요한 것이 교사의 태도와 역할이다. 창의적인 유아는 태도나 사회적 행동에 있어서 매우 독립적이고 자율적이기 때문에 어떤 집단에서 통솔하기가 어려운 편이다. 그리고 자기 나름의 창의적 동기를 가지고 있어, 교사나 어른이 그들의 방식으로 유아를 이끌어가려고 하면 이에 거부반응을 나타내기도 한다. 이 때 교사가 유아의 기발한 생각과 상상력을 수용하느냐 거부하느냐에 따라 창의성이 신장되기도 하고 억제되기도 함을 명심해야 한다.

7. 인지발달 촉진활동

영유아의 인지발달은 일상생활에서 주변 사물을 5감각으로 탐색하면서부터 시작된다. 영유아가 먹고, 자고, 놀이하는 평범한 삶 속에서 쉽게 접할 수 있는 인지발달 촉진활동의 예를 연령별로 살펴보고자 한다.

♣ 활동 1 꼬불꼬불 끈놀이(대상 연령 1~2세)

◈ 활동목표 : 주변에서 여러 가지 종류의 끈을 발견한다.
자신의 움직임과 끈의 관계를 파악하고 문제를 해결할 수 있다.

◈ 활동자료 : 여러 가지 끈(줄)

◈ 활동방법

1. 주변에서 여러 가지 종류의 끈(줄)을 찾아본다(옷에 달린 끈, 머리 묶는 끈, 모빌 끈, 포장지 끈 등).
   "이것은 무엇일까?"
   "이렇게 긴 끈(또는 줄)을 찾아보자."
2. 끈의 색과 모양, 촉감, 길이, 두께 등을 자세히 살펴보고, 끈으로 할 수 있는 일에 대해 이야기 나눈다.
   "이것은 어떻게 생겼니?"
   "길고, 두껍고(가늘고), 흰색이구나."
3. 끈으로 무엇을 할 수 있을지 알아본다.
   "서로 당겨보자. 끈을 흔들어보자."
   "끈을 놓아보자. 끈 안(밖)에 들어가 보자."
4. 끈으로 영아 한 명씩, 그리고 여러 명이 참여하여 기차놀이를 한다.
   "칙칙폭폭 끈(줄)을 잡고 걸어보자."
   "○○이 기차가 출발합니다. 칙칙폭폭."
   "기차놀이할 사람 여기 여기 모여라."
5. 친구들과 함께 천천히 걸을 수 있도록 격려하며 기차놀이를 한다.

♣ 활동 2 보자기(담요) 놀이(대상 연령 1~2세)

◈ 활동목표 : 보자기의 색, 모양, 촉감, 크기 등을 탐색한다.
보자기로 까꿍놀이를 하며 상황의 변화에 대해 인식할 수 있다.
보자기로 역할놀이를 하며 주변 대상을 모방할 수 있다.

◈ 활동자료 : 여러 가지 색깔 보자기(또는 담요), 인형

◈ 활동방법

1. 여러 가지 종류의 보자기(또는 담요)를 살펴본다.
"○○야, 이것은 무엇일까?"
"보자기가 있네."
"어떤 색이야? 촉감은?"
"무엇을 할 수 있을까?"
2. 색 보자기를 탐색한 후 까꿍놀이를 한다.

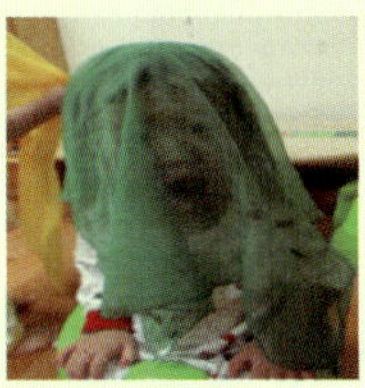

"○○는 어디 있니?"
"여기 있네. 까꿍!"
3. 보자기를 쓰고 역할놀이를 한다.
"슈퍼맨이 되었네."
"와! 엄마 같아!"
4. 인형이나 물건에게 보자기를 덮어주며 재우거나 안기 놀이 등을 한다.

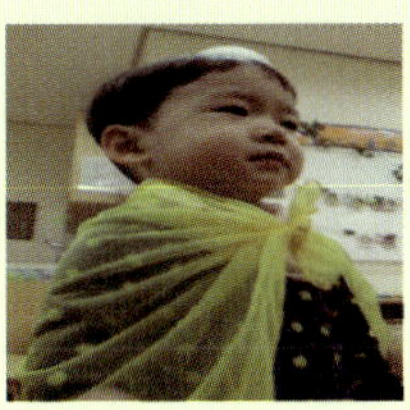

♣ 활동 3 눈을 만져요(대상 연령 1~2세)

◈ 활동목표 : 눈의 촉감, 색, 모양 등을 탐색한다.
눈을 용기나 비닐에 담으며 상태의 변화에 대해 인식할 수 있다.

◈ 활동자료 : 비닐, 눈, 접시와 플라스틱 용기

◈ 활동방법

1. 창밖에 눈이 왔음을 이야기 나누고, 바닥에 비닐을 깔고 눈을 제시하여 탐색한다.
   "이것이 무엇일까? 손으로 만져보자. 어때?"
   "어? ㅇㅇ가 손으로 잡으니 눈이 어떻게 되었어?"

2. 눈을 여러 가지 방식으로 탐색하고 모양을 만들어본다.
   "눈을 손으로 두드려보자.", "부서져요.", "작아졌어요."
   "눈을 꾹꾹 눌러보자.", "어떻게 되었어?", "눈을 손으로 뭉쳐보자. 다르게도 해볼까?"
3. 눈을 소꿉놀이 용기나 비닐봉지에 담으며 탐색한다.
   "눈을 여기(소꿉놀이 용기)에 담아볼까? 어떻게 되었어?"
   "비닐봉지에 눈을 담아볼까?"
   "직접 눈을 만졌을 때와 비닐봉지 안의 눈을 만졌을 때 느낌이 어때?"

♣ 활동 4 같은 색 찾기(대상 연령 2~3세)

◈ 활동목표 : 주변에서 같은 색을 찾을 수 있다.
색의 차이를 구분하고 분류한다.

◈ 활동자료 : 색 판 3~4개(주변에서 쉽게 찾을 수 있는 색), 같은 색의 장난감 3~4개

◈ 활동방법

1. 색 판(또는 색 막대)을 하나씩 제시하고, 주변에서 같은 색을 찾아본다.
   "이것은 무엇일까? 어떤 색이야? 같은 색을 찾아보자. 어디에 있어?"
   "인형 색이 같구나. 장난감도 같은 색이야? 또 어디 있을까?"

2. (두 번째 색판을 제시하고) 색깔이 다른 장난감을 비교하며 살펴보도록 한다.
   "여기에 무엇이 있지? 색깔이 어때? 달라요?"
3. 세 개의 색 판을 하나씩 제시하고, 그 위에 같은 색의 장난감을 찾아 올려놓게 한다.
   "이 색 판 위에 같은 색의 장난감을 올려놓아보자."
4. 색 판과 장난감을 모두 섞은 후, 아까와는 다른 순서로 색 판을 배열한 후, 같은 색의 장난감을 찾아 올려놓게 한다.

♣ 활동 5 미끌미끌 과일의 겉과 속(대상 연령 3~4세)

◈ 활동목표 : 과일을 오감으로 탐색하고 다른 사물과 구분한다.
과일의 겉과 속의 차이에 대해 설명할 수 있다.

◈ 활동자료 : 준비할 수 있는 과일(자두, 참외, 복숭아, 사과 등), 쟁반, 칼, 포크와 개인접시

◈ 활동방법

1. 과일을 깨끗이 씻어 쟁반에 준비하여, 만지고 냄새를 맡으며 탐색한다.
   "이것은 무엇일까? 색깔은? 모양은? 냄새는?"
   "만져보자. 느낌이 어때? 딱딱해? 부드러워?"
   "어디서 보았니?"
2. 과일을 반으로 쪼개어 겉과 속을 탐색한다.
   "속은 어떻게 생겼니? 색깔은? 모양은? 냄새는?"

3. 과일을 먹으며 맛을 비교한다.
   "한 번 먹어보자. 어떤 맛이니?"
   "다른 과일을 먹어보자. 맛이 어때?"
   "먹을 수 없는 부분은 무엇일까? 씨는 왜 못 먹을까?"
4. 과일을 잘게 썰어 주스나 즙을 만들어 먹는다.
   "주스는 어떻게 만들까?"
   "과일을 잘게 잘라서 주스기나 믹서기에 과일을 넣어보자."
   "과일이 어떻게 변했는지 맛을 보자. 어때?"

 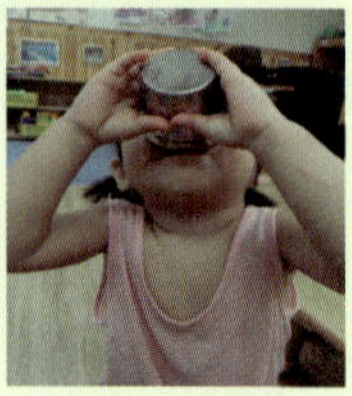 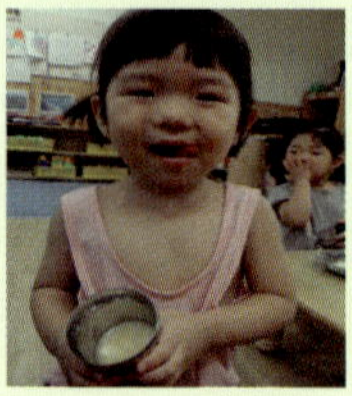

회상: 용어정리

- **지각**(Perception, 知覺): 주변의 사건과 사물을 감각기관을 통하여 아는 일
- **양안시**(Binocular Vision): 양쪽 눈의 협응을 통해 두 눈을 사용하여 초점을 잡아 깊이와 거리를 지각할 수 있는 상태
- **대상영속성**(Object Permanence): 사물이 눈에 보이지 않더라도 존재하고 있음을 아는 것
- **전조작기**(Pre-Occupational Stage): 사고가 잘 조직화되어 있지 않고 문제 해결이 논리적이지 않은 인지발달 시기
- **상징적 사고**(Symbolic Thought): 감각적 단서 없이 머릿속으로 어떤 대상을 표상하는 전조작기의 사고 특성
- **자기중심성**(Ego-Centrism): 세상을 자기중심으로 생각하며, 다른 사람의 생각이나 관점 그리고 감정을 자신과 동일하다고 가정하는 전조작기의 사고 특성
- **물활론**(Animism): 무생물을 생명과 의식이 있는 존재라고 믿는 전조작기의 사고 특성
- **중심화**(Centration): 특정 상황에서 한 가지 측면에만 초점을 맞추거나 주의를 집중시킴으로써 다른 요소들을 무시하는 전조작기의 사고 특성
- **보존 개념**(Conservation): 외양의 변화에도 불구하고 대상의 속성은 불변한다는 개념
- **비가역성**(Irreversibility): 어떤 변화가 일어나면 이것을 머릿속에서 역방향으로 되돌려 보는 논리적 조작 능력이 습득되지 않은 상태
- **변환적 추론**(Transductive Inference): 서로 무관한 두 가지 사건이 시간과 공간이 밀접하다는 이유로 인과관계가 있는 것으로 연결 지어 생각하는 것
- **인공론**(Artificialism): 자연물과 자연적인 현상이 인간의 목적에 의해 인간이 창조하였다고 추측하는 경향
- **실재론**(Realism): 마음속으로 생각하는 것과 같은 심리적 현상이 객관적이고 구체적으로 존재한다고 생각하는 경향
- **분류**(Classification): 사물들을 색, 모양, 크기, 길이 등의 범주로 묶는 능력
- **포함관계**(Inclusion Relations): 상위유목과 하위유목, 즉 전체와 부분의 관계를 이해하는 능력
- **서열**(Seriation): 사물을 증가하거나 감소하는 순서대로 배열하는 능력
- **이행 추론**(Transitive Inference): 두 개념 또는 두 사물 간의 관계를 다른 개념이나 다른 사물과의 관계로부터 추론하는 것
- **재인**(Recognition): 현재 지각하거나 생각하고 있는 어떤 것을 이전에 경험한 것과 동일하게

또는 비슷한 것으로 확인하는 정도의 인출

- **재생**(Recall): 과거에 경험한 어떤 것이 현재의 경험 속에는 없는 상태에서 스스로 인출, 생성해보는 것
- **시연 전략**(Rehearsal Strategy): 기억해야 할 대상이나 정보를 눈으로 여러 번 봐 두거나, 말로 되풀이해서 머릿속에 반복하여 기억하는 전략
- **조직화 전략**(Organizational Strategy): 자료들의 의미있는 관계성을 파악하고 이에 따라 재조직, 재구성하여 기억하는 전략
- **정교화 전략**(Elaborational Strategy): 기억자료에 새로운 정보를 첨가하여 보다 의미를 부여하여 기억하는 전략
- **상위 기억**(Meta Memory): 기억 전략들을 언제, 어떻게, 왜 사용하는 것이 유용한지에 관한 실제적인 지식들과 기억의 저장과 인출에 관한 정보를 포함하여 기억에 대한 인지적 통합과 조정 과정
- **상위 인지**(Meta-Cognition): 자신이 알고 있는 것에 대해 아는 것과 인지를 조절하는 것
- **성공지능**: 삶에서의 성공을 가능하게 하는 지능
- **프로젝트 스펙트럼**(Project Spectrum, 2007): 개별 유아는 하나 이상의 영역에서 강점을 계발할 수 있는 잠재력이 있다는 전제에서 출발하여, 발달하고 있는 지능영역은 강화하고 부족한 지능영역은 보완하는 것을 핵심으로 하는 다중지능이론에 근거한 교육 접근법

회상: 내용정리

1. 가드너(Howard Gardner)의 아홉 가지 지능의 유형을 쓰세요.

1.	지능 (Linguistic Intelligence)
2.	지능 (Logical-Mathemetical Intelligence)
3.	지능 (Musical Intelligence)
4.	지능 (Bodily-Kinesthetic Intelligence)
5.	지능 (Spatial Intelligence)
6.	지능 (Interpersonal Intelligence)
7.	지능 (Intrapersonal Intelligence)
8.	지능 (Naturalist Intelligence)
9.	지능 (Spiritual Intelligence)

2. 다음 문장을 읽고 O, X로 답해보세요.

1) 시각은 인간의 능력 중 출생 시 가장 미성숙한 발달 상태를 보이는 감각이다. (　　)

2) 영아들은 곡선보다는 직선, 불규칙적인 형태보다는 규칙적인 형태를, 집중된 자극보다는 분산된 자극을, 그리고 대칭적인 형태보다는 비대칭적인 형태를 선호한다. (　　)

3) 청각은 4~6개월 사이에 크게 향상되며, 매우 작은 소리를 탐지하는 능력은 아동기에 이르러서야 가능하다. (　　)

4) 전조작적 사고의 여덟 가지 특징에는 상징적 사고, 자기중심성, 물활론, 중심화, 비가역성, 변환적 추론, 인공론, 실재론이 있다. (　　)

5) 저장된 정보를 끄집어내는 인출 과정에는 재인(Recognition)과 재생 또는 회상(Recall) 과정이 있다. (　　)

6) '마음의 이론(Theory of Mind)'에서는 유아들이 5세경부터 자신의 마음이 어떤 기능을 가지고 있음을 믿고 있다고 본다. (　　)

7) '성공지능'의 구성요소 세 가지는 분석적 지능, 창의적 지능, 실제적 지능이다. (　　)

8) 창의적 사고의 성향으로 민감성, 유창성, 융통성, 독창성, 정교성의 다섯 가지가 있다. (　　)

9) 창의적 사고의 기능은 자발성, 독자성, 집착성, 호기심으로 네 가지 요소가 있다. (　　)

토 의

♣다음 문제에 대한 의견을 작성하여 서로 비교해 보세요.

1. 깁슨과 왁(Gibson & Walk, 1960)의 시각 벼랑(Visual Cliff) 실험이 영아교육에 시사하는 바를 설명하세요.

2. 기억의 과정-부호화(Coding), 저장(Storage), 인출(Retrieval)-에 대해 설명하고(1장 발달이론 중 정보처리이론 65쪽 그림 참조), 유아들이 실제로 기억 전략(시연, 조직화, 정교화 전략)을 사용하는 예를 들어보세요.

3. 3, 4, 5세 유아를 대상으로 상위 인지-마음이론의 예를 제시하고 이야기 나누세요.

4. 표준화된 지능검사 중 단일요인 모형, 양(Two) 요인 모형, 다(多) 요인 모형, 구조 모형, 위계 모형의 문제점을 언급하고, 길포드(Guilford)의 지능구조 모형(Structure of Intellect: SOI)과 비교하세요.

5. 유아기에는 어느 한 쪽으로 편중된 단 기간의 일방적 자극보다는 오감을 통한 지속적이고 통합적인 경험이 지능 발달에 좋은 영향을 미친다는 견해에 대한 근거를 설명하세요.

6. 창의성 검사 점수가 높은 유아들이 반드시 IQ가 높은 것으로 나타나지는 않아 창의성과 지능은 서로 독립적인 특성이라는 주장이 있는 반면, 창의성이 높은 사람은 인지복잡성(Cognitive Complexity)을 선호하며, 인지 융통성(Cognitive Flexibility)의 폭이 크고 자유로우며, 외부 세계뿐만 아니라 자아에 대해서도 감수성이 높은 지각적 개방성(Perceptual Openness)을 가진다는 견해에 대해 논의하세요.

Chapter

7. 발달장애

1. 발달장애 영유아의 선별
2. 유형별 특성 및 지도방법
    1) 주의력결핍 과잉행동장애
    2) 의사소통장애
    3) 반응성 애착장애
    4) 분리 불안장애
    5) 자폐성 장애
    6) 수면장애
    7) 배설장애
    8) 지적 장애
    9) 아동 학대

- 회상: 용어정리, 내용정리

'길을 가다가 돌이 나타나면 약자는 그것을 '걸림돌'이라 하고, 강자는 그것을 '디딤돌'이라 고 말한다.'
The block of granite which was an obstacle in the pathway of the weak becomes a stepping-stone in the pathway of the strong.

– 토마스 카알라일

영유아가 발달과정에서 같은 또래에 비해 차이가 나거나 문제가 지속적으로 발생할 경우 '발달장애'라고 한다. 이러한 경우 장애의 종류와 정도에 맞는 치료와 체계적인 교육을 통해 증상을 완화시키고 발생 요인을 제거해야 한다. 따라서 무엇보다 중요한 것은 조기에 발견하는 것이며 부모와 교사는 특수교육전문가와 협력체계를 구축하여 계획을 세우고 실천할 수 있어야 한다. 이 장에서는 발달장애 영유아의 선별, 장애유형별 특성과 지도방법에 대해 살펴보고자 한다.

학습목표

1. 영유아기 발달장애 선별검사에 대해 설명할 수 있다.
2. 발달장애의 종류와 특성, 원인을 이해하고 도울 수 있다.
3. 발달장애아의 효과적인 지도방법에 대해 탐구하는 자세를 갖는다.

• 참고 동영상 •

- 발달영유아 검사(서언, 서준이네)
- 또 하나의 우주, 뇌(탄생의 비밀)
- 우리 아이가 달라졌어요(ADHD)
- (아동학대 예방교육) 권리존중보육 동영상

1. 발달장애 영유아의 선별

발달과정에서 장애 가능성이 있는 유아를 찾아내기 위해 보건복지부에서는 '영유아건강검진' 제도를 실시하고 있다. 정상적인 범위 내에서 발달하는지를 판단하기 위해 '영유아발달선별검사'를 받아야 한다. 선별검사는 전문적인 장애진단이 필요한지 여부만을 파악하는 검사이다. 영유아기는 발달의 속도에 개인차가 크게 나타나는 시기임을 전제로 판단해야 한다.

1) 영유아 건강검진

보건복지부는 성장 이상, 비만, 안전사고, 영아급사증후군, 청각 이상, 시각 이상, 치아 우식증, 발달 이상 등 영유아의 주요 질환의 발견을 위하여 '영유아건강검진' 제도를 실시하고 있다. 반 6세 미만 모든 영유아를 대상으로 발달시기별로 건강검진 7회, 구강검진 3회를 실시한다. 문진, 진찰, 신체계측 등과 함께 건강교육이 공통으로 실시되고, 구강보건교육이 별도로 이루어진다. 영유아의 시기별 검진항목 및 문진표 내용은 〈표 7-1〉과 같다

〈표 7-1〉 시기별 검진항목 및 문진표 내용

시기	대상월령	검진 항목	문진표 내용
1차	4~6개월	문진 및 진찰, 신체계측, 건강교육	시각, 청각, 건강교육(안전사고 예방, 영양, 수면) – 총 28문항
2차	9~12개월	문진 및 진찰, 신체계측, 건강교육 발달선별검사 및 상담	시각, 청각, 건강교육(영양, 구강) – 총 31문항
3차	18~24개월	문진 및 진찰, 신체계측, 건강교육 발달선별검사 및 상담	시각, 청각, 건강교육(안전사고 예방, 영양, 대소변가리기) – 총 32문항
	18~29개월	구강문진 및 진찰, 구강보건교육	
4차	30~36개월	문진 및 진찰, 신체계측, 건강교육 발달선별검사 및 상담	시각, 청각, 건강교육(영양, 정서 및 사회성) – 총 34문항

시기	대상 월령	검진 항목	문진표 내용
5차	42~48개월	문진 및 진찰, 신체계측, 건강교육 발달선별검사 및 상담	시각, 청각, 건강교육(안전사고 예방, 영양, 개인위생) – 총 31문항
	42~53개월	구강문진 및 진찰, 구강보건교육	
6차	54~60개월	문진 및 진찰, 신체계측, 건강교육 발달선별검사 및 상담	시각, 청각, 건강교육(안전사고 예방, 영양, 취학준비) – 총 31문항
	54~65개월	구강문진 및 진찰, 구강보건교육	
7차	66~71개월	문진 및 진찰, 신체계측, 건강교육 발달선별검사 및 상담	시각, 청각, 감영, 건강교육(안전사고 예방, 영양, 간접흡연) – 총 35문항

출처: http://hi.nhic.or.kr 국민건강보험관리공단 홈페이지

각 항목별 검진방법은 〈표 7-2〉와 같이 실시된다.

〈표 7-2〉 항목별 검진방법

검진 항목	검진 방법
문진 및 진찰	문진표, 진찰, 청각 및 시각문진, 감염문진, 시력검사
신체계측	키, 몸무게(체질량 지수), 머리둘레
건강교육	영양, 수면, 안전, 구강, 대소변 가리기, 정서 및 사회성, 개인위생, 취학 준비 등 교육
발달평가	한국 영유아발달 선별검사(K-DST)를 통한 평가 및 상담
구강문진 및 진찰	구강문진표 및 진찰
구강보건교육	매뉴얼을 이용한 보호자 및 유아 구강보건교육

출처: http://hi.nhic.or.kr 국민건강보험관리공단 홈페이지

영유아 건강검진 문진표의 예는 〈표 7-3〉과 같다.

〈표 7-3〉 영유아 건강검진 문진표

[별지 제5호의5서식]

영유아 건강검진 문진표

(본 문진표는 42개월에서 48개월용입니다)

수검자성명		주민등록번호		전화번호	
				휴대전화	
보호자성명		주민등록번호		수검자와의 관계	
□ 건강보험가입자		□ 의료급여수급권자		E-mail(메일) 주소	
주소				우편번호	-

※ 귀하께서는 국민건강보험공단 또는 보건소에 서 제공하는 건강 관련 정보 및 사업 안내를 메일 또는 우편 등으로 받아 보는 것에 동의하십니까 ? 예 □ 아니오 □

영유아 건강검진은 **4개월, 9개월, 18개월, 30개월, 42개월, 54개월, 66개월**에 시기별 특성에 적합한 항목을 단계적으로 받으실 수 있으며, 정해진 횟수를 초과하여 검진을 받으시면 해당 검진비용은 부당이득금으로 환수됩니다 .

1. 아이의 실제 생년월일은 ? ____년 월 일____
2. 아이가 미숙아로 태어났습니까 ?
   ① 예 (☞분만 예정일은 ? ____년 월 일 경____)
   ② 아니오
3. 출생 시 체중은 ? □.□ kg (소수 첫째 자리까지)
4. 지금까지의 실시한 예방접종은 ? 해당란에 "O" 표 하십시오.

	시행함	시행하지 않음	차수
비씨지			-
B형 간염			
디피티			
소아마비(폴리오)			
홍역, 볼거리, 풍진			
수두			
일본뇌염			

4-1. 발달문제로 진단을 받거나, 치료중인 질환이 있습니까? ①예 ②아니오
있다면 구체적인 진단명은 ?

시각 문진	예	아니오
5. 눈동자의 위치가 이상합니까 ?(안쪽으로 몰리거나 초점 없이 밖으로 향합니까 ?)	①	②
6. 다른 아이에 비해 빛에 몹시 민감하고 눈이 부시어 눈을 찡그리는 일이 많습니까 ?	①	②
7. 정면(앞에 있는 사물)을 볼 때 늘 얼굴을 돌려 옆으로 쳐다보거나 고개를 기울이고 보는 편입니까?	①	②
8. 책/TV/물건 등에 너무 가까이 다가가서 보거나 찡그리고 봅니까 ?	①	②
9. 아이의 한쪽 눈을 가리고 보게 했을 때 두 눈의 시력이 서로 다르다고 느껴집니까?	①	②

청각 문진	예	아니오
10. 조용한 곳에서 아이 뒤로 한팔 정도 떨어져, 아이 한쪽 귀를 번갈아 막고 속삭이듯 단어(연필, 학교)를 말하면, 양쪽 모두 정확하게 따라 말할 수 있습니까?	①	②
11. 아이가 이전 보다 소리에 대한 반응이 둔해지거나 TV소리를 더 크게 하고 보는 경향이 있습니까?	①	②
12. 아이가 같은 또래의 아이들만큼 말을 잘합니까 ?	①	②
13. 반복되는 중이염(급성중이염을 6개월간 4회 이상, 1년간 6회 이상 앓은 경우)을 앓은 적이 있습니까 ?	①	②
14. 출생 후 신생아 집중치료실 (중환아실)에 5일 이상 입원한 적이 있습니까 ?	①	②

건강교육(안전사고예방) 문진	예	아니오	해당없음
15. 계단, 창문, 베란다에 안전문이나 걸쇠 등의 안전장치를 항상 설치해 놓습니까 ?	①	②	-
16. 어린이 풀이나 욕조에 아이를 혼자 둔 적이 있습니까?	①	②	-
17. 담배와 라이터, 전기기구와 전깃줄을 아이 손에 닿지 않게 보관합니까 ?	①	②	-
18. 자전거, 인라인 스케이트 등을 타는 경우 항상 헬멧과 보호대를 사용합니까?	①	②	③
19. 차가 다니는 길에서 노는 때가 많습니까 ?	①	②	-
20. 승용차를 탈 때 항상 카시트나 보조 의자에 앉히고 차 안에서 장난치지 못하게 합니까?(승용차 없는 경우 ③)	①	②	③

건강교육(영양) 문진

21. 아이의 식욕은 어떻습니까 ?
   ① 좋다 ② 보통이다 ③ 나쁘다
22. 아이가 하루에 몇 끼의 식사를 합니까 ?
   ① 1회 ② 2회 ③ 3회 ④ 4회 이상
23. 아이가 하루에 우유를 얼마나 마십니까 ?
   ① 200ml 미만 ② 200ml이상, 500ml 미만
   ③ 500ml이상, 1000ml 미만 ④ 1000ml 이상
24. 아이가 과일주스나 당분이 첨가된 음료 (예, 청량음료)를 하루에 얼마나 마십니까 ?
   ① 200ml(큰 컵 한 잔)미만
   ② 200ml이상, 500ml 미만
   ③ 500ml 이상
25. 아이에게 음식을 어느 정도로 짜게 먹이십니까 ?
   ① 어른과 비슷하다 ② 조금 싱겁다 ③ 많이 싱겁다
26. 평상시 아이의 식습관은 어떻습니까 ?
   해당되는 곳에 모두 표시하십시오 .
   ① 식사시간에 배고파하지 않는다 . ② 억지로 먹는다.
   ③ 편식이 심하다. ④ 아예 먹기를 거부한다 .
   ⑤ 특정한 음식을 찾는다 . ⑥ 몇 번 씹고 그만 먹는다 .
   ⑦ 이것저것 입에만 댄다 . ⑧ 해당 사항 없음 .

건강교육(개인위생)문진

27. 아이가 어떤 경우에 손을 씻습니까 ?
   해당되는 곳에 모두 표시하십시오 .
   ① 외출에서 돌아왔을 때 ② 식사 전
   ③ 간식 먹기 전 ④ 장난감을 만진 후
   ⑤ 동물을 만진 후 ⑥ 용변 후
   ⑦ 더러운 것을 만진 후
28. 아이가 손을 자주 눈 , 코, 입으로 가져갑니까 ?
   ① 예 ② 아니오
29. 아이가 손을 씻을 때 비누 (고체 또는 액체비누)를 사용합니까?
   ① 예 ② 아니오
30. 손을 씻을 때 아이가 흐르는 물에 손을 헹굽니까 ?
   ① 예 ② 아니오
31. 외출 중 아이가 물을 사용하여 손을 씻을 수 없는 경우 어떻게 하십니까 ?
   ① 마른 티슈로 닦는다 . ② 물티슈로 닦는다.
   ③ 알코올 성분이 있는 손세정제를 사용한다 .
   ④ 일단 그냥 둔다 .

〈표 7-4〉 영유아 구강검진 문진표

영유아 구강검진 문진표

(본 문진표는 42개월에서 53개월용입니다)

수검자성명		주민등록번호		전화번호	
				휴대전화	
보호자성명		주민등록번호		수검자와의 관계	
ㅁ 건강보험가입자		ㅁ 의료급여수급권자		E-mail(메일) 주소	
주소				우편번호	-

※ 귀하께서는 국민건강보험공단 또는 보건소에서 제공하는 건강 관련 정보 및 사업 안내를 메일 또는 우편 등으로 받아 보는 것에 동의하십니까? 예 ㅁ 아니오 ㅁ

영유아 구강검진은 2세(18~29개월), 4세(42~53개월), 5세(54~65개월)에 시기별 특성에 적합한 항목을 단계적으로 받으실 수 있습니다.

이 설문조사는 건강검사에 앞서 아이의 상태를 미리 알아보고 진찰을 받을 때 참고하기 위한 것입니다. 비밀이 보장되므로 솔직하고 성실하게 답변해주십시오. 보호자께서 작성하시되 잘 모르는 문항은 아이를 관찰 후 기재하여 주시기 바랍니다.

※ 치과병력과 구강건강인식도 관련 문항

1. 지난 1년간 아이를 위해 구강병 치료나 관리를 목적으로 치과병(의)원에 간 적이 있습니까?
   ① 예 ② 아니오
2. 지난 한 달 동안, 아이가 치아가 아프다고 한 적이 있습니까? ① 예 ② 아니오
3. 현재 아이에게 충치가 있다고 생각하십니까? ① 예 ② 아니오 ③ 모르겠다

※ 구강건강 습관(설탕섭취, 구강위생, 불소이용) 관련 문항

4. 평소 하루에 과자, 사탕, 케이크 등 달거나 치아에 끈끈하게 달라붙는 간식을 얼마나 먹습니까?
   ① 먹지 않음 ② 1번 ③ 2~3번 ④ 4번 이상 ⑤ 모르겠다
5. 평소 하루에 탄산 및 청량음료 등(단맛이 나는 스포츠 음료, 이온 음료, 과일 주스 포함)을 얼마나 마십니까?
   ① 먹지 않음 ② 1번 ③ 2~3번 ④ 4번 이상 ⑤ 모르겠다
6. 아이 자신의 치아를 닦는 방법을 치과병(의)원 또는 보건소로부터 직접 배운 적이 있습니까?
   ① 예 ② 아니오
7. 아이의 치아를 규칙적으로 닦아 줍니까? ① 예 ② 아니오
8. 어제 하루 동안 아이가 이를 닦은 때를 모두 표시해 주세요.
   ① 아침식사 전 ② 아침식사 후 ③ 점심식사 후 ④ 저녁식사 후 ⑤ 잠자기 직전 ⑥ 간식섭취 후
9. 현재 아이가 사용 중인 치약에 불소가 들어있습니까?
   ① 예 ② 아니오 ③ 모르겠다 ④ 치약을 사용하지 않음
10. 보통 얼마만큼의 치약을 사용합니까?
   ① 아주 조금 ② 작은 콩알크기만큼 ③ 칫솔머리의 반만큼
   ④ 칫솔머리 전체 길이만큼 ⑤ 치약을 사용하지 않음
11. 아이의 충치 예방을 위해 불소를 이용하는 것에 대한 조언을 받은 적이 있습니까?
   ① 예 ② 아니오

※ 특별한 증상 혹은 치과의사에게 묻고 싶은 말을 자유롭게 쓰십시오.

출처: http://hi.nhic.or.kr 국민건강보험관리공단 홈페이지

2) 한국 영유아발달 선별검사(K-DST: Korean Developmental Screening Test for Infants & Children)

한국 영유아발달선별검사(K-DST)는 보건복지부(주관: 질병관리본부)의 지원을 받아 대한소아과학회 등 관련 분야의 전문가들이 우리나라 실정에 맞는 도구를 개발하여 2014년 9월부터 제공하고 있다. 2014년 12월까지는 기존 도구와 K-DST 도구를 병행하여 사용할 수 있으나, 2015년부터는 K-DST 도구로만 영유아 건강검진의 발달평가를 할 수 있도록 하였다. 총 20개의 검사지 중 영유아발달선별검사에 이용하는 검사지는 8~9개월에서부터 66~71개월까지 총 15개이다.

K-DST는 영유아가 하는 활동 영역을 대근육 운동, 소근육 운동, 인지, 언어, 사회성으로 구성하였고, 18개월부터는 자조 영역을 추가하였다. 영역별 점수를 합산한 총점을 절단점과 비교하여 심화평가 권고, 추적 검사 요망, 또래 수준, 빠른 수준으로 평가한다. '심화평가 권고'는 전문기관에 의뢰하고, '추적검사 요망'의 경우는 추후 재검사를 한다.

한국 영유아발달선별검사(K-DST)의 예는 〈표 7-5〉와 같다.

〈표 7-5〉 한국 영유아발달 선별검사지

한국 영유아 발달선별검사(48~53개월용)

☒ 다음 사항을 기재해 주십시오. 빈 칸에 작성하시고 해당 사항에 ☑ 표시 하십시오.

아이 이름		(남, 여)	설문 응답자	□ 어머니 □ 아버지 □ 할머니 □ 할아버지 □ 기타 (　　　)
생년월일	년　　월　　일 (조산아인 경우 출산 예정일 :　　　년　　월　　일)			
부모정보 (선택사항)	어머니	나이 : 만 (　　) 세	학력 : □ 대학원이상 □ 대졸 □ 대학중퇴 □ 고졸 □ 중졸이하	
	아버지	나이 : 만 (　　) 세	학력 : □ 대학원이상 □ 대졸 □ 대학중퇴 □ 고졸 □ 중졸이하	
아이가 신체나 기타 발달상의 문제가 있나요?			□ 아니오 □ 예 (있다면 구체적 병명은?　　　)	

☒ 각 질문 항목에 대하여 다음 네 가지 중 하나에 표기해 주십시오.
만약 아이가 질문 내용을 할 수 있는지 모르는 경우 직접 시켜보고 답해 주십시오.

잘 할 수 있다 ③	할 수 있는 편이다 ②	하지 못하는 편이다 ①	전혀 할 수 없다 ⓪

대근육운동

1	아무 것도 붙잡지 않고 한발로 3초 이상 서 있는다. 	③ ② ① ⓪
2	보조바퀴가 있는 두발 자전거를 탈 수 있다.	③ ② ① ⓪
3	한발로 2~3 발자국 뛴다.	③ ② ① ⓪
4	서 있는 자세에서 머리 위로 팔을 높이 들어 공을 2미터 이상 앞으로 멀리 던진다. 	③ ② ① ⓪
5	아무것도 붙잡지 않고 한발씩 번갈아 내딛으며 계단을 내려간다.	③ ② ① ⓪
6	굴러가는 공을 발로 세운다.	③ ② ① ⓪
7	2미터 거리에서 테니스 공 크기의 공을 던지면 두 손으로 잡는다. 	③ ② ① ⓪
8	공을 바닥에 한 번 튕길 수 있다.	③ ② ① ⓪

소근육운동

번호	문항	점수
1	사각형이 그려진 것을 보여주면 사각형을 그린다(그리는 과정의 시범을 보지 않고도 그려야 한다. 또한 각이 교차되도록 그리는 것은 괜찮지만, 둥글거나 좁은 각으로 그리는 것은 해당되지 않는다).	③ ② ① ⓪
2	가위로 직선을 따라 똑바로 오린다.	③ ② ① ⓪
3	십자(+)가 그려진 것을 보여주면 십자(+)를 그린다(그리는 과정의 시범을 보지 않고도 그려야 한다). 	③ ② ① ⓪
4	계단 모양을 블록으로 쌓는다. 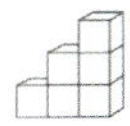	③ ② ① ⓪
5	색칠 공부의 그림 속에 색을 칠한다.	③ ② ① ⓪
6	네모를 가위로 오린다.	③ ② ① ⓪
7	피라미드 모양을 블록으로 쌓는다. 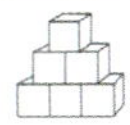	③ ② ① ⓪
8	엄지 손가락과 다른 네 손가락을 차례로 맞닿게 한다. 	③ ② ① ⓪

인지

번호	문항	점수
1	과일, 탈 것, 가구가 그려진 그림카드를 섞어 놓았을 때, 아이가 같은 종류끼리 분류한다.	③ ② ① ⓪
2	"가장 많은, 가장 적은"의 개념을 모두 이해한다.	③ ② ① ⓪
3	다른 사람이 한 말을 전달한다.	③ ② ① ⓪
4	물건을 하나씩 열(10)까지 센다.	③ ② ① ⓪
5	아침, 점심, 저녁, 오늘, 내일 등 시간의 개념을 이해한다.	③ ② ① ⓪
6	사람(예: 엄마, 아빠)을 그리라고 하면 신체의 3부분 이상을 그린다. 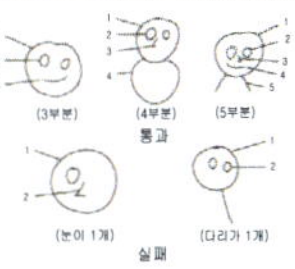	③ ② ① ⓪
7	손에 닿지 않는 물건을 도구를 사용하여 가져온다(예: 책상 밑에 들어간 것을 막대기로 꺼낸다).	③ ② ① ⓪
8	자신이 원하는 TV 채널을 찾는다.	③ ② ① ⓪

언어

번호	문항	점수
1	"-은, -는, -이, -가"와 같은 조사를 적절히 사용하여 문장을 완성한다(예: "고양이는 야옹하고 울어요","친구가 좋아요").	③ ② ① ⓪
2	같은 분류에 속한 것을 적어도 세 가지 이상 말한다(예: 동물을 말하도록 시키면, "강아지, 고양이, 코끼리"와 같이 말한다).	③ ② ① ⓪
3	"~할 거예요", "~하고 싶어요"와 같이 미래에 일어날 일을 상황에 맞게 표현한다.	③ ② ① ⓪
4	그날 있었던 일을 이야기한다.	③ ② ① ⓪
5	친숙한 단어의 반대말을 말한다(예: 덥다 ↔ 춥다, 크다 ↔ 작다).	③ ② ① ⓪
6	간단한 농담이나 빗대어 하는 말의 뜻을 알아차린다.	③ ② ① ⓪
7	단어의 뜻을 물어보면 설명한다(예: "신발이 뭐야?"라는 질문에 "밖에 나갈 때 신는 거요"와 같은 대답을 할 수 있다).	③ ② ① ⓪
8	가족 이외의 사람도 이해할 수 있을 정도로 모든 단어의 발음이 정확하다.	③ ② ① ⓪

사회성

1	다른 사람에게 간단한 놀이의 규칙을 설명한다.	③ ② ① ⓪
2	다른 아이들과 있을 때, 차례를 지키고 놀잇감을 나누면서 논다.	③ ② ① ⓪
3	소꿉놀이, 가게놀이, 학교놀이, 병원놀이 등 여럿이 함께 어울려 하는 놀이를 한다.	③ ② ① ⓪
4	자기보다 어린 아동을 돌봐 주는 행동을 한다.	③ ② ① ⓪
5	가위바위보로 승부를 정한다.	③ ② ① ⓪
6	처음 만난 또래와 쉽게 어울린다.	③ ② ① ⓪
7	또래와 함께 차례나 규칙을 알아야 할 수 있는 놀이를 한다(예: 윷놀이, 보드게임).	③ ② ① ⓪
8	자기 생각을 이야기하고 다른 아이의 말을 귀 기울여 듣는다.	③ ② ① ⓪

자조

1	벙어리장갑의 좌우를 구분하여 손에 낀다.	③ ② ① ⓪
2	혼자서 손을 깨끗이 씻고 수건으로 닦는다.	③ ② ① ⓪
3	식사 할 때 젓가락을 사용한다(연습용 젓가락도 포함).	③ ② ① ⓪
4	혼자서 비누칠을 하여 손과 얼굴을 씻고 수건으로 닦는다.	③ ② ① ⓪
5	대소변을 볼 때 혼자서 옷을 벗고 입는다.	③ ② ① ⓪
6	밤에 자는 동안 대소변을 가린다.	③ ② ① ⓪
7	대소변을 본 후 화장실 물을 내린다.	③ ② ① ⓪
8	숟가락 등을 사용하여 빵에 버터나 잼을 바른다.	③ ② ① ⓪

추가 질문

		예 [1]	아니오 [0]
1	아이가 보호자와 이야기를 하거나 놀 때 눈을 맞추지 않는다.	[1]	[0]
2	청력이 정상임에도 불구하고 이름을 불러도 쳐다보지 않는다.	[1]	[0]
3	어른들의 관심을 끄는 행동을 하지 않는다(멀리 있는 사물을 가리키기, 물건을 가져다 보여주기, 같이 놀자고 건네주기, 소리내어 부르기, 손가락으로 가리키기 등).	[1]	[0]
4	또래 아이들에게 관심이 없다. 또래와 함께 있어도 아이들을 지켜보거나, 행동을 따라하거나, 함께 놀려고 시도하지 않는다.	[1]	[0]
5	간단한 규칙이 있으면서 편을 나누어 하는 놀이(예: 간단한 숨바꼭질, 잡기놀이, 쎄쎄쎄 등)와 인형을 가지고 하는 상상놀이(예: 인형에게 음식을 주기, 재우기, 로봇끼리 싸우기, 차를 타고 가기 등)를 전혀 할 줄 모른다.	[1]	[0]

결과표(48~53개월용)

아이 이름		(남, 여)	작성일	년 월 일
생년월일	년 월 일 (조산아인 경우 출산 예정일 : 년 월 일)			
설문 응답자		□ 어머니 □ 아버지 □ 할머니 □ 할아버지 □ 기타( )		

결과 요약

영역 \ 분류	1	2	3	4	5	6	7	8	총점	절단점		
										가	나	다
대근육운동										13	18	23
소근육운동										11	17	23
인 지										10	17	22
언 어										11	16	23
사 회 성										9	14	22
자 조										11	17	23

추가 질문

[1] = 예 [0] = 아니오

문 항	1 (S)	2 (S)	3 (S)	4 (S)	5 (S)
결 과	[1] [0]	[1] [0]	[1] [0]	[1] [0]	[1] [0]

평가 결과

점수화

1. 점수화를 위한 채점 단계는 다음과 같이 4단계로 구성됩니다.
   (잘 할 수 있다 = 3점, 할 수 있는 편이다 = 2점, 하지 못하는 편이다 = 1점, 전혀 할 수 없다 = 0점)
2. 각 영역별로 문항별 점수를 합하여 총점을 기록합니다.
3. 총점에 대한 평가는 각 영역별로 제시된 절단점에 근거하여 다음과 같이 네 가지로 평가합니다.
   ① 심화평가 권고 ② 추적검사 요망 ③ 또래 수준 ④ 빠른 수준

작성일자 : ____________________

작 성 자 : ________________ 서명

2. 유형별 특성 및 지도방법

영유아기에 많이 발생하는 주의력결핍 과잉행동장애, 의사소통장애, 반응성 애착장애, 분리 불안장애, 자폐장애, 수면장애, 배설장애, 지적 장애, 아동 학대에 대하여 살펴보고자 한다.

1) 주의력결핍 과잉행동장애(ADHD; Attention Deficit Hyperactivity Disorder)

주의력결핍 과잉행동장애의 60~70%가 2세 이전에 구체적인 증상을 나타낸다. 영유아와 아동의 경우 약 5%, 여아보다 남아에게 2배가량 더 많고, 2~12세에 나타난다. 주의력결핍 과잉행동장애의 경우 가정생활은 물론 유치원이나 학교 등에서 통제가 어렵고 학습부진, 공격행동, 분노발작, 또래들과의 잦은 싸움으로 인한 사회적 고립감 및 소외감, 정서적 불안정 등이 부수적으로 수반될 수 있다.

(1) 특징

또래 아이들에 비해 지나치게 산만하고, 다른 아이들을 방해하는 행동을 하며, 시작한 행동을 끝맺지 못한다.

주의력결핍과 과잉행동장애 영유아의 일반적인 특성을 종합해서 정리하면 다음과 같다.

① 주의력결핍 행동

- 조그만 자극에도 쉽게 산만해지고 과제나 놀이를 끝까지 하지 못한다.
- 다른 사람과 말을 할 때 경청하지 않는 것처럼 보인다.
- 과제와 일을 체계적으로 하지 못한다.
- 두뇌활동이 필요한 놀이에 집중하지 못한다

- 주의를 기울이지 못하여 실수가 많다.
- 지시를 잘 따르지 않는다.
- 활동이나 놀이에 조용히 참여하기가 어렵다.
- 과제나 일을 하는데 필요한 물건들을 잘 잃어버린다.
- 일상적으로 하는 일을 잊어버린다.

② 과잉행동 및 충동적 행동

- 손발을 가만히 두지 못하고 의자에 앉아서도 몸을 움직인다.
- 교실, 식당, 공공장소 등 공공의 공간에서 가만히 앉아 있지 못하고 뛰어다니거나 기어오른다.
- 끊임 없이 무언가를 하거나 마치 모터가 돌아가듯 움직인다.
- 주변 사람이나 물건을 건드리거나 두드리는 등 간섭하거나 방해한다.
- 지나치게 말이 많으며, 질문을 끝까지 듣지 않고 부적절한 대답을 너무 성급하게 한다.
- 줄 서기 등 차례를 기다리지 못한다.
- 주변을 살피지 않고 도로에 달려들어 교통사고의 우려가 크다.
- 허락을 받지 않고 다른 사람의 물건을 사용하기도 한다.

(2) 원인

ADHD의 원인은 명확하게 밝혀지지 않고 있다. 형제나 부모가 ADHD인 경우 발병률이 높으며, 일란성 쌍생아들은 이란성 쌍생아들보다 일치율이 높게 나타난다. 또한 신경 전달 물질인 도파민(Dopamine)의 낮은 수준, 주의 집중이나 통제 기능과 관련 있는 전두엽 영역의 결함이 원인일 수 있다. 그 밖에 임신 중 알코올이나 납과 같은 독성물질에의 노출 또는 흡연도 원인일 수 있으며, 부모의 부정적인 정서나 원만하지 않은 부부관계, 강압적 가정환경에 기인할 수도 있다(박영아, 2015).

(3) 지도방법

무엇보다 전문가에 의한 체계적인 진단이 필요하고, 증상에 따라 약물치료와 심리치료, 그리고 학습적·사회적 행동 강화 프로그램들을 제공해야 한다(김미영, 2014). 부모나 교사가 할 수 있는 일반적인 지도방법은 다음과 같다.

- '문제가 있는 유아'에서 '도움이 필요한 유아'라는 인식의 전환이 있어야 한다.
- 자극에 민감하게 반응하므로 환경을 조용하고, 차분하게 정리정돈해 준다.
- 장난감이나 교재는 많이 주는 것보다 한 번에 한두 개씩 주는 것이 좋다.
- 과제는 세분화시켜서 단계적으로 제시하고 집중하면 칭찬과 격려를 한다.
- 일관된 양육태도를 통해서 공격성을 조절하도록 한다.
- 애정표현을 하며 장점을 말해준다.

2) 의사소통 장애(Communication Disorder)

의사소통장애는 언어의 사용에서 결함을 보이는 장애이다. 말하기 장애(Speech Disorder)는 말소리를 내거나(조음), 말의 흐름을 유지하거나(유창성), 목소리를 조절하는 데(발성) 어려움을 겪는다. 언어장애(Language Disorder)는 상징적이고 추상적인 언어의 체계에 대한 이해가 이루어지지 않아 수용과 표현에 지장이 있는 경우를 말한다.

(1) 특징

① 조음장애(Articulation Disorder)

조음장애는 같은 연령에 비해 발음이 불명확하여 알아듣기 힘든 경우이다. 원인은 중추신경계나 구강(혀, 턱 등), 청력 등의 장애로 인해 혀 짧은 소리, 아기식 말투 등을 하게 된다. 이 장애는 연령에 따른 발달 정도를 충분히 고려하여 진단하여야 한다. 예로, 3세 유아가 '선생님'을 '던탱님', '선풍기'를 '턴풍기'로 발음한다고 해서 조음장애라고 할 수는 없다. 말소리를 낼 때 첨가, 생략, 왜곡, 대치 현상이 나타나는데 그 예는 다음과 같다.

- 첨가 : 할아버지를 '할아바버지'라고 발음한다.
- 생략 : 할아버지를 '하부지'라고 발음한다.
- 왜곡 : 할아버지를 '하라파치'라고 발음한다.
- 대치 : 할아버지를 '할아러지'라고 발음한다.

② 유창성 장애(Fluency Disorder)

유창성 장애의 대표적인 형태는 말더듬이(Stuttering)로 말의 흐름에 있어서 부드럽지 못한 현상이다. 말할 때 같은 소리나 음절을 반복하거나 부적절한 속도와 리듬, 강세, 부적절한 곳에서 쉬기 등의 특성을 나타낸다. 여아보다 남아에게서 3배 정도 더 많이 나타난다. 주로 나타나는 특징은 다음과 같다.

- 같은 소리나 음절의 반복된 사용(예: 내내내가 노노놀이터에 갔는데)
- 긴장된 상태에서 지나치게 힘 주어 말함
- 부적절한 곳에서 쉬므로 말이 도중에 끊김(예: 내…가…놀…이터에…갔…는…데…)
- 말하기 어려운 단어를 다른 말로 대치하여 말함(예: 크레파스 → 그리는 거, 주방 → 밥하는 거기)

③ 발성장애(Voice Disorder)

발성장애는 목소리의 질, 높낮이, 억양, 강도, 크기가 부적절한 경우를 의미한다. 목소리 질의 장애는 콧소리, 숨이 새는 소리, 거친 소리, 쉰 소리를 포함하고, 높낮이나 억양의 장애는 말소리의 음률적인 요소가 부족하고 한결같이 변화 없는 억양으로 말하는 것을 의미한다. 강도 또는 크기는 항상 크게 말하는 사람부터 아주 작게 말하는 사람까지 다양하게 나타난다. 이는 주로 청각장애와 연관성이 있다(조윤경, 2014).

④ 언어장애(Language Disorder)

언어장애는 표현과 이해, 즉 언어능력이 정상 유아에 비해 현저히 낮아서 원활한 의사소통이 이루어지지 않는다. 한정된 어휘, 문장구조의 결함, 말하기 능력의 부족으로 인해 언어의 습득과 사용에서 어려움을 겪는다.

언어장애의 구체적인 특징은 다음과 같다(국립특수교육원, 2009).

- 다른 사람의 지시 내용을 잘 이해하지 못한다.
- 간단한 문장으로 의사를 표현하는 데 어려움이 있다.
- 조사나 문장 어미와 같은 형태소 사용 능력이 부족하다.
- 낱말이나 문장을 이해하거나 표현하는 데 어려움이 있다.
- 대화 시 상대방의 의도를 잘 파악하지 못하고 상황에 부적절한 반응을 보인다.
- 자발적인 의사소통 욕구가 부족하다.
- 언어 자극에 적절한 반응을 보이지 않는다.

(2) 원인

의사소통 장애의 원인은 다음과 같다.

- 부모와의 관계에서 친밀감과 애정이 결여되어 있는 경우에 나타난다.
- 자녀의 의사를 무시하거나 지나치게 간섭하는 경우에 많이 나타난다.
- 쉽게 긴장하는 유형에게 나타난다.
- 지나치게 내성적, 소극적이며 대인 회피적인 성격인 경우에 나타난다.
- 성격이 급하고 충동적이며 주의가 산만한 경우에 나타난다.
- 자신감의 부족으로 자신의 의사나 표현을 주장하지 못하는 경우에 나타난다.
- 또래들로부터 소외되어 혼자 보내는 시간이 많으면 더욱 심해진다.

(3) 지도방법

의사소통장애아의 구체적인 지도방법은 다음과 같다.

- 정서적으로 편안한 분위기를 조성한다.
- 칭찬이나 보상받을 기회를 많이 제공한다.
- 흥미 있어 하는 주제에 대해 이야기 나눈다.
- 이해할 수 있도록 적절한 속도로 말한다.
- 천천히 말할 수 있도록 기다려주며 격려한다.
- 지나친 관심을 보이는 것은 좋지 않다.
- 유아가 말한 것보다 조금 긴 문장으로 확장하면서 말해준다.
- 새로운 어휘 등에 대해 시범을 보이고 반복적으로 사용하도록 한다.

발음장애가 있는 유아

만 5세반에 새로 입학한 기식이라는 유아는 말하기에 장애가 있었다.

- **등원 첫날:** 교사는 "지난해 토끼반(4세반)에 다녔던 친구들은 새로 들어온 친구들을 도와줄 수 있지?…. 누구나 처음 보는 것은 잘 몰라. 친절하게 잘 도와 주자!"라고 말하자 기식이는 그 말을 받아 "네! 저엉 ○○유치원에서 토끼비얀이었어요."라고 했다. 그 소리는 혀를 사용하지 않고 주로 목청에 의지하여 심한 콧소리가 섞인 어눌한 발음이었다. 본인은 아무렇지도 않다는 표정으로 말했다.
- **3일째 :** 간식 안내를 하는데 기식이는 손을 번쩍 들고 "션새앵님, 우유 멍으며엉 안 돼요. 긍데용 나, 우유 멍으며엉 셜사해요." 굵은 저음의 콧소리로 외치듯 말했다. 일시에 교실은 웃음바다가 되고 기식이의 말을 따라 "션 새앵님, 션 새앵님"하면서 깔깔거렸다.
- **4일째 :** 자유선택활동 시간에 블록으로 길도 만들고 자동차로 운전하며 친구들에게 말을 하며 열심히 놀았다. 그중 가까이에 있던 준수라는 친구가 "야, 너 왜 말을 그렇게 하니?"하면서 옆 친구에게 "쟤는 왜 말을 저렇게 해."하며 말했지만, 그 이상의 말은 없이 각자의 놀이는 계속 되었다.

- **5일째:** 유치원 생활이 즐거운 듯 밝은 표정으로 일찍 등원하여 쌓기 놀이를 했다. 준수가 오는 것을 보고 "야, 노준슈 빨리 와." 반가운 표정으로 말했다. "뭐? 노쥰슈, 야! 인마! 노쥰슈가 뭐야! 난 쥰슈가 아니라 준수야. 알았어?" 준수의 말이 끝나자 어찌할 바를 모르고 울먹이며 한쪽에 웅크리고 앉아 있었다. 그날은 말하지 않고 교사의 근처에만 있었다.
- **7일째:** 어머니와 면담을 하였다. 기식이는 유치원에서 친구들과 노는 것을 좋아하지만 자기 말을 못 알아듣고, 흉내 내는 것을 속상해한다고 했다. 그리고 자기가 말한 후 그 말이 무슨 말이냐고 다시 묻는 것을 아주 싫어한다고 했다. 이런 정도의 장애는 시간이 지나면 고쳐질 줄 알았는데 변화가 없어서 병원에 가보았더니 '아데노이드 편도중이염'이라고 진단하고 편도 수술을 하면 나아질 수 있지만 100% 확신은 할 수 없다고 했고, 비슷한 처지의 엄마들이 수술하면 더 나빠질 수도 있다는 말을 해서 이러지도 저러지도 못하고 망설이는 중이라고 했다.

말하기에 장애가 있는 유아의 지도방법은 일반적인 지도 원리 외에도 다음과 같은 점에 더 유의해야 한다.

- 말하기에서 부정확한 발음이나 퇴행적인 언어 행동 등 정도가 심한 경우 자연 치유가 될 것이라는 기대에 의지한 채 방치해서는 안 된다. 되도록 빨리 전문기관(임상치료센터 혹은 병원 등)을 찾아 신체적인 결함 여부를 알아보고 상황에 맞는 치료 방법을 찾아야 한다.
- 또래집단과 어울릴 때 놀림의 대상이 되지 않도록 배려한다. 사람에게는 저마다 장점과 단점이 있음을 인식시켜 준다. 장점을 많이 발견하고 친구들에게 소개하므로 자신감을 심어 주는 한편 친구들과 자주 어울릴 수 있도록 배려한다.
- 큰 소리를 내어 노래를 부르는 기회를 자주 주고 격려해 준다. 말의 발달과 노래를 배우는 시기는 거의 일치하므로 노래를 통한 방법도 큰 효과를 볼 수 있다.

출처: 김옥분(2005)

3) 반응성 애착장애(Reactive Attachment Disorder)

영아기에는 정서적인 보살핌을 통해 어머니와 안정된 애착관계를 형성해야 한다.

그러나 반응성 애착장애는 양육자와의 애착이 제대로 형성되지 못 해서 성장에 장애를 겪거나 주변 관계가 원만하지 못하고 갈등이 있는 경우를 의미한다. 이 장애는 외상 및 스트레스 관련 장애로서 5세 이하에 발생하게 된다.

(1) 특징

반응성 애착장애는 주로 대인관계와 신체적 성장의 문제로 다음과 같은 특징을 나타낸다(김미영, 2014)

- 부모가 안아주어도 멍하니 있거나 반가워하지 않는다.
- 타인과의 접촉을 두려워하고 눈을 맞추지 않고 불러도 쳐다보지 않는다.
- 평소에 눈치를 보거나 작은 소리에도 불안과 긴장감을 보인다.
- 화가 나면 매우 공격적인 모습을 보인다.
- 신체적 성장이 지연되고 체중이 잘 늘지 않는다.
- 지능과 언어발달이 떨어져 자폐아의 증상과 비슷하게 보인다.
- 병에 잘 걸리고 영양실조, 감염 등의 합병증으로 사망하는 경우도 있다.
- 고통받을 때에도 위로를 받지 않으려 하고 위로해 주어도 반응하지 않는다.
- 낯선 사람 등 누구에게나 지나치게 친밀감을 표현하는 경우도 있다.

(2) 원인

주로 환경적인 문제에서 기인하는데, 가족해체, 심각한 경제적 어려움 등의 상황에서 많이 발생한다(김미영, 2014; 정희영, 2014).

- 양육자가 정서적으로 우울하거나 불안한 경우가 많다(산후우울증, 정신지체 등).
- 가족 해체 등으로 양육자와 갑작스러운 분리를 경험한 경우이다.
- 양육자가 6개월~3세 사이에 학대하거나 방임하는 경우이다.
- 양육자나 어린이집 교사가 자주 바뀌면 안정된 애착형성을 하기 어렵다.
- 양육자 대 유아 비율이 높은 시설에서도 애착형성을 하기 어렵다.

- 심각한 경제적인 어려움에서 많이 발생한다.
- 미숙아, 저체중아, 타고난 기질, 발달장애, 시청각장애 등의 문제일 수 있다.

(3) 지도방법

반응성 애착장애는 환경개선이 치료의 핵심이며 조기에 치료를 한다면 완치될 가능성이 높아진다.

- 욕구에 민감하게 반응을 보이는 양육태도가 필요하다.
- 양육자와 적절한 감각적인 자극 및 스킨십, 원활한 상호작용을 해야 한다.
- 치료 과정에서 영양이 공급되어야 한다.
- 심리적으로나 사회적으로 안정된 환경을 만들어 주어야 한다.
- 신체적 후유증에 대한 전문적인 치료를 받아야 한다.
- 양육자의 병적인 문제나 미숙한 부분에 대한 부모교육 및 상담을 지속적으로 실시한다.

4) 분리 불안 장애(SAD: Separation Anxiety Disorder)

분리 불안 장애는 영유아가 가정이나 부모와 떨어질 때 느끼는 과도한 불안을 의미한다. 유병률은 영유아기와 아동기에 약 4%, 여아에게서 더 자주 나타난다(정옥분, 2013).

(1) 특징

분리 불안 장애는 다음 증상 중 3가지 이상을 4주 이상 지속적으로 보이는 경우이다.

- 애착 대상과 분리되거나 분리가 예상될 때 반복적으로 심한 불안을 느낀다.
- 애착 대상을 잃거나 애착 대상에게 해로운 일이 일어날 거라고 심하게 걱정한다.

- 운 나쁜 사고가 생겨 애착 대상과 분리될 것이라는 걱정을 지속적으로 한다.
- 분리에 대한 불안으로 유치원이나 다른 장소에 가기를 싫어한다.
- 혼자 있거나 애착 대상 없이 지내는 것을 과도하게 거부한다.
- 애착 대상이 가까이 있지 않으면 잠자기를 거부한다.
- 분리와 연관되는 악몽을 반복적으로 꾼다.
- 애착 대상으로부터의 분리가 예상될 때 두통, 복통, 구토 등의 신체증상을 호소한다.

(2) 원인

영유아가 생활상의 스트레스를 경험한 후 나타나는 경우가 많다. 부모의 이혼이나 죽음으로 인한 상실감, 애완 동물의 죽음, 새로운 동네로의 이사 등 환경 부적응이 원인이 되기도 한다.

(3) 지도방법

체계적 둔감법(Systematic Desensitization)을 치료방법으로 많이 사용한다. 이는 불안이나 회피의 대상이 되는 자극에 점차적으로 노출시킴으로써 불안반응을 줄여가는 것이다. 예를 들어, 어둠에 대한 공포가 있는 경우 유아가 유쾌한 활동을 하고 있는 동안 점진적으로 어둠을 경험하도록 하는 것이다.

5) 자폐성 장애

자폐성 장애는 '자폐아', '전반적인 발달장애', '자폐 스펙트럼 장애(ASD: Autistic Spectrum Disoder)' 등 다양한 형태로 불린다. 사회성, 언어, 인지 등의 발달 영역에서 심각한 장애가 있어 일상생활은 물론 다른 사람과의 관계 형성도 어렵다. 자폐장애는 대체로 3세 이전에 나타나며, 남아가 여아보다 3~4배 더 발생률이 높다.

(1) 특성

자폐성 장애 영유아의 일반적인 특성을 종합해서 정리하면 다음과 같다.

① 대인관계의 어려움

- 아기 때부터 장난감에는 시선을 두지만 사람의 눈은 의식적으로 피한다. 이러한 행동을 통해 간혹 조기 발견이 되기도 한다.
- 다른 사람의 입장이나 감정에 대한 인식이 부족하기 때문에, 상대방이 원하는 것에 대한 반응을 하지 못한다.
- 자신의 감정을 표현하는 등 다른 사람과 상호작용을 하지 않는다. 애정표현에도 웃지 않고, 안아주려고 하면 몸이 굳어지면서 거부하며, 화를 내어도 반응을 보이지 않는다.
- 울거나 고함을 지르거나 웃는 행위 등 감정 표현이 상황에 맞지 않아 아이의 기분을 파악하기가 어렵다.

② 의사소통의 어려움

- 다른 사람이 하는 말을 그대로 따라 하는 반향어(Echolalia)를 사용한다. 예로 엄마가 "밥 먹을래?" 하고 물었을 때 "밥 먹을래?"를 반복적으로 중얼거린다.
- '나'와 '너', '우리'의 구별이 어렵고 추상적인 단어에 대한 개념이 부족하여 소통의 목적으로 언어를 활용하지 못한다.
- 전반적인 언어발달이 늦고 말을 걸어도 의미를 잘 이해하지 못하여 상황에 맞는 대화를 이어가지 못한다.
- 이름을 불러도 반응이 없으며 몸짓이나 비언어적인 의사소통도 하지 않는다.

③ 변화에 대한 저항 및 상동행동

- 4세경에는 친숙한 환경에 변화가 생기면 심한 거부감을 나타낸다. 항상 입던 옷이나 신발, 장난감 등이 바뀌거나 늘 가던 길이 아닐 때 거부감을 보인다. 따라서 엄마가 아이를 데리고 외출을 하는 것이 큰 부담이 된다.
- 한 가지 물건(청소기 등)에 집착을 한다. 특히, 자동차 등 바퀴 돌리는 것을 좋아하며 그러한 물건을 항상 갖고 있으려고 한다.

- 머리를 박거나 잡아당기기도 하고 몸의 한 부분을 깨무는 등, 일정한 행동을 반복적으로 한다.
- 몸을 많이 회전하여도 어지러워하지 않고, 발뒤꿈치를 들고 걷는 등 특이한 행동을 한다. 또한 두려움 없이 계속해서 높은 곳으로 올라가려고도 한다.
- 심심할 때 계속 방문을 열고 닫는다거나, 엘리베이터를 타고 종일 오르내리려고 하는 반복적인 행동을 한다.

④ 기타 특성

- 소꿉놀이나 블록으로 집, 자동차, 길과 같은 상징적인 형태를 만드는 일이 어렵다.
- 숫자나 글자, 도형 등과 같이 일정한 패턴이 있는 것을 좋아해서 반복해서 쓰거나 다른 것을 잘 찾아낸다.
- 장난감이나 물건을 회전하기, 일렬로 세우기, 위로 쌓기 등 단순한 놀이만 반복할 뿐 장난감의 목적에 맞게 놀지를 못한다.
- 위험한 것을 두려워하지 않고, 오히려 전혀 해가 없는 물건이나 상황에 공포를 느낀다.
- 시각과 청각에 매우 민감하고, 촉감은 매우 민감하거나 둔감하거나 아주 극단적인 반응을 보인다.

(2) 원인

자폐증의 원인은 아직까지 잘 알려져 있지 않다. 여러 학설 중 하나는, 부모가 원치 않았던 자녀의 경우 지나치게 냉정하게 대하여 아이가 점점 위축되어 사람들과의 관계를 꺼려하는 자폐아가 된다는 것이다. 최근에는 태어날 때부터 자폐증으로 발전할 신경 손상 등에 원인이 있다는 주장이 대두되고 있다. 이는 자폐아의 가장 기본적인 언어 및 지각발달 장애 등 여러 가지 행동 특징이 두뇌에 이상이 있는 영유아의 행동과 일치하는 점이 많아 신경 손상에 원인이 있다고 보는 것이다(구본권, 1998; 우수경, 2013 재인용).

(3) 지도방법

영화나 TV에서 접하는 자폐성 발달장애아들은 대부분 그 모습과 행동이 두드러지게 표현되어 가벼운 증상은 자폐성 발달장애가 아닐 것이라고 생각한다. 그러나 가벼운 형태라도 자폐증상을 보이면 3세 이전에 진단과 전문가의 치료를 받는 것이 중요하다. 자폐는 전반적인 발달장애이기 때문에 치료와 교육이 병행되어야 한다.

자폐성 장애아를 위한 효과적인 지도방법은 다음과 같다(심성경, 2014).

- 유아가 특별히 좋아하는 것과 싫어하는 것을 파악한다. 특정한 물건이나 활동에 집착하는 것은 그것을 통해서 즐거움이나 심리적 안정감을 찾으려고 하는 것이다. 유해하거나 다른 사람에게 방해되는 것이면 지도를 하고 그렇지 않으면 허용하도록 한다.
- 불안이나 발작적인 부적응 행동을 보일 때에는 가슴이나 등, 손바닥을 확실한 압력을 가하여 눌러주면 과잉행동이나 긴장을 줄여줄 수 있다. 이러한 행동을 할 것이라고 미리 알려 주어 예상할 수 있도록 하는 것이 바람직하다.
- 목소리보다는 시각적 자극에 잘 반응하므로 그림이나 사진을 이용하는 것이 효율적이다. 예를 들어, 일과표나 학급 내에서 해야 되는 일과 하지 않아야 하는 행동 등에 대해서 사진이나 그림을 이용하는 것이 효과적이다.
- 받아들일 수 없는 행동을 할 때 일관성 있게 반응해야 한다. 예를 들어, 다른 유아를 물거나 물건을 던지는 행동을 할 경우 상황에 따라 허용한다던가 하지 않고, 부모나 교사 모두가 일관된 반응을 보여야 한다.
- 특정 음성이나 큰 음성에 예민할 수 있으므로 부드럽고 조용한 목소리로 말하는 것이 좋다.
- 일상적인 생활이나 놀이 등을 함께 하면서 경험이나 느낌을 언어로 표현할 수 있도록 한다. 정확한 말의 형태를 사용하는데 초점을 두기보다는 의사소통의 기능을 익힐 수 있도록 기회를 제공한다.
- 또래들에게도 자폐성 장애를 가진 유아를 이해할 수 있는 정보를 제공하고 상호작용할 수 있는 구체적인 방법을 익히도록 한다.

영화1 '말아톤' : 자폐장애에 대한 올바른 이해와 인식을 제고하는 데 기여

겉보기엔 또래 아이들과 다른 것 없는 귀엽고 사랑스러운 초원이는 자폐증이라는 청천벽력 같은 진단을 받게 되고, 엄마는 감당할 수 없는 현실 앞에 좌절한다. 그러나 엄마는 초원이가 달리기만큼은 정상인보다도 월등한 능력을 가지고 있음을 발견하고, 희망을 갖고 꾸준히 훈련시킨다.

시간이 흘러 20살 청년이 된 초원이의 지능은 여전히 5살 수준에 머물고 있다. 동생에게 선생님 대하듯 존댓말을 쓰고, 음악만 나오면 아무 데나 춤을 추며, 어딜 가든 초원이가 있는 곳은 시끄러웠다. 엄마는 자신의 목표를 '초원의 마라톤 서브쓰리 달성(마라톤 풀코스, 42.195Km를 3시간 내에 완주하는 것)'으로 정하고 아들의 훈련에만 매달린다.

어느 날 전직 유명 마라토너 정욱이 음주운전으로 사회봉사 명령을 받고 초원의 학교로 오게 된다. 엄마는 애원하다시피 정욱에게 아들의 코치 역할을 떠맡긴다. 도무지 속을 알 수 없는 초원을 성가시게만 생각했던 정욱. 하지만 초원과 함께 시간을 보낼수록 순수하고 솔직한 초원에게 조금씩 동화되어 가고, 초원도 정욱에게 마음을 열기 시작한다. 정욱은 매번 속도 조절에 실패해 지쳐 쓰러지기는 하지만 지구력이 남다른 초원에게서 마라톤 서브쓰리의 가능성을 발견하고 본격적으로 훈련에 들어간다.

어느 날, 정욱이와 엄마는 말다툼을 벌이게 되고, "자식에 대한 사랑과 집착을 착각하지 말라."라는 정욱의 말에 아무 대꾸도 할 수 없었던 엄마는 이제껏 '좋다', '싫다'는 의사 표현도 할 줄 모르는 아이를 자신의 욕심 때문에 혹사시키고 있는 것이 아닌가 하는 생각을 떨쳐버릴 수가 없다. 이제껏 쌓아온 모든 것이 무너져 내린 듯한 기분의 엄마는 이제 마라톤도, 서브쓰리도 모두 포기하기로 마음먹는데….

장애유아 통합교육

'장애유아 통합교육'이란 일반 유아반에 장애유아를 포함시켜 함께 교육을 받게 하여 학습동기를 자극하고 자연스러운 인간관계를 맺도록 하는 프로그램을 말한다.

명석이라는 유아가 통합교육을 하게 되었다. 처음 3일 정도는 그런대로 어울리다가 4일째 되는 날부터는 명석이의 어색한 말투와 행동을 발견하고 이상하다고 갸우뚱거리며 비웃기까지 했다. 명석이는 다른 아이들의 놀이를 방해하기도 하고 다른 아이의 허리띠를 잡아당기기도 하는 등의 행동을 하였다. 그것이 뜻대로 되지 않으면 떼를 쓰듯 잉잉거리며 다니는 것이었다. 신체조절력의 부족으로 간식 등을 들고 갈 때 자주 떨어뜨리고 먹을 때도 흘리거나 손으로 음식을 주물럭거려서 주변이 지저분하였다. 간식 먹을 때가 되면 아이들은 명석이와 멀리 앉을 수 있는 자리를 먼저 차지하려고 다투기까지 하였다. 간식을 먹다가 갑자기 어눌한 목소리로 친구 이름을 부르거나 엉뚱한 이야기를 크게 해서 다른 아이들을 웃게 만들었다.

집단활동 시간에는 다른 곳을 두리번거리는 등 주의 집중이 전혀 되지 않았고, 교사가 이야기할 때는 옆 친구의 옷 만지기, 벨트 당기기, 이름표 만지기 등으로 시간을 보냈다. 교사가 질문을 할 때는 무조건 "저요, 저요!"하면서 큰소리를 지르며 무조건 손을 들었다.

바깥놀이 시간에는 주로 모래를 가지고 놀았는데 그때도 주변이나 옷이 더럽혀지는 것에는 관심이 전혀 없었다. 얼굴과 옷은 얼룩졌고 흙으로 범벅이 되어버렸다. 그래도 무엇인가에 몰두하여 마음껏 놀 수 있도록 한 후, 여유분의 옷을 준비해 놓았다가 갈아입도록 했다.

입학한지 3, 4개월이 되면서부터 명석이의 행동에 작은 변화들이 찾아왔다.

어느 날, 유치원을 마치고 집으로 돌아갈 때 짝이 된 아이가 명석이가 더럽다며 주먹을 꼭 쥐고 손을 잡지 않자 명석이는 자기 손과 옷을 싹싹 털고 손을 잡으려고 했다. 전에는 볼 수 없었던 행동이었다. 이와 같은 일들을 시작으로 명석이가 변해가고 있었고 주변의 아이들도 점차 명석이에 대한 이해 정도가 깊어지고 있었다. 명석이와 관계되는 일에서 지극히 수동적이었고, 교사의 권유가 있어야만 마지못해 명석이를 놀이에 참여시켰던 아이들이 집단 평가 시간에 칭찬과 격려로 꾸준히 보상을 해주었더니 차츰차츰 자진해서 명석이를 놀이에 참여시키기 시작했다. 차츰 명석이와 함께 하는 시간이 자연스럽게 늘어갔다.

1학기 말이 되었을 때 명석이는 교사가 묻는 말에 "네."하고 씩씩하게 대답을 했으며, 자기가 했던 일과 하는 일을 교사에게 설명해 주려고 애쓰는 경우가 많아졌다. 또한 친구들의 행동을 흉내 내어보기도 하고, 친구들과 다툴 때에도 맞서서 자신의 의견을 당당하게 말하려고 했다. 가족역할 놀이에서 외삼촌 놀이를 특히 잘했으며, 동극 '꼬마 돼지 삼형제'를 했을 때는 막내돼지 역할을 잘 해냈다. 나아가 자기소개까지 제법 또박또박 잘했다.

2학기가 되면서 명석이는 비교적 정확한 발음으로 인사하기, 묻는 말에 대답하기 등을 했다. 표현도 다양해지고 친구들과 함께하는 놀이의 가짓수가 많아졌다. 더욱 놀라운 것은 명석이가 글자를 읽기 시작한 것이었다. 방학 동안 어머니가 한 가지 책을 읽어주고, 또 읽어주고 글자를 짚어가며 반복해서 읽었다고 한다. 한 학기 동안의 변화에서 어머니는 가능성과 자신감을 갖게 되었다고 했다.

장애유아 통합교육의 의의와 효과는 다음에 있다고 생각한다.

- 장애유아가 다양한 유형의 일반 유아를 만나고, 교직원이나 다른 성인과도 관계를 맺을 수 있다.
- 장애유아는 일반 유아와 맺는 자연스러운 상호작용에서 모방을 통해 학습이 이루어진다.
- 어머니로부터 보호받는 관계에서 벗어나 자발 행동이 증가하고, 독립된 개체로서의 존재감을 가질 수 있다.
- 일반 유아에게도 양보심, 남을 배려하는 마음 등 사회성을 발달하게 된다.
- 사람들이 서로 다를 수 있음을 수용하게 되어 대인관계에서 적절히 대처할 줄 알게 된다.

출처: 김옥분(2005)

6) 수면장애

수면장애는 수면 중에 이상한 행동이나 현상으로, 심하게 놀라거나 걸어 다니는 행동 등이 나타나는 것이다.

수면장애 유형별 특징과 원인을 살펴보면 다음과 같다(Mash & Wolfe, 2006; 문정화, 2008 재인용)

(1) 특징

① 수면 중 경악(Night Terrors)

- 잠에서 갑자기 깨면서 두려움으로 비명을 지르며 일어난다.
- 몸이 땀으로 젖어 있고 심장이 두근거리고 있다.

- 일어나 있지만 실제로 잠에서 깨어난 것은 아니다.
- 보통 5분 내에 다시 잠든다.
- 유아가 잠들고 난 2~3시간 후에 발생한다.
- 방향감각에 혼란이 있다.
- 아침에 기억하지 못한다.
- 18개월~6세 사이에 나타난다.

② 악몽(Nightmare)

- 생존, 안전, 자존감을 위협하는 아주 무서운 꿈을 반복해서 꾼다.
- 꿈의 내용을 자세히 기억한다.
- 깊은 밤보다는 아침 경에 더 빈번하게 나타난다.
- 증상이 심해지면 취침에 대한 공포와 불안 장애로 이어질 수도 있다.
- 보통 3~8세 사이에 나타난다.

③ 수면 중 보행(Sleep Walking)

- 수면 중 일어나 5초에서 30분 동안 걸어 다니는 행동이 반복된다.
- 가장 깊은 수면상태에서 나타난다.
- 방향감각에 혼란이 있다.
- 아침에 기억하지 못한다.

(2) 원인

- 수면 중 경악의 원인은 수면 부족일 수 있다.
- 가족 스트레스, 어머니의 우울증 등이 있다.
- 어머니와 분리되는 것이 두려워하는 경우도 있다.
- 강압적인 분위기로 자라고 강요하는 경우도 있다.
- 시끄럽고 무질서한 수면환경이 문제가 된다(TV소리, 전화소리, 환하게 켜놓은 불 등).

(3) 치료 및 지도방법

치료 및 지도방법을 부모의 지침중심으로 살펴보고자 한다(Gimpel, Peacock & Holland, 2003; 김상림, 2014 재인용).

- 유아의 수면 욕구에 맞추어 일관되게 지도하는 것이 중요하다.
- 잠자기 전에 동적인 활동으로 피로와 스트레스를 느끼지 않도록 한다.
- 자극적인 대중매체나 게임에 노출되지 않도록 한다.
- 밝은 불이나 소음 그리고 시끄러운 대화 등 수면에 방해가 되는 요인이 없도록 한다.

① 수면 중 경악

- 깨우면 더 심하게 움직이고 방향을 잡지 못하므로 깨우지 않는다.
- 안전한지를 살펴본다.
- 늦은 오후에 낮잠을 자게 한다.

② 악몽

- 안정감을 느끼고 다시 잠들 수 있도록 편안하게 해준다.
- 악몽에 대해 이야기를 하면 잘 들어주되, 이야기하도록 강요하지는 않는다.

③ 수면 중 보행

- 창문이나 문을 잠그는 등 상해의 위험이 없도록 예방해야 한다.
- 만약 방 밖으로 나갈 시에 알릴 수 있는 종 등을 설치하는 등 알림 장치를 한다.
- 깨우지 않고 유아가 침대에 들어가도록 편안하게 안내한다.
- 늦은 오후에 낮잠을 자게 한다.

7) 배설장애(Elimination Disorder)

인지, 언어능력 등은 연령에 맞게 발달되었지만 대·소변을 가리는 행동에 문제가 있는 경우를 '배설장애'라고 한다. 소변을 제대로 가리지 못하는 유뇨증과 대변을 제대로 가리지 못하는 유분증으로 구분한다(문정화, 2008).

(1) 특징

① 유뇨증

- 만 5세가 되어도 소변을 가리지 못하는 장애이다.
- 자기 의지대로 되지 않거나 또는 의도적으로 잠자리나 옷에 배뇨를 계속한다.
- 만 5세 남아의 약 5%, 여아의 약 3%에서 볼 수 있다.
- 전체 유뇨증의 약 80%가 밤에 자다가 소변을 실수하는 '야뇨증'이다. 15% 정도가 낮잠을 자다가 소변을 싸는 '주뇨증', 나머지 5% 정도가 야뇨증과 주뇨증 모두 해당한다.
- 유뇨증은 태어나면서 현재까지 지속적으로 소변을 가리지 못하는 1차성 유뇨증과 어느 시점에서 다시 소변을 가리지 못하는 2차성 유뇨증이 있다.
- '야뇨증'은 REM수면일 때 소변보는 꿈을 꾸면서 나타나는 경우가 많다.

② 유분증

- 만 4세가 되어도 대변을 가리지 못하여 옷에 싸거나 부적절한 장소에서 보는 장애이다.
- 자기 의지대로 되지 않거나 또는 고의적으로 한다.
- 대변 실수가 연속해서 3개월 동안 한 달에 1회 이상 일어난다.
- 만 5세 유아의 1%이고 남아에게서 더 많이 나타난다.
- 유뇨증과 함께 나타나기도 한다.
- 변비와 과다실금을 가진 경우와 가지지 않은 유분증으로 구분한다.
- 수줍음이 많고 난처한 일이 일어날 수 있는 상황을 피하려고 한다.

(2) 원인

① 유뇨증

- 부모가 유뇨증일 때 자녀는 77%의 발생률로 유전일 가능성이 높다. 일란성 쌍둥이에게 일치할 확률이 68%, 이란성 쌍둥이는 36%로 나타났다.
- 불안이나 놀이에 열중하여 화장실 가기를 싫어해서 발생하기도 한다.
- 동생의 태어남, 부모의 이혼이나 사망, 입학, 이사 등 심한 스트레스 경험으로 나타날 수 있다.
- 부모에 대한 불만과 분노, 친구의 놀림과 배척 등 억압된 감정이 원인일 수 있다.
- 중추신경계의 미성숙, 방광의 부분적 기능장애 등이 있다.

② 유분증

- 지나치게 빠른 배변 훈련(18개월 이전)을 시작하는 것이 원인이 될 수 있다.
- 배변 훈련과정에서 일관성이 없거나 강압적인 분위기일 때 나타난다.
- 동생의 태어남, 부모 불화, 이별, 입원, 입학, 이사 등 심한 스트레스 경험으로 나타날 수 있다.
- 부모에 대한 불만과 분노, 친구의 놀림과 배척 등 억압된 감정이 원인일 수 있다.

(3) 지도 및 치료방법

유아를 포함한 전반적인 맥락을 구체적으로 살펴보고 진단을 받을 수 있도록 해야 한다.

① 유뇨증

- 유아의 자발적인 참여를 유도하는 것이 중요하다.
- 부모들의 사전교육을 통해 적극적인 치료 의지를 갖도록 하는 것이 중요하다.
- 방광 이상, 심리적인 후유증 등이 심한 경우는 전문가의 치료를 받아야 한다.
- 속옷이 소변에 젖게 되면 벨(경보기)이 울림으로서 소변을 볼 수 있는 장치도 있다.

② 유분증

- 규칙적인 시간에 대변을 보게 하는 습관을 기른다.
- 대변 가리기를 잘했을 때 칭찬 등으로 보상한다.
- 가족 내의 긴장을 줄이고 유아를 수용하는 분위기를 조성한다.
- 낮아진 자존감을 높이고 자신감을 길러주는 심리치료를 한다.
- 변비 약을 투여하는 약물치료가 있다.

대소변 가리기

신체 부분과 관련되는 대소변의 문제는 아이들에게 있어 아주 예민한 부분으로 가장 창피한 것으로, 또는 웃음을 유발하는 최고의 요소로 작용하기도 한다. 영유아기의 대소변 문제는 성격 형성에 커다란 영향을 끼친다. 다른 실수와는 달리 대소변과 관련된 실수는 불안과 공포, 소외감에 있어서 정도 이상의 심각함을 안겨주기 때문이다.

종일반에 다니는 수철(만 4세)이는 1학기 내내 거의 매일 소변 실수를 했으며 하루에 두 번이나 실수하는 날도 있었고 종종 대변 실수까지 하기도 했다. 소변은 스스로 갈아입을 수 있었기에 그런대로 수고로움이 덜 했으나 대변의 경우는 겉으로 내색은 하지 않지만 그 번거로움과 역겨움은 유난히 비위가 약한 교사에게는 곤욕(?) 중의 하나였다. 직접적인 손길이 닿아야만 되는 일이었기 때문이다. 그러나 이런 문제로 더욱 심각한 곤란에 빠지는 건 수철이다. 이런 일이 거듭되어 갈수록 수철이는 친구들로부터 '더러운 아이', '냄새 나는 아이'라는 놀림감이 되었고 짝이 되는 것은 물론 어느 자리에서도 가까이 앉지 않았다.

이러한 경우 먼저 살펴야 하는 일은 대소변 실수가 이루어지는 시간대와 상황을 점검하는 일이다. 수철이는 주로 낮잠이 시작되고 50분 가량 지났을 때 빈번하게 이루어지는 것을 알게 되었다. 그 뒤부터 낮잠 자기 전에 용변을 보게 함은 물론 낮잠이 40분쯤 경과할 즈음에는 깨워서 소변을 보게 했다. 실외활동 시간에도 바깥으로 나가기 전에 용변을 보게 했으며 놀이 중에도 중간중간의 점검을 통해 자연스럽게 용변이 이루어지도록 유도하였다. 그리고 청결이 유지되도록 수철이의 복장 등에도 신경을 썼다. 수철이를 주변의 친구들과 어울리게 하기 위해서는 수철이는 깨끗한 아이로 새로운 이미지가 필요했으며 이것은 함께 어울리게 하는 하나의 조건이 되었기 때문이다. 코가 조금이라도 나오면 곧 바로 닦게 하고 간식 등 음식을 먹고 나서는 입가를 깨끗이 닦게 했으며 틈틈이 손을 깨끗이 씻게 했다.

그러나 그 일은 유치원에서의 지도와 보살핌과 함께 가정과의 긴밀한 유대가 필요했다. 어머니와의 면담을 통해 생활환경과 가정에서의 행동을 파악해 보았다. 예상한 대로 수철이는 집에서도 대소변 가리기가 잘 되지 않았다. 수철이와 동생, 아들 둘을 키우면서 직장에 다니는 어머니는 정신없이 바쁘게 살았다. 다른 사람의 도움 없이 살림을 하면서 거친 사내아이 둘을 키우느라 그동안 안정감 있게 대소변 훈련을 시키지 못 했던 것이다. 가정과 유치원에서의 지도방법이 일관성 있게 진행될 때 효과가 크리라고 보고 가정에서 지켜야 할 몇 가지 조언을 드리고 유치원과 연계성이 이루어지도록 협조를 구했다.

- 다른 아이들의 눈에 띄지 않도록 옷을 갈아 입히고 괜찮다고 말해주어 수치심을 느끼지 않도록 한다.
- 조용한 말로 이야기하여 다른 아이의 웃음거리나 화젯거리가 되지 않도록 배려한다.
- 한 가지 활동에 몰입되어 놀이를 중단하지 못한 채 실수하는 경우가 있다. 표정 등을 관찰한 후 옆에 다가가 "화장실에 가고 싶니?", "빨리 갔다 와서 또 놀자." 등의 말로 안심하고 다녀오도록 한다.
- 낮잠 자기 전, 밖에 나가기 전, 견학 가기 전에는 화장실에 반드시 갔다 오도록 한다.
- 옷을 빨리 벗을 수가 없어 실수하지 않도록, 스스로 쉽게 벗고 입을 수 있는 것으로 입힌다.
- 열등감을 갖지 않도록 단점보다 장점을 칭찬해준다.
- 가정 환경의 변화(동생이 태어남, 부부싸움 등)가 있는 경우는 그 사실에 대화를 자주 갖고 유아의 입장에 공감하는 태도를 보여주도록 한다.

출처: 김옥분(2005)

8) 지적 장애(Intellectual Disabilities)

지적 장애는 '지적 기능과 적응행동상의 어려움이 함께 존재하여 교육적 성취에 어려움이 있는 사람이다'(장애인 등에 대한 특수교육법, 2007). 지적 장애는 지적 기능의 결함으로 표준화된 지능 검사에서 IQ 70 미만이며 2세 이상부터 진단이 가능하다.

(1) 특성

지적 장애 영유아의 일반적인 특징들을 살펴보면 다음과 같다(송준만, 2000; Dunlap, 1997; 정희영, 2014 재인용).

① 인지발달

- 주의집중력이 약하고, 학습 속도가 느리다.
- 복잡한 규칙이나 전략이 필요한 게임을 잘 못한다.
- 장기기억보다 단기기억력이 많이 부족하다.
- 일반화가 어려워 관찰이나 모방을 통해 배우는 능력도 부족하다.
- 추상적 개념형성에 어려움을 보이며 상상력과 창의력이 적다.

② 언어발달

- 발음이 부정확하고 언어발달 속도가 느리다.
- 비정상적으로 높은 소리를 내며 운다.
- 낮은 언어 이해력과 표현력으로 일상생활에서의 의사소통이 어렵다.
- 지시에 대해 반응이 늦으며 지시의 내용을 잘 이해하지 못한다.

③ 사회정서발달

- 놀이나 관심사가 또래보다 어리다.
- 다른 사람과 상호작용하는 방법을 몰라서 친구를 사귀지 못한다.
- 거듭되는 실패로 자아 개념이 낮고, 좌절에 대한 인내심이 적다.

④ 신체발달

- 잘 먹지 못한다.
- 눈으로 사물의 움직임을 따르지 못한다.
- 근육의 긴장도가 너무 높아 뻣뻣해지고 잘 움직이지 못하는 경우가 있다.
- 근육의 긴장도가 너무 낮아 의도한 동작을 쉽게 할 수 없는 운동장애를 보이기도 한다.

⑤ 발달과제 습득

- 2개월 : 웃지 않는다.
- 4개월 : 부모를 거의 인식하지 못한다.
- 6개월 : 옹알이를 하지 않는다.
- 7개월 : 혼자 힘으로 앉지 못한다.
- 18개월 : 한 단어를 말하지 못한다.
- 28개월 : 걷지 못한다.

(2) 원인

지적 장애의 원인으로 생물학적 원인과 환경적인 요인이 있다.

① 생물학적 요인에는 염색체 이상, 선천성 대사장애 등이 있다.

② 환경적 요인은 다음과 같다.

- 산모의 임신 중에 알코올, 카페인, 방사선이나 독성 물질에의 노출, 감염 등이 있다.
- 출산 과정에서의 물리적 외상, 조산, 난산, 무산소증 등이 있다.
- 출생 후에는 두뇌 손상, 독성 물질 중독, 뇌(막)염, 영양실조 또는 부모의 정신병리 등이 있다.

(3) 지도방법

지적 장애 영유아를 위한 효과적인 지도방법은 다음과 같다(정희영, 2014).

- 교육 내용은 주의 집중시간이 짧으므로 쉽고 짧게 단계적으로 제시한다.
- 교육 내용을 기억할 수 있도록 반복적으로 연습한다.
- 시각, 청각, 촉각 등 여러 감각을 사용하여 직접적이고도 구체적으로 학습한다.
- 일상 생활 속에서 학습하고 적용할 수 있도록 한다. 길거리 간판, 물건 이름 등에서 읽기를 하고, 물건 사고 거스름돈 받기 등으로 수에 대해 학습을 하게 한다.
- 지적 장애아 중에는 그 수준과 능력의 개인차가 심하므로 개별화 교육을 해야 한다.
- 또래의 바람직한 행동을 관찰, 모방할 수 있도록 지도한다.

영화2 아이 엠 샘(*I am Sam*)

샘은 7살 정도 수준의 지능을 가진 지적 장애인이지만 커피가게에서 성실하게 일을 한다. 루시라는 딸을 혼자 정성스럽게 키우지만 루시가 점점 성장하면서 아버지의 장애를 이해하게 된다. 루시가 7살이 되면서 아버지의 지능을 앞서갈까 걱정하여 교육을 받지 않게 되고 여기에 여러 문제까지 생기게 된다. 결국, 사회복지사가 이 사실을 알고 루시가 샘보다는 새로운 양부모 밑에서 커야 한다고 주장하며 루시를 데려간다. 계속 루시를 키우고 싶어 했던 샘은 저명한 여성변호사 리타 해리슨을 찾아가 변호를 요청하고 사람들에게 인정받고 싶어 했던 그녀는 무료로 변호에 나선다.

- 변호사 : "당신을 뭐라고 불러야 하는지…장애? 불능…? 조금 약하다고 해야 할까요…?"
- 샘 : "샘, 그냥 샘이라 불러줘요."

(이 대사가 영화의 제목 '*I am Sam*'이다. 장애인도 아니며, 불능 자도 아니고 그저, Sam이기 때문에 자신을 Sam이라 불러주라는 것이다.)

- 변호사 : "지능이 곧 사랑의 능력을 저울질하는 척도는 아닙니다."
- 재판장 : "7살 지능으로 어떻게 아이를 키울 수 있죠? 당신의 딸이 점점 자라고 사춘기가 왔을 때 신체적, 정신적 변화에 어떻게 대응할 수 있죠?"
- 루시(딸) : "다른 아빠는 싫어요."
- 샘 : "저는 루시를 돌볼 자신은 없지만, 누구보다도 많은 사랑을 줄 자신은 있습니다."

9) 아동 학대(Child Abuse)

'아동학대범죄의 처벌 등에 관한 특례법'과 개정된 '아동복지법' 시행으로 국가의 적극적인 개입이 가능해졌다. 기존에는 사회복지적 접근으로 피해아동을 보호하는 차원에서 업무가 진행되었으나 이제는 특례법 중 임시 조치를 통하여 친권 제한·정지, 상담위탁, 치료위탁 등 적극적이고도 강제적인 조치가 가능해졌고, 응급조치를 통하여 학대 피해아동이 신속하고 안전하게 보호받을 수 있게 되었다.

아동복지법 제3조 제7항에서 "아동학대란 보호자를 포함한 성인이 아동의 건강 또는 복지를 해치거나 정상적 발달을 저해할 수 있는 신체적·정신적·성적 폭력이나 가혹 행위를 하는 것과 아동의 보호자가 아동을 유기하거나 방임하는 것이다"(보건복지부, 2015).

(1) 특징

① 신체학대

- 신체적 폭력 또는 가혹 행위로 우발적 사고가 아닌 상황에서 의도적으로 행하는 신체적 폭력 또는 가혹 행위이다.
  - 손, 발 또는 도구로 때림, 물건을 던짐, 꼬집거나 물어뜯음, 신체 일부를 강압적으로 압박하거나 아동을 던지는 행위 등이 포함됨.
- **처벌**: 5년 이하의 징역 또는 3천만 원 이하의 벌금

② 정서학대

- 정신적 폭력 또는 가혹 행위로서 언어적 폭력, 정서적 위협, 감금이나 억제 기타 가학적인 행위이다.
  - 소리 지름, 무시 또는 모욕, 가정폭력에 노출, 아동에 대한 비현실적인 기대 또는 강요하는 행위 등이 포함됨.
- **처벌**: 5년 이하의 징역 또는 3천만 원 이하의 벌금

③ 성 학대

- 성적 폭력 또는 가혹 행위로서 모든 성적 행위이다.
  - 아동을 대상으로 하는 모든 성적 행위를 의미함. 성기 노출, 신체 및 성기 추행, 성기 삽입, 음란물을 보여주는 행위, 성매매를 시키거나 성매매를 매개하는 행위 등이 포함됨.
- 처벌
  - 성적 수치심을 주는 성희롱 · 성폭행 등의 학대행위: 5년 이하 징역 또는 3천만 원 이하 벌금
  - 타인에게 매매, 음행을 시키거나 매개하는 행위: 10년 이하 징역 또는 5천만 원 이하 벌금

④ 방임

- 보호자가 아동을 유기하거나 방임하는 행위이다.
  - 물리적 방임: 기본적인 의식주를 제공하지 않거나 상해와 위험으로부터 보호하지 않는 행위 등
  - 교육적 방임: 아동을 학교(의무교육)에 보내지 않거나 무단결석을 허용하는 행위 등
  - 의료적 방임: 예방 접종 등 의료적 처치를 하지 않는 행위 등
  - 유기: 아동을 보호하지 않고 버리는 행위와 병원에 입원시키고 사라진 경우 등
- 처벌: 5년 이하의 징역 또는 3천만 원 이하의 벌금

(2) 학대행위자와 피해아동과의 관계

학대행위자는 부모에 의해 발생한 경우가 81.8%로 가장 많았으며, 대리양육자가 9.9%로 나타났다. 대리양육자 중에서 보육교직원은 2.9%, 아동복지 시설 종사자는 1.8%였다. 학대행위자와 피해아동이 함께 동거하는 사례는 전체의 78.9%이다.

아동을 보호하고 안정감을 주어야 하는 부모가 학대하는 것 자체가 큰 상처를 주

며, 가정 내에서 일어나는 학대는 외부에 발견되기가 쉽지 않으므로 주위의 관심이 필요하다. 부모교육을 통해 아동 학대에 대한 인식을 높이고 예방교육의 실시가 필요하다.

또한 어린이집과 같이 유아와 많은 시간을 보내야 하는 보육교직원들의 유아학대 발생을 막기 위한 노력도 필요하다. 학대 예방교육뿐만 아니라 신체적인 체벌 대신에 대안적인 훈육 방법을 활용할 수 있도록 하는 교직원 교육이 지속적으로 이루어져야 한다. 또한 근무환경 및 처우개선을 통해 스트레스를 감소시키는 것이 궁극적으로 학대를 예방하는 방안이 될 수 있다.

(3) 학대 신고 의무자

아동학대 신고의무자란 직무상 아동학대 범죄를 인지할 가능성이 높은 직군에게 신고 의무를 부여하는 것을 의미한다.

아동학대 신고의무자는 초·중·고교 직원, 의료인, 아동복지시설 종사자, 장애인복지시설 종사자, 보육교직원, 유치원교직원·강사, 학원 및 교습소 종사자, 소방구급대원, 성매매 피해지원시설 및 상담소 종사자, 한부모가족복지상담소 및 복지시설 종사자, 가정폭력상담소 및 피해자보호시설 종사자, 사회복지전담공무원, 아이돌보미 등 24개 직군이 포함된다.

신고의무자는 아동학대 범죄를 알거나 '의심만 되어도' 신고하여야 하며, 신고하지 않은 경우, 500만 원 이하의 과태료가 부과된다(아동학대처벌법 제10조).

(4) 아동권리 자가 체크리스트

보육교직원이 일상에서 유아의 권리를 보호하는지를 파악하기 위한 자가테스트로서 정기적으로 체크하며 연 2회 활용을 권장하고 있다.

〈표 7-6〉 아동권리 자가 체크리스트

이 체크리스트는 보육교직원들을 대상으로 아동권리에 얼마나 민감한지를 파악할 수 있도록 만든 자가 점검 체크리스트입니다. 이를 통해 보육교직원들이 아동권리를 침해하는 아동학대 행위가 무엇인지를 인식하게 하고 아동학대를 포함한 전반적인 아동권리에 대해 종사자가 점검할 수 있는 기회를 제공하고자 합니다. 어린이집 원장 및 교사를 포함한 종사자들의 정기적 사용을 권장합니다.

이 체크리스트는 보육교직원이 일상에서 아동의 권리를 보호하는지를 파악하기 위한 자가 체크리스트입니다. 해당하는 문항에 체크(☒)하시고 점수를 통해 아동권리에 대한 민감도를 확인해보세요.

	항목	전혀 없음	1 회	2 회 이상	거의 매일
1	아동에게 원망적, 거부적, 적대적 또는 경멸적인 언어폭력을 한 적이 있다 ☒아동에게 욕을 하거나 나쁜 말을 한 적이 있는 경우: 돼지야!, 이 못생긴 게, 멍청아!, 바보, 나가죽어라 등 ☒아동을 비판, 비난, 조롱, 모욕, 우롱한 적이 있는 경우: 넌 혼자 이것도 못하니?, 애비 없는 자식, 너처럼 못하는 아이는 처음 봤다며 무시하는 행위 등				
2	아동의 인격이나 감정/기분을 무시하거나 모욕하는 행위를 한 적이 있다 매운 음식을 먹을 때 물을 마시지 못하게 하는 행위, 음식을 먹는 속도가 느리다는 이유로 연령이 낮은 반으로 보내서 아동이 수치심을 느끼게 하는 행위 등				
3	아동에게 위협을 주는 언어나 행동을 한 적이 있다 숫자 다 셀 때까지 해!, 엄마한테 일찍 데리러 오지 말라고 할거야!, 동생반이나 원장반으로 보내버릴거야!, 엄마아빠한테 이를거야!, 집으로 내쫓을거야!, 시키는 행동을 하지 않으면 그 아동이 바깥놀이를 하지 못하게 하는 행위 등				
4	아동에게 폭력적인 장면을 노출한 적이 있다 아동에게 종사자 간 싸움 장면을 노출시키는 행위, 원장이 아동에게 폭력을 행사하는 것을 다른 아동이 목격하는 경우 등				
5	(자, 회초리, 긴 막대 등의) 도구로 아동을 위협한 적이 있다				
6	화장실, 창고 등의 아무도 없는 빈 장소에 벌을 세우기 위해 아동을 가둔 적이 있다				
7	긴급상황이 아닌 경우에도 아동을 재촉하거나 공포분위기 조성				

	을 위한 목적으로 아동에게 고함을 지른 적이 있다 "당장 그만두지 않으면.. 혼자 놔두고 갈거야!"				
8	아동의 신체부위를 때린 적이 있다 맨손이나 발로 때리거나 사랑의 매 등의 도구를 사용하여 때린 행위 등				
9	아동에게 신체적 손상은 입히지 않았지만, 고의적으로 아동의 신체를 가해하는 행위를 한 적이 있다 아동의 팔을 당겨 서두르게 하는 행위, 아동의 머리나 엉덩이를 치며 행동을 중지시키는 행위, 먹기 싫어하는 음식을 억지로 입을 벌려 먹이는 행위, 아동을 꼬집거나 잡고 흔드는 행위, 목을 잡고 조르는 행위 등				
10	낮잠시간이나 놀이시간 등에 아동을 혼자 있게 하거나 아동 간 다툼을 방치한 적이 있다				
11	아동에 대한 기본적 보호⊠양육을 소홀히 한 적이 있다 아동이 적절한 음식을 충분히 제공받도록 하지 않거나, 식사 때가 되어도 식사를 제대로 챙겨주지 않거나 상한 음식을 아동에게 주는 행위 등				
12	아동을 위험상황이나 비위생적인 환경에 방치한 적이 있다 아동이 위험한 물건(칼, 압정, 핀 등)을 가지고 놀아도 내버려두는 행위, 아동이 자는 낮잠시간에 책상 위에 의자를 두는 행위, 일부러 화상을 입게 하는 행위, 아동이 흘린 음식을 먹게 하거나 기저귀를 긴 시간동안 갈아주지 않는 행위 등				
13	아동에게 필요한 의료처치를 제공하지 않은 적이 있다 아동이 몸이 아프다고 해도 보호자에게 알리지 않거나 병원에 데려가지 않고 그냥 내버려 두는 행위 등				
14	과도하게 신체접촉을 하거나 아동의 신체를 노출시킨 적이 있다 기저귀갈이 할 때 다른 사람 앞에서 생식기를 고의적으로 노출시키거나 만지는 행위, 사람들 앞에서 속옷을 갈아입히거나 용변을 보도록 하는 행위				
15	음란비디오나 책을 아동에게 보여준 적이 있다				

<자가 체크리스트 사용방법>

- 사용주기 : 근무개시 1주일 이내에 필수, 이후는 분기별 혹은 반기별(연 2회 정도) 사용을 권장합니다.

분류	세부내용
없다	당신은 아동 권리를 위해 최선을 다하고 있습니다.
1개 이상 '있다'에 체크한 경우	'예' 에 해당되는 항목의 행동을 하지 않도록 주의가 필요합니다.

회상: 용어정리

- **'영유아 건강검진' 제도:** 만 6세 미만 모든 영유아를 대상으로 발달 시기별로 다양하게 건강검진 7회, 구강검진 3회를 실시하고 검진 항목은 문진, 진찰, 신체계측, 그리고 건강교육이 공통으로 실시되고, 구강보건교육이 별도로 이루어짐. 문진표와 영유아발달 선별검사는 온라인으로 작성한 후 방문하고, 신체계측과 진찰, 건강교육 등을 받게 됨
- **한국 영유아발달 선별검사(K-DST):** 영유아의 활동 영역을 대근육 운동, 소근육 운동, 인지, 언어, 사회성으로 구성하였고, 18개월부터는 자조 영역을 추가함. 심화평가 권고, 추적 검사 요망, 또래 수준, 빠른 수준으로 평가한다. '심화평가 권고'는 전문기관에 의뢰하고, '추적 검사 요망'의 경우는 추후 재검사를 함
- **주의력결핍 과잉행동장애(ADHD: Attention Deficit Hyperactivity Disorder):** 주의력결핍, 과잉행동 및 충동적 행동으로 나타난다. 전문가에 의한 체계적인 진단이 필요하고, 증상에 따라 약물치료와 심리치료, 그리고 학습적·사회적 행동 강화 프로그램들을 제공해야 함
- **의사소통 장애(Communication Disorder):** 의사소통장애는 말하기와 언어의 사용에서 결함을 보이는 장애이다. 말하기 장애(Speech Disorder)는 말소리를 내거나(조음), 말의 흐름을 유지하거나(유창성), 목소리를 조절하는 데(발성) 어려움을 느끼는 것. 언어장애(Language Disorder)는 상징적이고 추상적 규칙 체계의 이해와 표현에 어려움을 갖는 장애
- **반응성 애착장애(Reactive Attachment Disorder):** 양육자와 애착형성이 제대로 되지 못해서 발달적으로 관계형성을 하지 못하는 외상 및 스트레스 관련 장애로서 5세 이하에 발생함.
- **분리 불안장애(SAD: Separation Anxiety Disorder):** 애착 대상과 분리되거나 분리가 예상될 때 반복적으로 심한 불안을 느낌
- **자폐성 장애:** 자폐성 장애를 '자폐아', '전반적인 발달장애', '자폐 스펙트럼 장애(ASD: Autistic Spectrum Disoder)' 등 다양한 형태로 불리며, 대인관계의 어려움, 의사소통의 어려움, 변화에 대한 저항 및 상동 행동 등의 행동 특징을 보임
- **전반적인 발달장애(PDS):** 자폐가 다양한 발달문제를 함께 보이는 장애라는 뜻으로 붙여진 이름
- **자폐 스펙트럼 장애(ASD: Autism Spectrum Disorders):** 자폐 경향이 매우 심한 아이들부터 매우 가벼운 아이들까지 다양한 형태가 있다는 사실을 알고 '자폐적인 경향을 보이는 유아'

이라는 뜻으로 사용됨

- **유분증:** 만 4세가 되어도 대변을 가리지 못하여 옷에 싸거나 부적절한 장소에서 대변을 배설함
- **유뇨증:** 만 5세가 되어도 소변을 가리지 못하고 잠자리나 옷에 배뇨를 계속한다. 약 80%가 '야뇨증'이고, 15% 정도는 '주뇨증', 나머지 5% 정도가 야뇨증과 주뇨증 모두 해당함
- **지적 장애:** 표준화된 지능 검사에서 IQ 70 미만이며 지적 기능의 결함으로 일상생활과 사회적 적응에 어려움이 있는 장애로서 2세 이상부터 진단이 가능함
- **112:** 경찰청에서 운영하는 범죄 신고번호이며, 2014년 9월 29일부터 아동학대신고번호가 112로 통합 운영됨. 신고 접수한 뒤 현장 경찰관 및 지역아동보호 전문기관에 신고접수 사실 통보 및 동행 요청을 함
- **129:** 보건복지부에서 운영하는 콜센터 전화번호이며, 아동학대 사례가 신고될 경우 상담원은 홈페이지에 신고내용을 입력한 후 관할 지역의 아동보호 전문기관으로 이관함
- **신고의무자:** 아동학대 신고 의무를 가진 자로 신고의무자에는 초·중·고교 직원, 의료인, 아동복지시설 종사자, 장애인복지시설 종사자, 보육교직원, 유치원교직원·강사, 학원 및 교습소 종사자, 소방구급대원, 성매매 피해지원시설 및 상담소 종사자, 한부모가족복지상담소 및 복지시설 종사자, 가정폭력상담소 및 피해자보호시설 종사자, 사회복지전담공무원, 아이 돌보미 등 24개 직군이 포함됨(아동학대처벌법 제10조)
- **신체학대:** 아동의 건강·복지를 해치거나 정상적 발달을 저해할 수 있는 신체적 폭력 또는 가혹 행위. 손, 발 또는 도구로 때림, 물건을 던짐, 꼬집거나 물어뜯음, 신체 일부를 압박하거나 아동을 던지는 행위 등이 포함
- **정서학대:** 아동의 건강·복지를 해치거나 정상적 발달을 저해할 수 있는 정신적 폭력 또는 가혹 행위. 소리 지름, 무시 또는 모욕, 가정폭력에 노출, 아동에 대한 비현실적인 기대 또는 강요하는 행위 등이 포함됨
- **성학대:** 아동의 건강·복지를 해치거나 정상적 발달을 저해할 수 있는 성적 폭력 또는 가혹 행위로서, 아동을 대상으로 하는 모든 성적 행위를 의미함. 성기 노출, 신체 및 성기 추행, 성기 삽입, 음란물을 보여주는 행위, 성매매를 시키거나 성매매를 매개하는 행위 등이 포함됨

회상: 내용정리

1. 다음의 설명에 말맞은 단어를 쓰세요.

1) '영유아 건강검진'제도를 보건복지부는 만 (　　)세 미만 모든 영유아를 대상으로 발달시기별로 다양하게 건강검진 (　　)회, 구강검진 (　　)회를 실시한다. 검진 항목은 (　　　), 진찰, 신체계측, 그리고 건강교육이 공통으로 실시되고, 구강보건교육이 별도로 이루어진다. (　　　)와 (　　　　　　　　)는 온라인으로 작성한 후 병원을 방문한다.

2) 한국 영유아발달 선별검사(K-DST)는 영유아가 하는 활동 영역을 대근육 운동, 소근육 운동, 인지, 언어, 사회성으로 구성하였고, 18개월부터는 (　　　　　　)영역을 추가 하였다. 심화평가 권고, 추적검사 요망, 또래 수준, 빠른 수준으로 평가한다. '심화평가 권고'는 (　　　)에 의뢰하고, '추적 검사 요망'의 경우는 추후 (　　　　　　)를 한다.

3) (　　　　　　　　　)는 전문가에 의한 체계적인 진단이 필요하고, 증상에 따라 약물치료와 심리치료, 그리고 학습적·사회적 행동 강화 프로그램들을 제공해야 하며, 자극에 민감하게 반응하므로 환경을 조용하고, 차분하게 정리정돈을 한다. 과제는 세분화 시켜서 단계적으로 제시하고 집중하면 칭찬과 격려를 한다. 또한 또래관계에 문제가 많고 적응이 어려우므로 친사회적 행동을 위한 훈련이 필요하다.

4) 의사소통 장애(Communication Disorder)는 말하기와 언어의 사용에서 결함을 보이는 장애이다. 말하기 장애는 말소리를 내는 것에 장애가 있는 (　　　　　　)장애, 말의 흐름을 유지하는 것에 장애가 있는 (　　　　　　)장애, 목소리를 조절하는 데 어려움을 느끼는(　　　)장애가 있다. 또한 상징적이고 추상적 규칙체계의 이해와 표현에 어려움을 갖는 장애는 (　　　)장애이다.

5) (　　　　　　)장애는 영아와 양육자의 애착문제가 생겨서 정서적·신체적 발달에 문제가 생기는 것이다. 타인과의 접촉을 두려워하고, 작은 소리에도 불안과 긴장감을 보이며, 신체적 성장이 지연된다. 지능과 언어발달이 떨어지는 등 자폐아의 증상과 비슷하게 보인다.

6) (　　　　　　　　)장애는 혼자 놀기를 좋아하고 이름을 불러도 대답하지 않거나 타인과의 상호작용을 거의 하지 않으며, 반향어를 사용하기도 한다.

7) (　　　　　　　　　)는 만 4세가 되어도 대변을 가리지 못하여 옷에 싸거나 부적절한 장소에서 대변을 배설한다.

8) (　　　　　　　　)는 만 5세가 되어도 소변을 가리지 못하고 잠자리나 옷에 배뇨를 계속한다. 약 80%가 '야뇨증'이고, 15% 정도는 '주뇨증', 나머지 5% 정도가 야뇨증과 주뇨증 모두 해당한다.

2. 다음 문장을 읽고 O, X로 답해보세요.

1) 지적 장애는 정신지체라고도 하며 표준화된 지능검사에서 지능지수(IQ)가 90 이하이다. (　　)

2) 반응성 애착장애는 외상 및 스트레스 관련 장애로서 5세 이후에 발생하게 된다. (　　)

3) 반응성 애착장애는 환경개선이 치료의 핵심이며 조기에 치료를 한다면 완치될 가능성이 높다. (　　)

4) 수면 중 경악은 잠에서 비명을 지르며 갑자기 일어나지만 실제로 잠에서 깨어난 것은 아니므로 위로의 방법이 없으므로 안전한지 살펴보기만 해야 한다. (　　)

5) 악몽은 아침 경에 무서운 꿈을 반복해서 꾸며 꿈의 내용을 자세히 기억하지 못한다. (　　)

6) 수면 중 보행은 5초~30분 동안 걸어 다니는 행동이 반복되며 방향감각에 혼란이 있으므로 빨리 깨워야 한다. (　　)

7) 112는 경찰청에서 운영하는 범죄 신고번호이며, 아동학대 신고번호도 112로 통합 운영된다. (　　)

8) 129는 보건복지부에서 운영하는 콜센터 전화번호이며, 아동학대 사례가 신고될 경우 상담원이 직접 방문하여 사건을 상담하고 처리한다. (　　)

9) 신고의무자는 아동학대 신고 의무를 가진 자로 보육교직원, 유치원교직원이 포함되며, 알고도 신고하지 않으면 500만 원 이하의 과태료가 부과된다. (　　)

10) 정서학대는 소리 지름, 무시 또는 모욕, 가정폭력에 노출, 아동에 대한 비현실적인 기대 또는 강요하는 행위 등이므로 처벌을 받지 않는다. (　　)

토의

1. '꿀 먹은 벙어리'라는 속담이 통하는 상황을 제시하고 의사소통장애와 구분하여 설명하세요.

2. 주의력결핍 과잉행동장애에서 나타나는 각 행동의 구체적인 특징을 3가지 이상씩 설명하세요.

3. 자폐성 장애아가 있는 가정을 역지사지(易地思之: 남의 입장 되어본다)하여 실천할 수 있는 자신의 태도를 3가지 이상씩 제시하세요.

4. 지적 장애 영유아를 위한 법적인 배려와 사회적 장치를 각자의 입장에서 마련해 보세요.

5. 영화 '말아톤', '아이 엠 샘(*I am Sam*)'을 보고 자폐장애와 지적 장애의 특성을 정리하고 그 극복 방안을 제시하세요.

참고문헌

1장

김정희, 김현주, 손은경, 송연숙(2014). 유아발달. 서울: 동문사.

박영아(2010). 아동발달. 서울: 창지사.

송명자(1995). 발달심리학. 서울: 학지사.

이봉주, 김선숙, 김낭희(2010). 한국 아동 발달에 대한 탐색적 연구-가구의 사회경제적 특성과 사회자본의 영향을 중심으로-. 한국아동복지학 31(단일호), 107-141.

이한규(1998). 발달심리학의 이론과 연구의 교육현장 적용과 과제에 대한 토론. 교육심리연구. 12(1). pp. 51-55. 한국교육심리학회.

조복희, 정민자, 김양은(2006). 영아기 첫 자녀를 둔 어머니의 아동발달지식에 관한 연구. 한국보육지원학회지 2(1). pp. 89-109. 한국보육지원학회.

최경숙(2007). 아동발달심리학. 서울: 교문사.

Baltes, P.(1987). Theoretical propositions of life-span developmental psychology: On the dynamics between growth and decline. *Developmental Psychology, 23*(5), 611-626.

Bowlby, J.(1989). *Secure and insecure attachment*. NY: Basic Books.

Flavell, J. H., Miller, P. H., & Miller, S. T.(2002). *Cognitive development*(4rd ed.) Englewood Cliffs, NJ: Prentice Hall. 2002.

Gesell, A.(1954). The ontogenesis of infant behavior. In L. Carmichael(Ed.), *Manual of child psychology*(pp. 295-331). NJ: John Wiley & Sons.

Gottlieb, G., & Halpern, C. T.(2002). A relational view of causality in normal and abnormal *development and psychopathology*. 14. 421~435.

Kagan, J.(2000). Biology and the child. In N. Eisenberg(Ed.). *Handbook of child psychology:* Vol 3. Social, emotional, and personality development(5th ed. pp. 177-236). NY : Wiley.

정답 : 1. 1) ① 신체적·심리적 변화를 기술 ② 개인차 ③ 영향을 미치는 변인 ④ 변인을 통제
2) ① 태아기 ② 영아기 ③ 유아기 ④ 아동기 ⑤ 청소년기 ⑥ 청년기 ⑦ 중년기 ⑧ 장년기 ⑨ 노년기
3) ① 발달에는 일정한 순서와 방향이 있다. ② 발달은 연속적으로 이루어진다. ③ 발달에는 개인차가 있다. ④ 발달의 각 영역은 서로 밀접하게 관련되어 있다. ⑤ 발달에는 최적기가 있다. ⑥ 발달은 분화와 통합의 과정을 거친다.
4) ① 유전과 환경 ② 능동성과 수동성 ③ 초기경험과 후기경험 ④ 연속성과 비연속성

2. 1) × 2) ○ 3) ○ 4) ○ 5) ○ 6) ○ 7) ×

2장

김상림, 김송이, 양성은, 이윤선, 한준아, 김지현 공저(2014). 유아발달. 파주: 양서원.

김정희, 김현주, 손은경, 송연숙(2014). 유아발달. 서울: 동문사.

박영아(2010). 아동발달. 서울: 창지사.

백운학 역(1993). 아동발달의 제 이론. 서울: 교육과학사.

심성경, 변길희, 박주희, 류경희, 박수경(2014). 유아발달. 서울: 창지사.

정미라, 권정윤, 박수경(2011). 영유아 관련 뇌 기반 연구에 대한 고찰. 유아교육연구. 31(2), 207-231.

조복희(2006). 아동발달. 서울: 교육과학사.

조성연, 이정희, 천희영, 심미경, 황혜정, 나종혜(2010). 아동발달. 서울: 신정.

Bandura, A.(1977). *Social learning theory*. Englewood Cliffs, NJ : Prentice-Hall.

Bandura, A.(2001). Social Cognitive Theory of Mass Communication. *Media*

Psychology, 3(3). pp. 265-299.

Bodrova, E., & Leong, D.(1998). *Tool of mind: The vygotskyian approach to early childhood education*. NJ: Peason.

Bornstein, R. F.(1989). Exposure and affect : Overview and metaanalysis of research, 1968-1987. *Psychological Bulletin*, 106, 265-289.

Bronfenbrenner. U.(1982). Toward an experimental ecology of human development. *American Psychology, 52*, 582-590.

Eggen, P., & Kauchak, D.(2010). 교육심리학: 교육 실제를 보는 창(김정섭, 김종백, 도승이, 김지현, 서영석 공역(2011). 원제: *Educational Psychology: Windows on classroom*(8th ed)). 서울: 학지사. (원저 2009년 출판).

Elder, G. H., Johnson, M. K., & Crosnoe, R.(2003). The Emergence and Development of Life Course Theory. In: Jeylan T. Mortimer and Michael J. Shanahan (ed.). *Handbook of the Life Course*. Springer, pp. 3-19.

Elkind, D.(1970, April 5). *Erik Erikson's eight ages of man*. New York Times Magazine.

Freud, S.(1960). *A general introduction to psychoanalysis*. New York : Washington Square Press.(Original work published 1935)

Ginsburg, H., & Opper, S.(1988). *Piaget's theory of intellectusl development*(3rd ed.). Englewood Cliffs, NJ:Prentice Hall.

Grotuss, J., Bjorklund, D. F., & Csinady, A.(2007). Evolutionary Developmental Psychology: *Developing Human Nature. 39*(03): 439-453.

Lorenz, K.(1952). *The past twelve years in the comparative study of behavior. In C. H. Schiller*(Ed.), Instinctive behavior. New York: International Universities Press, 1957.

Munakata, Y.(2004). Computational cognitive neuroscience of early memory development. *Developmental Review, 24*, 133-153.

Pennington, B. F., Snyder, K. A., & Roberts, R.J.(2007). Developmental cognitive neuroscience: Origins, issues, and prospects. *Developmental Review, 27*(3), 428-441.

Piaget, J.(1952). Autobiography. In E. Boring, H. S. Lanfeld, H. Werner, & R. M. Yerkes(Eds.), *A History of psychology in autobiography*(vol.4). Worcester,

MA:Clarks University Press.

Shaffer, D. R.(2002). *Developmental psychology: Childhood and adolescence*(6th ed). CA: Wadsworth Thomson Learning.

Thomas, R. M.(2000). *Comparing theories of development*. CA : Wadsworth.

Vygotsky, L., S.(1935). *Mental development of children and the process of learning*(M. Lopez Morillas, trans). In M. Cole, V. John-Steiner, S. Scribner, & E. Souberman(Eds.), L. S. Vygosky: Mind in society. Cambridge, MA: Harvard University Press, 1978, chaps.7-8.

Crain. W. C.(2005). 발달의 이론-개념과 적용 제5판(송길연, 유봉현 옮김(2011). 원제: *Theories of Development*). 서울 ; 시그마프레스.

정답 : 1. 1) 구강기, 항문기, 남근기, 잠복기, 생식기,
2) 신뢰감 대 불신감, 자율성 대 수치 및 회의, 주도성 대 죄의식, 근면성 대 열등감, 자아정체감 대 역할 혼돈, 친밀감 대 고립감, 생산성 대 침체, 자아통합 대 절망

2. 1) ○ 2) ○ 3) × 4) × 5) ○ 6) ○ 7) × 8) × 9) ○ 10) ○

3장

교육과학기술부 · 보건복지부(2013). 3~5세 연령별 누리과정 해설서. 교육과학기술부 · 보건복지부.

교육과학기술부 · 보건복지부(2013). 3~5세 연령별 누리과정 지침서. 교육과학기술부 · 보건복지부.

김옥분(2005). 이런 아이는 이렇게 하세요. 파주: 양서원.

보건복지부(2013). 2010 한국인 영양섭취기준. 보건복지부.

보건복지부질병관리본부, 대한소아과학회 소아청소년 신체발육표준치제정위원회(2007). 소아 및 청소년 표준성장도표. 보건복지부질병관리본부. 대한소아과학회 소아청소년 신체발육표준치제정위원회.

보건복지부. 어린이집안전공제회, 중앙육아종합지원센터(2015). 2015 어린이집 보육

교직원 안전교육. 어린이집안전공제회.

심성경, 변길희, 박주희, 류경희, 박수경(2014). 유아발달. 서울: 창지사.

심성경, 송화진, 변길희, 김나림, 박주희(2013). 영아발달. 고양: 공동체.

이순형, 이성옥, 권혜진, 이소은, 황혜신, 이혜승, 한유진, 정윤주, 이영미, 이옥경, 성미영, 권기남, 김지현(2013). 보육과정. 서울: 학지사.

장영희(2003), 영아교육과정. 파주: 양서원.

정희영, 이성복, 김성원, 윤선화, 김정희, 김선아, 방승미(2014), 유아발달. 고양: 파워북.

Berk, L. E.(2008). 아동발달(이종숙, 이옥, 신은수, 안선희, 이경옥 공역(2008). 원제: *Child development*(7th ed.)). 제7판 시그마프레스. (원저 2006년 출판).

Feldman, R. S(2001). *Child development*(2nd ed.), NJ: Prenice Hall

http://biomedicalengineering.yolasite.com

정답 : 1. 1) 뉴런
2) 시냅스
3) 수초화
4) 전두엽, 두정엽, 측두엽, 후두엽
5) 경화 혹은 골화
6) 체중, 근력
7) 소뇌
8) 좌반구, 우반구
9) 뇌의 편측성
10) 권장

2. 1) ○ 2) × 3) ○ 4) × 5) ○ 6) ○ 7) × 8) × 9) ○ 10) ○

4장

교육과학기술부. 보건복지부(2013). 3~5세 연령별 누리과정 해설서. 교육과학기술부 · 보건복지부.

김미영(2014). 유아발달. 서울: 정민사.

김옥분(2005). 이런 아이는 이렇게 하세요. 파주: 양서원.

노영희, 김창복, 전유영(2014). 영유아 언어교육. 파주: 양서원.

심성경, 변길희, 박주희, 류경희, 박수경(2014). 유아발달. 서울: 창지사.

오만록(2004). 교육심리학. 서울: 교학사

윤복희, 김은영, 박혜경, 최일선(2013). 영유아언어교육. 고양: 공동체.

이순형, 권미경, 최인화, 김미정, 서준현, 최나야, 김지현(2010). 영유아언어지도. 서울: 교문사.

이영자(2013). 유아 언어발달과 지도. 파주: 양서원.

정희영, 이성복, 김성원, 윤선화, 김정희, 김선아, 방승미(2014). 유아발달. 고양: 파워북.

Bernstein, B.(1961). Social class and linguistic development : A theory of socila learning. In A. H. Halsey, J. Floud, & C. A. Anderson(Eds.), *Education, economy, and society*. New York : Free Press

Chomsky, N.(1968). *Language and mind*. New York: Harcourt, Brace & World

Flavell, J. H., Miller, P. H., & Miller, S. A.(1993). *Cognitive development*(3rd ed.). New Jersey: Prentice Hall

Kochanska, G., Akasan, N., Knaack, A., & Rhines, H. M.(2004), *Maternal parenting and children's conscience : Early security as moderator*. Child Develppment

Lenneberg, E. H.(1967). *Biological foundation of language*. NY: Wiley

Maccoby, E. E., & Jacklin, C. N.(1974). *The psychology of sex differences*. Stanford, CA: Stanford University Press

Owens, R.(2001), *Language Development*, MA: Allyn and Bacon

Piaget, J.(1973). *The psychology of intelligence*. Totowa, NJ: Littlefield & Adams.

Wittmer, S. D., & Petersen, H. Sandra(2006). 영아발달과 반응적 교육(이승연, 김

은영, 강재희, 문혜련, 이성희 공역(2011). 원제: *Infant and toddler development and responsive program planning : a relationship-based approach*). 학지사. (원저 2006년 출판)

정답 : 1.1) 강화, 정적강화, 부적강화
2) 언어 습득장치
3) 자기중심적, 독백, 집단독백
4) 사회화된
5) 과잉확장
6) 과잉축소
7) 전보

2. 1) ○ 2) × 3) ○ 4) × 5) × 6) ○ 7) ○ 8) ○
9) × 10) × 11) ○ 12) ○ 13) ○ 14) × 15) ○

5장

김상림, 김송이, 양성은, 이윤선, 한준아, 김지현 공저(2014). 유아발달. 파주: 양서원.

김정희, 김현주, 손은경, 송연숙(2014). 유아발달. 서울: 동문사.

김진아(2012). 기독교 그림책을 활용한 정서지능 프로그램 활동이 유아의 정서지능에 미치는 영향. 총신대학교 대학원 석사학위논문.

노서연(2003), 어머니 부모 역할 만족도 및 아동의 정서 조절 능력과 사회적 유능성의 관계. 연세대학교 대학원 석사학위논문.

도현심, 이희선, 김상희, 최미경, 이사라, 김상원(2011). 인간발달과 가족. 서울: 교문사.

문미옥, 이혜상, 민행난, 한수정, 한선아(2006). 예비부모교육. 파주: 양서원.

박영미(1985). 문화실조아의 도덕성 발달에 관한 연구. 성신여자대학교 대학원 석사학위논문.

박찬옥, 서동미, 엄은나(2012). 유아사회교육. 서울: 정민사.

박화윤, 안라리(2006). 유아의 성에 따른 정서 인식수준과 사회적 능력 및 또래수용도간의 관계. 幼兒敎育硏究, 26(1), 271-293,

손미정(2007). 아동이 지각한 교사행동과 자아개념이 학교생활 적응과의 관계. 서강대학교 교육대학원 석사학위논문.

안라리(2005). 만 5세 유아의 사회적 능력과 정서조절전략. 열린유아교육연구, 10(2), 61-81.

윤선영, 정혜숙(2010). 유아의 자아존중감에 영향을 미치는 부모의 양육행동 탐색. 幼兒教育學論集, 14(5), 27-54. 한국영유아교원교육학회.

이사라, 이주연, 박민선, 송승민, 박선영(2013). 영아발달. 고양: 파워북.

정옥분(2012). 영아발달. 서울: 학지사.

정희영, 이성복, 김성원, 윤선화, 김정희, 김선아, 방승미(2014). 유아발달. 고양: 파워북.

조복희(2007). 아동발달. 서울: 교육과학사.

조성연, 이정희, 천희영, 심미경, 황혜정, 나종혜(2010). 아동발달. 서울: 신정.

조형숙, 박은주, 간현경, 김태인, 배정호(2013). 유아발달. 서울: 학지사.

Ainsworth, M., Blehar, M., Waters, E. & Wall, S.(1978). *Patterns of attachment*, Hillsdale, NJ:Erlbaum.

Bem, S. L.(1981). Gender schema theory: A cognitive account of sex typing. *psychological Review, 88*, 354-369.

Bowlby, J.(1969). *Attachment and loss*(Vol.1): Attachment. NY: Basic Books.

Bowlby, J.(1973). *Attachment and loss*(Vol.2): Separation. NY: Basic Books.

Bowlby, J.(1989). *Secure and insecure attachment*. NY: Basic Books.

Bridges, K. M.(1930). Genetic theory of emotions. *Journal of Genetic Psychology, 37*, 514-527.

Bridges, L., & Grolnick, W.(1995). The development of emotional self-regulation in infancy and early childhood. In N. Eisenberg (Ed.), *Social development: Review of child development research* (pp. 185-211). Thousand lakes, CA: Sage.

Coie, J. D., & Dodge, K. A.(1998). Aggression and antisocial behavior. In N. Eisenberg(Ed.), *Handbook of child psychology*(5th ed.), Vol 3: Social, emotional, and personality(779-882), N.Y. : Wiley.

Coie, J. D., & Dodge, K. A.(1998). Aggression and antisocial behavior. In N. Eisenberg(Ed.), *Handbook of child psychology*(5th ed.), Vol 3: Social, emotional, and personality(779–882), N.Y. : Wiley.

Damasio, A.(1999). *The feeling of what happens: Body and emotion in the making of consciousness*. New York: Harcourt Brace.

Ekman, P.(1999). Basic emotions. In T. Dalgleish and M. Power (Eds.), *Handbook of cognition and emotion* (pp.40–60). Sussex, U.K.: John Wiley & Wons, Ltd.

Goldman, D.(1995). *Emotional intelligence*. NY : Bantam Books.

Hefner, R., Rebecca, M., & Oleshansky, B.(1975). *Development of sex-role trascendence*, Human Development, 18, 143–158.

Huesmann, L. R., Eron, L. D., Lefkowitz, M. M., & Walder, L. O.(1984). The stability of aggression over time and generations, *Developmental Psychology*. 20(6), 1120-1134.

Kagan, A.(1998). Supported conversation for adults with aphasia: Methods and resources for training conversation partners. *Aphasiology*, 12(9), 816-38.

Lehrer, Jonah.(2009). DON'T: The Secret of Self-control. The New Yorker, May 18, pp. 26-32.

Maccoby, E. E.(1988). Gender as a social category. *Development Psychology*, 24. 755–765.

Main, M. & Solomon, J.(1986). Discovery of an insecure, disorganized/disoriented attachment pattern : Procedures, findings, and implications for the classification of behavior. In M. Yogman & T. B. Brazelton(Eds.), *Affective development in infancy*. Norwood, NJ: Ablex.

Mayer, J. D. & Salovey, P.(1990). Emotional intelligence. *Imagination, Cognition, and Personality*, 9, 185-211.

Mayer, J. D., & Salovey, P.(1997). What is emotional intelligence? In P. Salovey, & D. Sluyter, *Emotional development and emotional intelligence: educational implications*. NY: Basic Books.

Olweus, D.(1980). Bullying among schollboys. In R. Barnen(Ed.), Children and violence. Stockholm : Academic Literature.

Papalia, D. E., Olds, S. W. & Feldman, R. D.(2006). *A child's world: Infancy through adolescence*.(10th ed.). NY: McGraw–Hill.

Pappalia, D. E., Olds, S. W., & Feldman, R. D.(2000). *Human Development* – 8th

Edition. McGraw-Hill College.

Park, R. D., & Salby, R. G.(1983). "The development of aggression" P. H. messen(Ed.), *Handbook of child psychology*, 28, 136-147.

Patterson, G. R.(1995). Coercion-a basis for early onset of arrest. In J. McCord(Ed.), Coercion and punishment in long term perspective. N.Y.: Cambridge University Press.

Plutchik, R.(2001). The nature of emotion. *American Scientist*, 89, 344-350.

Shaffer, D. R.(1999). *Social and personality development*(3rd ed.). California: Brooks/Cole.

Termine, N. T., & Izard, C. E.(1988). Infants' responses to their mothers' expressions of joy and sadness. *Developmental Psychology*, 24, 223-229.

Thomas, A. & Chess, S.(1977). *Temperament and development*. NY: Brunner/Mazel.

Thomas, A. & Chess, S.(1984). Genesis and evolution of behavioral disorders: From infancy to early adult life. *American Journal of Orthopsychiarty*, 141(1), 1-9.

정답 : 1. 1) 놀람, 수용, 정서구조
2) 2
3) 15
4) 순한 유아, 까다로운 유아, 느리게 반응 하는 유아
5) 낯선상황 실험, 안정 애착, 회피 애착, 저항 애착, 비조직적 애착,
6) 자아인식, 자아인지, 자아존중감
7) 성 정체성, 성 안정성, 성 항상성
8) 성역할 미분화, 성역할 양극화, 성역할 초월
9) 권위있는-민주적인, 권위주의적-독재적인, 허용적인, 방임적인

2. 1) ○ 2) × 3) ○ 4) × 5) ○ 6) ○ 7) ○ 8) ○ 9) ○ 10) ○

6장

곽윤정, 강민수, 이지혜, 엄채윤(2013). 강점지능. 서울: 21세기 북스.

김상림, 김송이, 양성은, 이윤선, 한준아, 김지현 공저(2014). 유아발달. 파주: 양서원.

김정희, 김현주, 손은경, 송연숙(2014). 유아발달. 서울: 동문사.

문수백, 변창진(1997). K·ABC. 서울: 학지사.

문용린(2011). 문용린 교수의 정서지능 강의. 서울: 북스넛.

박영태(1989). 과제유형 연령 및 학력수준별 초인지훈련 효과분석. 동아대학교 대학원 박사학위논문.

두산백과사전(2015). 두산동아.

심성경, 변길희, 박주희, 류경희, 박수경(2014). 유아발달. 서울: 창지사.

이사라, 이주연, 박민선, 송승민, 박선영(2013). 영아발달. 고양: 파워북.

임선하(1995). 창의성의 이론적 기초: 창의성 교육 문을 열다. 서울특별시교육청.

정숙경(1988). 초인지획득방법의 훈련이 학습전략행동에 미치는 효과. 부산대학교대학원 박사학위논문.

정옥분(2012). 영아발달. 서울: 학지사.

최경숙(2000). 아동발달심리학. 서울: 교문사.

Berk, L. E.(2008). 아동발달(이종숙, 이옥, 신은수, 안선희, 이경옥 공역(2008). 원제: *Child development*(7th ed.)). 제7판 시그마프레스. (원저 2006년 출판)

Berk, L.(2013). *Child development*(9th ed). NJ : Pearson.

Borkowski, J. G., Weyhing, R. S., & Turner, L. A.(1986). Attributional retraining and the teaching of straegies. *Exceptional Children*, 53, 130-137.

Brown, A. L.(1982). Learning, remembering, and understanding. In J. H. Flavell, & E. M. Markmam(Eds.), *Carmichael's manual of Child Psychology*. N. Y.: Wiley.

Brown, A. L., & Campione, J. C.(1972). Recognition memory for perceptually similar pictures in preschool children. *Journal of experimental psychology*, 95, 55-62.

Bukatko, D. & Dashler, M. W.(1998). *Child development: A Thematic approach*(3rd. ed.). N.Y.: Houghton Mifflin.

Campos, J., Bertenthal, B., & Kermoian, R.(1992). Early experience and emotional development: The emergence of wariness of heights. *Psychological Science, 3*, 61–64.

Carroll, J.B.(1997). *The three-stratum theory of cognitive abilities*. In D.P.

Chi, M. T. H., & Koeske, R. D.(1983). Network representations of a child's dinosaur knowledgc. *Developmental Psychology, 19*, 29–39.

Diamond, A.(1085). Development of the ability to use recall to guide action, as indicated by infants' performance on AB. *Child Development*. 56, 868–883.

Fantz R L,(1961). The origin of form perception. *Scientific American*, 204, 66–72.

Feinman, S. (ed.) 1992. *Social referencing and the social construction of reality in infancy*. New York: Plenum.

Flavell, J. H.(1985). *Cognitive development*, 2nd ed, Englewood Cliffs, N. J.: Prentece–Hall.

Flavell, J. H.(1976). Metacognition and cognitive monitoring: A new area of cognitive developmental inquiry. *American Psychologist, 34*, 906–911.

Gardner, H.(2006). 다중지능이론(문용린, 유경재 공역(2007). 원제: *Multiple intelligences*) 파주: 양서원. (원저: 2006년 출판).

Gibson, E.J., & Walk, R.D.(1960). The "visual cliff." *Scientific American*, 202, 67–71.

Guilford, J. P.(1985). The structure of intellect model. In B. B. Wolman(Eds.). *Handbook of Intelligence*. N. Y.: Wiley.

Guildford, J. P.(1967). *The nature of human intelligence*. New York: McGreaw–Hill.

Kagan, J.(1983). *The nature of the child*. NY : Basic Books.

Kreutzer, M., leonard, C., & Flavell, J.(1975). An interview study of children's knowledge about memory. *Society for Research in Child Development Monographs, 40*(Serial No. 159).

Kurz, B. E., & Borkowski, J. G.(1987). Development of strategic skills in ompulsive and reflective children: A longitudinal study of metacognition. *Journal of Experimental Child Philosophy, 43*, 129–148.

Meeker, M.(1978). Measuring creativity from the child's point view. *Journal of Creative Behavior 12*(1), 52–61.

Olson, G. M. & T. Sherman(1983). Attention, learning, and memory in infants. *In*

Handbook of child psychology, Vol. Ⅱ, Infancy and developmental psychology, M. M. Haith & J. J. Campos (eds.), 1001–80. New York: Wiley.

Papalia, D. E., Olds, S. W. & Feldman, R. D.(2006). *A child's world: Infancy through adolescence*.(10th ed.). NY: McGraw–Hill.

Parnes, S. J.(1975). *Education and Creativity*. In P. E. Vemon(Eds.). Creativity, N. Y.: Penguin, 341–354.

Piaget, J. & Inhelder, B.(1969). *The psychology of the child*. NY: Basic Books.

Piaget, J.(1972). Intellectual evolution from adolescence to adulthood. *Human Development, 15*, 1–12.

Rosenthal R., & Rubin D.B.(1982). A simple general purpose display of magnitude of experimental effect. *Journal of Educational Psychology, 74*, 166–169.

Shaffer, D. R.(1999). *Social and personality development*(3rd ed.). California: Brooks/ Cole.

Skeels, H. M.(1966). Adult status of children with contrasting early life experience: A fellowing–up study. *Monographs of Society for Research in Child Development, 31*(No.3).

Spelke, E. S., & Newport, E.(1998). Nativism, empiricism, and the development of knowledge. In R. Lerner (Ed.), *Handbook of child psychology*, 5th ed., Vol. 1: Theoretical models of human development. NY: Wiley.

Spelke, E. S.(1979). Exploring audible and visible events in infancy. In A. D. Pick(Ed.), Perception and its development: A tribute to Eleanor J. Gibson. Hillsdale, NJ: Erlbaum.

Sternberg, R. J.(1985). *Beyond IQ: A Triarchic theory of human intelligence*. NY:Cambridge University Press.

Teller, D. Y., & Bornstein, M. H.(1987). Infant color vision and color perception. In L. B. Cohen & P. Salapatek (Eds.), *Handbook of infant perception From senation to perception* (pp. 185–236). New York: Academic Press.

Torrance, E. P.(1979). *The search for creativity*. NY: Bearly Limited.

Torrance, E. P.(1988). The nature of creativity as manifest in the testing. In R. J. Sternberg(Ed), *The nature of creativity*. NY: Cambridge University Press.

Wellman, H. M.(2011). Development a theory of mind. in V. Goswami(Ed.), *handbook of childhood cognitive development*(2nd ed). pp. 258-284.

Wellman, H. M.(1983). Metamemory revisited. In M. T. Chi(ed), What is memory development the development off: A look after a decade. Karger, Basel.

http://cbnu-id.wikispaces.com

http://m.blog.naver.com/PostView.nhn?blogId=younmida&logNo=20032648688

정답 : 1. 1) 언어지능, 논리수학지능, 음악지능, 신체운동지능, 공간지능, 개인 간 지능, 개인 내 지능, 자연 지능, 영성적 지능

2. 1) ○ 2) × 3) ○ 4) ○ 5) ○ 6) × 7) ○ 8) × 9) ×

7장

구본권, 김동연, 김영욱, 김원경, 박화문, 석동일, 윤점룡, 정재권, 정정진, 조인수(1998). 특수교육학. 서울: 교육과학사.

국립특수교육원(2009). 특수교육학 용어사전. 서울: 하우

김미영(2014). 유아발달. 파주: 정민사.

김상림, 김송이, 양성은, 이윤선, 한준아, 김지현(2014). 유아발달. 파주: 양서원

김옥분(2005). 이런 아이는 이렇게 하세요. 파주: 양서원.

문정화, 나귀옥, 박경빈, 오선영, 김은영(2008). 아동발달. 서울: 파란마음.

박영아(2015). 유아발달. 고양: 공동체.

http://www.nhis.or.kr(보건복지부(2014). 건강검진 실시기준).

보건복지부(2014). 아동복지법. 보건복지부.

보건복지부 · 중앙아동보호전문기관(2015). 2014년 전국 아동학대 현황보고서. 보건복지부.

송준만, 유효순(2000). 특수아 지도. 방송통신대학교 출판부.

심성경, 변길희, 박주희, 류경희, 박수경(2014). 유아발달. 서울: 창지사.

우수경, 정원주, 박숙희, 신혜경, 이정미, 김호, 서윤희, 김기예(2013). 영아발달. 고양: 공동체.

정옥분(2013). 아동발달의 이해. 서울: 학지사.

정희영, 이성복, 김성원, 윤선화, 김정희, 김선아, 방승미(2014). 유아발달. 고양: 파워북.

조윤경, 김수진(2014). 유아교사를 위한 특수아동의 이해. 고양: 공동체.

American Psychiatric Association(2013). *Diagnostic and statistical manual of mental disorders*(DSM-5). wASHING, D. C. : American Psychiatric Association

Dunlap, l. l.(1997). *An introduction to early childhood special education*, Needham Heights : Allyn & Bacon

Gimpel, G. A., Peacock, G.G & Holland, M.L.(2003), *Emotional and behavioral problems of young children: Effective interventions in the preschool and kindergarten years*, New York: Guilford Press

Mash, E. J., & Wolfe, D. A.(2006), *Abnormal Child Psychology*, Books/Cole-Wadsworth

정답 : 1. 1) 6, 7, 3, 문진, 문진표, 영유아발달선별검사
2) 자조, 전문기관, 재검사
3) 주의력결핍 과잉행동
4) 조음, 유창성, 발성, 언어
5) 반응성 애착
6) 자폐성 장애
7) 유분증 8) 유뇨증

2. 1) × 2) ○ 3) ○ 4) ○ 5) × 6) × 7) ○ 8) × 9) ○ 10) ×

저자 소개

■ **황정숙**

중앙대학교 사범대학 유아교육학과 졸업
중앙대학교 대학원 유아교육전공 석사, 박사
전 중앙대학교 신구대학 부속유치원 교사
청강문화산업대학교 유아교육과 교수

저서 『영유아수학교육』, 『나뭇잎 수학놀이』, 『유아교과교육론』
『영유아놀이지도』 등

연구 유아의 놀이유형별 부모의 놀이참여 수준
나뭇잎 놀이에 나타난 3, 4세 유아의 수학적 탐구 등

■ **김옥분**

덕성여자대학교 유아교육학과 졸업
중앙대학교 교육대학원 유아교육전공 석사
전 한국어린이육영회 부설유치원 교사, 원감
현 가천대학교 유아교육학과 겸임교수

저서 『이런 아이는 이렇게 하세요』
『현장사례로 본 유아교육 상담』 등

연구 장애유아 통합교육, 유아 초기 읽기지도를 위한 어머니 참여 프로그램의 효과 등

개정
영유아발달

초판 1쇄 발행 2016년 2월 11일
초판 2쇄 발행 2018년 1월 10일
개정 2쇄 발행 2021년 2월 15일

지 은 이 | 황정숙 · 김옥분
펴 낸 이 | 김기섭
책임편집 | 박인순 이윤미
펴 낸 곳 | 창지사 www.changjisa.com
08589 서울시 금천구 가산디지털 1로 83 파트너스타워1차 9층
전화 (02) 719-2211~3
팩스 (02) 701-9386
등 록 | 1977년 4월 28일 · 제1-421호

* 저자와 협의하여 인지는 생략합니다.

ISBN 978-89-426-1291-8 (93370)

값 20,000원

이 도서의 국립중앙도서관 출판예정도서목록(CIP)은 서지정보유통지원시스템 홈페이지(http://seoji.nl.go.kr)와 국가자료공동목록시스템(http://www.nl.go.kr/kolisnet)에서 이용하실 수 있습니다.(CIP제어번호: CIP2020001941)